究極のセールスマシン

THE ULTIMATE SALES MACHINE
by Chet Holmes

This edition published by arrangement with Portfolio,
a member of Penguin Group (USA) Inc.
through Tuttle-Mori Agency, Inc., Tokyo.

私が人生で出会った中でいちばん素敵な人物に、本書を捧げる。
すなわち、私が結婚せずにはいられなかった女性、ビッキーに。
きみほど甘い〝地の塩〟は、ほかにいない。

想像を絶するビジネス書

ジェイ・C・レビンソン

『ゲリラ・マーケティング』の生みの親。多数の著書は四三カ国語に翻訳され、累計一四〇〇万部超。

私はチェット・ホームズの講演を何度となく聞き、いっしょに仕事する機会にもたびたび恵まれた。ビジネスの機微に精通し、幅広い話題に詳しい彼の姿には、いつもながら感心させられる。そこで「一冊、本を書いてみたらどうか」と勧めた。「断固たる規律と決意を持て」が彼の口癖だが、この件ばかりは、私のほうが「断固たる規律と決意」で説得しつづけなければいけなかった。そしてようやく、説き伏せた。

無事完成した本書を読み終えたいま、私は、苦労してチェットを口説き落とした自分を心から誇らしく思う。執筆を待つあいだ、彼はきっと、たくさんの得意分野のうちのどれかひとつを題材にするのだろうと思っていた。まさか、あらゆるテーマを一冊に詰め込んでみごとにまとめあげるとは想像していなかった。彼がしゃべることにかけて天才的なのは、かねて承知している。脚本家としての才能も素晴らしい。だが、文章を書くのがこれほどうまいとは——。私は読み進めながら舌を巻いた。

私自身、五六冊の著作があり、「意欲に燃え成功をめざすビジネスパーソンならば、数多くの本に目を通して知識を養ってほしい」といつも願ってきた。しかし、本書を読了したいま、「じつのところ、この本だけ読めば事足りるのではないか」と思いはじめている。それほど、ビジネスの勘所がもれなく網羅しつくされている。

チェットが各ページに詰め込んださまざまな情報の中には、たいていの読者が従来まったく知らなかったであろうノウハウも多い。かといって、「広く浅く」にはなっていない。ページのはしばしに深い洞察が感じられる。大切な細部があますところなく明かされ、具体的な体験談も豊富に盛り込まれていて、図書館や書店に並ぶほかのビジネス書とは一線を画す、会心の作となっている。

チェットは空手の達人だが、文筆家としても黒帯だ。彼の手ほどきを受けるのは、世界トップクラスの指導者から学ぶに等しい。いや当然だろう。チェットはまちがいなく世界屈指のビジネス・トレーナーなのだ。世のありとあらゆる企業が、利益を、売上げを、将来を上向かせようと努めるかぎり、本書は永遠の古典として輝きを放つだろう。

ありがとう、チェット。私が「断固たる規律と決意」できみの背中を押しつづけたことは、いま、素晴らしい実りとなって報われた。

言葉を失うほどの名著

マイケル・E・ガーバー『はじめの一歩を踏み出そう』著者

チェット・ホームズから電話があり、「こんど本を出すから、見てくれないか」と言われたとき、私は心の中でこうつぶやいた。「おいチェット、営業のアドバイス本なんて、もう腐るほどあるじゃないか」

誤解のないように断っておくが、チェットは、モノを売ることにかけてはまさに天才だ。何を販売するにしろ、達人の腕前でこなしてみせる。営業のサイクルやシステム、製品・サービス、会社のあるべき姿をはじめ、誰がどう体制を整えて販売に取り組めばいいのかなど、ビジネス・コンサルタントを務める私たちでさえほとんど学んだことのない極意を熟知している。

しかしそれでも、著書完成の知らせを受け、「何章か目を通して、できれば推薦文か何かを書いてほしいんだが」と頼まれたとき、私は少しばかり気が重くなった。一応、友であり師でもあるチェットの頼みならばと、我慢してオーケーの返事をしたが、内心は「いくら営業の神様チェットでも、さすがに執筆は難しいだろう」と思っていた。ビジネスの神髄を文章にして、読者が繰り返し読みたくなるような本を書ける人間は、めったにいない。巧みな文章表現と構成を駆使し、名作小説のように読者の想像力をとらえて離さない、などというビジネス書は、ごくごくまれにしか存在しない。

私は、「いいかい、チェット。本を書くのはそう簡単じゃないんだよ」とあとで諭すつもりで、おもむろに本書の扉を開いた。「まあ、わりといい出来なのは認めるよ。ほかにいろんな才能があるきみのことだから、今回の件は数年経てば忘れる。酷評されて傷ついた記憶も、いずれは癒えて、新たな明日を見つけられるさ」と慰める気でいた。

送られてきた本を前にしても、まだそう思っていた。

ところが、なんたることだろう。読み終えたいま、私はこう言わざるをえない。「チェット、きみは本を書く能力まで神がかり的だ！」

読者のみなさんに対しても、同じような報告になる。

チェット・ホームズは、本書で扱っているすべての分野に関して経験豊かな専門家だが、モノを販売するという表面的なテーマよりももっと深い何かに、恐るべき非凡な才を持っている。

言葉の世界のしくみを熟知し、話の紡ぎ方を知っている。

世間がなぜすぐれた語り手を求めているのか、すぐれた語り手のいない企業がなぜ顧客の、従業員の、投資家の心をつかめないのか、そういったメカニズムを明確に理解している。

人間誰もが、じつは素晴らしい物語を欲していて、はるか前に夜ベッドで聞いた「昔々あるところに……」をまた聞きたくてたまらないのだ。本書には、物語を聞かせるすべが詰め込まれている。それも、極上のかたちで。

チェットはあなたに次から次へ、また次へとエピソードを聞かせる。あなたが「さすがにもうネタが尽きただろう」と思うころ、また新たな、さらに興味深いエピソードを語りはじめる。一つひとつのエピソードが積み重なって、本書は、あなたの業績を劇的に上向かせる書物に仕上がった。あとは、彼のアドバイスに従う賢明さをあなたが持ち合わせているかどうかにかかっている。

さてチェット、これ以上何を言えばいいだろう？　きみは達人だ。そしてこの本で達人の芸を説いてみせた。私はただただ圧倒された。真の傑作を読んだあとは、もはや言葉を失うものだ。「お見事」のひとことに尽きる。そのひとことを言う場を与えてもらえたことに感謝したい。

究極のセールスマシン◆目次

「究極のセールスマシン」とは？

ビジネス界の現状をごく簡潔にまとめると、こうなる。

●三分ごとに一社が倒産。
●三二秒ごとに一名のトップ幹部が交代。
●一五分ごとに一社の経営者が交代。
●全企業の九六パーセントが創業後一〇年以内に消滅。
●年間二万六〇〇〇の新製品や新ブランドが登場。
●消費者の一六から三〇パーセントが、ある晩にコマーシャルを一回見ただけで、ふだん購入するブランドを変更。
●消費者の七四パーセントが、好きなブランド以外の製品も購入。
●消費者の二九パーセントが新聞を読まない。

私は過去一五年、数多くの新興企業に加え、「フォーチュン五〇〇」に入る大手一流企業のうち六〇社以上のコンサルティングを手がけてきた。その経験に照らしていうと、昨今、得意先にしたい相手、いわゆる見込み客と直接会うまでの平均コストは、以前のほぼ三倍に膨れあがっている。一五年前、見込み客と会うまでに一〇〇ドルかかったとすれば、現在では三〇〇ドルかかる。これは、テレビ、ラジオ、新聞など、おもな広告媒体の料金がのきなみ値上がりした反面、威力はどれも以前より下がってしまったせいだ。テレビやラジオのチャンネル数が増えつづけ、かつて一カ所に集まっていた視聴者が多数のメディアに分散した。また、衛星ラジオやＴｉＶｏ（テレビ録画機器）などの登場で、コマーシャルを完全に排除してしまうことまで可能になった。

こうした事情が組み合わさって、企業が消費者にアピールするのは急速に難しくなりつつある。しかも、市場競争は激化の一途をたどっている。もはや、楽観的な見通しは許されまい。

おおぜいの経営者を前にセミナーをおこなう際、私はまず、こんなふうに始める。「私は、みなさんがやっているビジネスを〝究極のセールスマシン〟に変えるお手伝いができると断言します。それも、かなり短期間で。げんに、私はさまざまな企業の売上げをわずか一年のうちに倍増させました」

さらに続ける。「きょうお話しする原則には、みなさん、すべて納得がいくでしょう。なにしろ筋道の通った話ばかりですから、どれももっともだと感じるはずです。私の説明が正しいことも、私が紹介する原則がみなさんのビジネスに有効であることも、肌でわかるにちがいありません。……が、それでも、何ひとつやろうとしないでしょう」。ここでいつも笑いが起きる。「いまのは、いわゆる反心理学、わざと挑発するようなことを言って、みなさんをあおったわけです。本当のところは、きょう学ぶ内容をぜひとも、ある種の強い力をもって実践していただきたいのです。その力とは、〝断固たる規律と決意〟です」

もう一五年もセミナーの講師を務めているかいあって、うれしいことに、おおぜいの経営者や企業幹部が私のもとへやってきて、こんな感想を述べる。「あなたのトレーニング、本当に役立ちましたよ。ただ、あなたから学んだいちばん大事な教えは、〝断固たる規律と決意〟です」

この本に書いてある内容を、「断固たる規律と決意」で社内に浸透させていけば、きっとあなたも、いつの日かセミナー会場で私のそばに寄ってきて、成功の報告をしてくれるにちがいない。「いまや、ライバル会社をことごとく打ち破っています。私がいなくても、業務はつねに順調。おまけに収益率がとても高いんですよ」と。つまり、本書に従えば、ビジネスのやり方を完全に把握でき、あなたの会社はまるで調整万全の「セールスマシン」のようによどみなく売上げを刻みつづける。

あらゆる技能を習得する秘訣とは何か。どうすれば周囲の人々にも習得させられるのか。私は昔から――空手を学ぶ少年だったころから――何度も身をもって知っている。達人になるためには、特別な人間である必要はない。他人と違う天賦の才能に恵まれている必要もない。達人の技とは、要するに、強い決意と厳しい自律のたまものなのだ。

本書を活用すれば、あなたはビジネスに熟達する術を学びとり、最高水準の収益性と業務運営を誇る組織をつくりだすことができる。マーケティング、経営、営業という三つの重要分野に精通できる。この三分野を知り尽くすことが、あなたの会社を「究極のセールスマシン」にする必須条件といえるだろう。

その昔、一五歳のころ、私は空手の腕前を磨く方法を編みだした。自宅の部屋の高い天井から、牛革でできたロープを垂らし、胸の高さあたりに柔らかい球をぶら下げる。この球にキックやチョップを食らわせ、跳ね返りを利用して、ふたたびキックやチョップを繰り出す練習や、身をかわす練習、防御する練習をしようと考えたわけだ。

ためしに球をチョップしたところ、思いのほか勢いよく戻ってきて、私はものの見ごとに頭に一撃を食らった。意外に難しい。そのあと、さまざまな種類のキック（横蹴り、前蹴り、後ろ蹴り、まわし蹴りその他）をやってみたが、振り子式に戻ってくる球をよけきれず、きまって頭やひじ、肩や胸に直撃を受けた。

しかし一カ月経つと、ごくたまに防御に成功しはじめた。毎日欠かさず三カ月練習を続けるうち、手、足、ひじ、ひざを自由にあやつれるようになってきた。後ろまわし蹴りを二回繰り返したあと、どこから戻ってくるかわからない球をブロックする、といった複雑な技まで巧みにこなせるようになった。

六カ月後には、返ってくる球にいっさい、からだを掠《かす》らせなくなった。空中で回転して、どんな角度にも完璧に対処できた。自分でも信じられないほどだった。球をつかむ、蹴る、叩く、なんでも思うがままだ。しかも、かつて予想だにしなかったような素早さで。もはや、全身がまるでマシンだった。球のどんな動きにも、あらかじめ予測してプログラミングしてあったかのように、スムーズに対処できた。

部屋じゅうを目にも止まらぬ速さで動きまわる球に、それ以上の速さで反撃する――技のレベルの高さを想像してみてほしい。無上の痛快さ！　私は力があふれてくるのを感じた。空手の達人になるのに、四〇〇〇種類もの動きを覚える必要などない。ほんのひと握りの動作を四〇〇〇回繰り返すほうが重要なのだ、とつくづく思った。

反復により、私の肉体はマシンと化した。同じことが、ビジネスにも当てはまる。たえず集中して反復すれば、あなたの会社はマシンに変わる。何が起ころうと、自動的に対処できる。準備を整え、技能を磨いてあるから、どんなシナリオにもあわてない。しかも、この本で扱う一二の戦略にレーザービームのごとく焦点を絞れば、あなたの会社は、販売実績、マーケティング、経営管理のあらゆる面でつねにライバルを凌駕《りょうが》するだろう。

どんな業種でも同じだ。必ず、マスターすべき基本がいくつかある。その練習を繰り返すうち、やがて機械じかけさながらに、何もかもがスムーズに動きだす。そして近い将来、社内のすべての部署のすべての従業員が、どんな事態にも的確に対処できるようになる。

ほかの会社が、見込み客とアポイントをとるすべをひとつかふたつしか知らないのに対し、あなたの営業スタッフは一〇種類のアプローチ方法を持ち、一つひとつを抜け目なく生かす。どんな場面でも、とるべき措置を心得ていて、完璧なアフターフォローをおこなう。顧客サービスのスタッフは、どんな苦情にも、特別注文にも、返金要求にも善処でき、いちいち上司に相談しなくても自発的に片をつけられる。社内の全員が、しかるべき情報を把握し、訓練を積み、ふさわしいツールを駆使しているから、自信を持って効率よく任務を遂行でき、そのぶんストレスも感じない。さて、そんな理想的な状況にたどり着くのに、必要なものは何だろう？　ただひとつ――「断固たる規律と決意」だけだ。

どんな領域でもいいから、あなたが非常に得意とするものについて考えてみてほしい。得意になるまでには、かなりの努力を重ねたにちがいない。ゴルフ、テニス、ピアノ……なんにせよ、上手になるまで、粘り強く基礎トレーニングを繰り返したはずだ。なのに、ビジネスとなると、そういった訓練を怠ってしまう人が多い。たとえば営業がうまくなるには、七つの基本技能を研ぎすませなければいけない。ところが、何百社ものコンサルタントを務めた体験からいって、成功につながる基本技能を入念に定義してある会社は、本当にわずかしか存在しない。

あなたの会社や部署は、思い描いたとおりのスピードで成長しているだろうか？

私にいままでコンサルティングを依頼してきた企業は、ほとんど例外なく、ＣＥＯから営業担当者にいたるまで、誰もが懸命に努力していた。しかし、結果が伴っていなかった。部署ごとの業務をマスターするのに必要なツールが整っていなければ、効率が悪く、つらい努力ばかりが続いてしまうのだ。

汗を流すな、知恵を絞れ

ある日、全米最大級のカーペット清掃業者のオーナーが、私に助けを求めてきた。ラグ・レノベイティングというこの会社は、ニューヨーク、ニュージャージー、コネティカットの三州で都市部を中心に三万人の顧客を抱えていたが、新規顧客を開拓するのが年々難しくなっているとのことだった。オーナーは顧客の増やし方を知りたがっていたが、私はまず、既存の顧客を最大限に生かしているかどうかを確認することにした。

「いままでのお客さまは、どのくらいの頻度で御社のサービスを利用しているんですか?」。返事は「三年に一回ぐらいですね。割引クーポンなどをしょっちゅう送ってはいるのですが、いっこうに変化がありません」。そこで私は提案した。「じゃあ、その三年に一回のお客さまに、年二回利用してくれるように仕向けたらどうでしょう?」

カーペット清掃を商売にするよその会社と同様、この業者は、自社のサービス内容、いわば「商品データ」を使って売り込もうと四苦八苦していた。けれども、商品データは単純明快すぎて、戦略的な価値がほとんどない。商品データとはつまり、「弊社はX平方フィートのカーペットをYドルで清掃いたします」のたぐいだ。ところが、ここに「市場データ」を追加すると、がぜん魅力的になる。

このカーペット清掃業者のためにまとめた市場データは、以下のとおり。


ご存じでしたか?

あなたの家のカーペットは、まるで巨大な健康フィルターのように、さまざまな有害物を絡め取っています。たとえば、ほこり、泥、バクテリア、花粉、家ダニ、その糞、糞に生息するバクテリアなどです。

政府の研究データによれば、建物からカーペットを取り去ると、人間が病気にかかる可能性が四倍に急増するそうです。ただ、フィルターの宿命として、時間が経つにつれ目詰まりして効果が薄れてきます。ですから、プロの専門業者による清掃が必要なのです。残念ながら、たとえ掃除機を毎日かけても、カーペット内部にひそむバクテリアまでは殺菌できません。

掃除機を毎日かけるのにくらべ、プロの手で清掃をすれば、カーペットは一五倍も清潔さを保てます(米国環境保護庁調べ)。専門業者が使う高熱スチームは、あなたの家に巣くうバイ菌やバクテリアを一掃してくれるのです。


このように、市場データを活用して、消費者に製品やサービスの購入を促せば、いままで必要性を感じていなかった製品やサービスまで買いたい気持ちにさせることができる。「わが社はカーペット清掃をおこなっています」といった商品データは、「いますぐカーペットを清掃してほしい」

と思っていた人々にしか訴えかけない。たいがいの消費者は、「汚れてきて見ばえが悪くなったら、きれいにするか」という程度の構えだろう。「カーペットを清潔にすることにより、健康的な日々が送れる」とまでは気づいていない。もしその点に思いいたれば、カーペット清掃は、子どもの毎年の健康診断と同じぐらい重要なものになる。

私の助言に従い、この業者はさらに、環境保護庁のデータをもとに「ゴールド・サービス」という会員制度を設けた。六カ月に一回、カーペットを定期的に清掃し、利用客の健康増進に努めるのだ。

制度のスタートにあたり、私はまず社のナンバーワン営業担当者に一週間テストさせた。セールストークは私が市場データを駆使して練りあげたものだ。翌週。ＣＥＯが耳をそばだてるなか、私はスタッフ全員と電話会議を開いた。やりとりを再現してみよう。

私：さて、手応えはどうでした？
担当者：……だめでした。
私：だめ？
担当者：ええ。全然だめですね。
私：何人の相手に当たってみたんですか？
担当者：一〇人です。
私：それで、申し込みはゼロ？

担当者：いいえ、二人が申し込みました。

この営業担当者の頭の中では、一〇人に売り込んで八人に断られたら「失敗」なのだった。しかし、よく計算してほしい。三年に一回利用する既存顧客が三万人いるとすれば、年間に一万回のサービスをおこなうことになる。だが、うち二〇パーセントが新たな会員制度に加入すると、六〇〇〇人が年二回ずつ利用する。サービス回数を考えると、大幅な業績アップだ。

あきらめの早いこの営業担当者に判断をゆだねていたら、せっかくのアイデアが台なしになるところだった。じつはこのように、「断固たる規律と決意」のあるなしが、「平凡」と「非凡」の運命を分ける。この清掃業者の場合も、あらゆる営業担当者があらゆる機会にあらゆる見込み客へ新しいサービスを売り込むようになるまで、以後六カ月間も歯を食いしばって厳しく指導しつづけなければいけなかった。この過程で、世の大半の企業幹部が挫折してしまうが、「究極のセールスマシン」をつくりあげるには、四〇〇〇種類もの違ったやり方を覚えるのではなく、たった一二個の心得を四〇〇〇回繰り返すべきなのだ。

実際、毎週わずか一時間の努力が、このCEOの人生を激変させた。新しいやり方が社内の血となり肉となって完全に定着するまで、前述のとおり六カ月間かかったが、この六カ月間のうち、本当に費やした時間は週にたったの一時間にすぎなかった。毎週月曜の夕方五時、必ず全従業員が集合して、ゴールド会員制度をさらに効率化する方法はないか、どうすれば営業担当者がもっと利用しやすくなるか、ますます効果を上げるための工夫はないか、などを話し合った。その一時間はすべて、ゴールド会員制度というアイデアをほかの業務に完全に溶け込ませることだけに捧げた。

この会員制度のおかげで、売上げが増えただけでなく、さまざまな面で業務も安定した。以前は、既存顧客に宣伝チラシを配布して、反応があるのをただ祈るだけだったが、いまや、月ごとにゴールド会員のサービス利用状況が予測できるからだ。

私がコンサルティングに取り組み始めた当初、この会社の売上げは、いちばん成績の悪い営業担当者で月一万三〇〇〇ドル、平均的な担当者だと三万五〇〇〇ドルだった。ところがコンサルティング終了時には、悪くて月四万九〇〇〇ドル、ナンバーワンは月一〇万ドルも売り上げるようになった。会社全体の売上高は倍増した。初めのうち、営業スタッフはみんな私のやり方にしぶい顔をしていたが、歩合制だけに、まったく違う次元に到達できた。

六カ月間でこの会社はほぼ完璧な営業手法を築きあげた。本書を読んでいるあなたも、同じことができる。ただし、営業業務は会社の一部分でしかない。「究極のセールスマシン」をつくるには、経営管理から広報、マーケティングにいたるまで、すべてを最良のかたちに整えなければいけない。本書ではこの先、平易な言葉で実践的な例を挙げながら、理想の業務形態をあらゆる角度から説明していく。なによりうれしいのは、従来以上に苦労して働く必要がない点だ。たんに、いままでより知恵を絞ればいいのだ。

業務の効率化のために、必ず、週に一時間を費やす。そうすれば、あなたの会社や部署を抜本的に改善できる。その一時間をどう使うべきかは、本書を読み進めれば明確につかめるだろう。

この本に書かれている戦略を実行に移すことも、あなたの組織を「究極のセールスマシン」に変えることも、けっして難しくない。大切なのは、「断固たる規律と決意」を貫きつつ、このあと説明する一二分野の技能を繰り返しトレーニングして習得することだ。習得にいたる過程をやりやすくするため、私は本書を一二章に分け、一二の戦略をひとつずつ解説するとともに、豊富な例や実践トレーニングを添えた。書かれたとおりに従えば、あなたのビジネスは最強になり、売上げも利益も驚異的に伸びるにちがいない。

私がコンサルティングした顧客のひとりに、非常に勉強熱心な経営者がいた。最新のビジネス本やトレーニングプログラムを見ると、かたっぱしから購入する。たまたまセミナーで私のプレゼンテーションを聞いて、内容に共感した彼は、「ぜひ私の会社の状況を点検してくれ」と頼んできた。さっそく、その会社の従業員たちに会って話を聞いたところ、誰もかれも苦笑ぎみで、「また新しいトレーナーが来たよ」とうんざりしているようすだった。なんでも、その経営者は過去、一〇〇種類ものトレーニングプログラムを試し、どれひとつ長続きしなかったという。

この例をはじめ、直接知るだけでも一〇〇人以上のクライアントが、業績改善を望みつつも、ある共通の落とし穴にはまっていた。「断固たる規律と決意」をないがしろにしていたのだ。たしかに、セミナー、書籍、ラジオ番組などには、さまざまな有意義なアドバイスがあふれている。ただ、その中から自分の会社にとってふさわしいものを選んで採用し、決めた以上は断固、貫かなければいけない。成功の本当のカギは、アイデアそのものではなく、実践の段階にあるのだから。

本書には、市場競争の最前線でつちかった極上のアイデアを詰め込んである。だがもっと重要な特徴は、そういったアイデアを実際にあなたの組織に浸透させ、収支決算に反映させていく方法を具体的に明記してあるという点だ。各章の戦略をいざ実践しはじめればわかるだろうが、いくらすぐれたアイデアも、文字のままでは意味がない。本書のどこに書かれたどのアイデアも、同時に記されている実行手順に従って初めて、あなたに大きな福音をもたらす。

たとえば、第一章では、時間管理を社内のあらゆるレベルで徹底し、生産性を最大にする手法を学ぶことになる。あなたの時間や部下たちの仕事ぶりをいかにうまく管理できるかという、実務レベルの能力が、じつは非常に肝心なのだ。ほとんどの会社がそのあたりを認識していない。たとえばきょう、効果的な時間管理術を私が教えたとしよう。受講者は社に戻り、本当に有効かどうか、その管理術を試してみるはずだ。が、私が三カ月後に効果のほどを調べてみると、教えたはずのアイデアがまるきり社内に浸透してない場合がきわめて多い。「イベントに参加することに意義あり」とでも勘違いしているのではないか。セミナーを受講する。社に戻る。少しばかり試してみる。が、すぐにやめてしまう。それは、あなたに「断固たる規律と決意」が欠如している証拠だ。真のすぐれた会社や部署をつくるためには、社内全体の統一ルールを明確に定めること（＝規律）と、定めたからには何がなんでも貫き通すこと（＝決意）が必要なのだ。

セミナーや講演会で、私は聴衆にこうたずねる。「ここにいるみなさんの中で、自分の会社や部署をいまの一〇倍に成長させたい人は何人ぐらいいますか？」。ふつう、九九パーセントが手を挙げる。そこでさらに言う。「では、現在の一〇倍の時間働いてもいい、あるいは、現在の一〇倍頑張ってもいい、と思う人は、そのまま手を挙げていてください」。全員が手を下ろす。要するにみんな、「自分たちの一〇倍の会社や部署は現に存在するものの、そこに属する人々が一〇倍の労力を注ぎ込んでいるわけではない」とわかっているのだ。そう、彼らは上手に知恵を使っているにすぎない。

「究極のセールスマシン」を築く作業には、労力ではなく頭脳をいままで以上に活用すればすむ。てんでばらばらのアイデアを何百も組み合わせるより、効果実証済みの一二の戦略を採用したほうが、よほど頭脳的だろう。本書が説くビジネス手法は、企業幹部、CEO、起業家、医師や歯科医や弁護士などの専門職、いずれにも有効だ。中間管理職、営業担当者、顧客サービス担当者といったスタッフにも役立つ。つまるところ、企業や部署の管理監督から、運営、マーケティング、販売まで、あらゆる業務のあらゆる人々に効果を発揮する。市場競争を戦い、会社や部署の成長発展をめざすすべての人間にとって、必須といえる工夫や戦略を提供する。

先ほどのカーペット清掃業者と同様、成功を収めた企業は数知れない。「究極のセールスマシン」のコンセプトは、私のビジネス経験の集大成だ。私はいままで、大富豪チャーリー・マンガーのもとで、雑誌、新聞、業界展示会の経営や運営を任されたほか、一四社の企業を経営した実績を持つ。また、空手を学んできた経験をもとに、タイムズスクエアに空手スクールを開いた。個人としては、フォーチュン五〇〇企業のうち六〇社以上、ほかにも一〇〇〇社近くのコンサルタントを務め、さらに、セミナーや記事、二〇カ国以上で販売する六五種類の企業トレーニングプログラムなどを通じて、膨大な数の経営者やビジネスパーソンを指導してきた。

ひとつ、重要な点を述べておこう。本書は、私がふだん指導しているとおりの順序で章立てを構成してある。企業のコンサルティングをする際、私はまず、従業員全員の時間をいかにして最大限に活用して会社の土台固めをするかを説明する。続いて、トレーニングのやり方を手ほどきし、個人事業主から世界規模の大企業までどんなビジネスにもトレーニングが重要である点を強調する。本書もそのとおりの順番に、第一章で時間管理術を、第二章でトレーニングを扱う。

執筆者の立場から言えば、もっと一般受けしそうなインパクトの強い題材から入りたかった。しかし、たとえ地味であれ、あなたの会社が長期的に成功するためにまずどうしてもやらなければいけない土台づくりから話を始めるのが、筋の通った正しいやり方だと判断したわけだ。

会議。これまた大切な土台だ。「ミーティングをやってもろくな結果が出なかったから、やめてしまった」という無謀な会社を知っている。まったく会議を開かない。とんでもない話だ。まるで、赤ん坊を風呂場にほったらかしにして、「入浴は自分ですませてね」と言うのに近い。では、効果的な会議の開き方をどこで学べばいいのか、と考えると、途方に暮れるだろう。そこで、本書でていねいに説明しておいた。やり方のコツさえつかめれば、会議はたいへんな効果を発揮する。第三章で、会議の達人になる方法をお教えしよう。社に本格的な変化をもたらす、充実した会議の進め方を明らかにする。

ここまでの三章で、あなたの土台ができあがるだろう。次は世界有数の戦略家になる番だ。第四章が、あなたの人生を変える。本当のところは、「ビジネスパーソンが学ぶことのできる最強のレッスン」とうたって、この部分から本を書きはじめたかった。が、先ほど言ったとおり、あなたが従うべき手順どおりに章を並べることにした。まずは土台を整えてから、高層ビルを建てるとしよう。

その先、本書はいよいよ急加速して、販売、マーケティング、人材雇用という、ビジネスの九九・九パーセントにかかわる領域のツボを解き明かしていく。業績が伸び悩む会社や不振の会社を数多く救い、万全の成功へ導いた私の経験を踏まえて、実際に使った戦略、工夫、ビジョンを、あますところなく文中に記してある。どうかぜひ、本書を指針にして、あなたのビジネスを「究極のセールスマシン」に変身させていただきたい。

第1章 大富豪が実践する時間管理術

能率をとことんまで高め、部下にも真似させる方法

これから説明する時間管理術を編みだしたのは、しばらく前のことになる。私は当時、非常に裕福な投資家として知られるチャーリー・マンガーのもとで、九つの事業部門の指揮をとっていた。部下を雇う際には積極性と創造性にあふれる人材を選ぶように心がけていたから、当然の流れとして、そういう聡明な部下たちが、新しいアイデアを思いつき、あるいは問題点を見つけて、ひっきりなしに私のもとへやってきた。

あとでわかったのだが、本来、直属の部下は最大でも六人にとどめなければいけない。なのに、そのころの私は二二人も抱えていた。入れかわり立ちかわり用件を持ってくる部下たちの相手をするだけで、もう精いっぱいだった。四六時中、「受け身」の態勢をしいられていたわけだ。

あなたはふだん、自発的に行動を起こす「能動型」だろうか、それとも、求められた事柄に対して行動する「受動型」だろうか。私の経験からいって、たいていのビジネスマンは、みずから段取りをまとめて新たな行動を起こすほど、時間のゆとりがない。すでに目の前にある仕事をこなすだ

けであっぷあっぷだ。だが、あなたのビジネスを「究極のセールスマシン」に変えたいのなら、もっと「能動型」になる必要がある。そのためにも、時間管理はきわめて重大なのだ。

私が時間管理に目覚めたきっかけ

「一分間マネジャー」という言葉を聞いたことがあると思う。それを真似ると、かつての私は、さしずめ「一分間よろしいですかマネジャー」だった。四六時中、後から後からいろいろな部下に「お時間、一分ほどよろしいですか」と声をかけられ、たちまちその場で「ミニ会議」を開かなければいけなかった。じつのところ、会社全体がこの種のミニ会議で支えられていたといってもいい。誰もが思いつくままにほかの誰かに近寄ってミニ会議を始める。それがよしとされていた。

つまり、全員がいつも「受動型」だった。私が責任者になったあと一二から一五カ月のうちに、さいわい、どの事業部門も一〇〇パーセント以上の成長を達成できたものの、私自身は周囲に振りまわされつづけ、時間のすべてを受動型で費やしていた。休暇でハワイにいるあいだも、ファックスを毎日一五通受け取る始末だった（まだ、電子メールに忙殺されるようになる前の話だ）。

対照的に、雇い主であるチャーリー・マンガーと会うときは、秘書を通じて予約をとり、議論する内容をあらかじめ綿密に決めておかなければいけなかった。時間ぴったりに行って、要領よくしゃべることを求められた。その代わり、的確な話し合いができ、いつも実りが多かった。

やがてふと、私自身も時間や部下を積極的にコントロールしなければ、と思いたった。一日一二時間、週末もいっさい休まず働く生活を数年間続けていただけに、もっと業務を整理して、もっと主体型にならなければいけないと痛感した。そこで、「一分間よろしいですかマネジャー」の日々に終止符を打つため、こんな社内通達を出した。

宛先：スタッフ全員
送信者：チェット
今後、私の執務室のドアを叩いて、「ちょっとお時間ありますか」とたずねるのはやめてもらいたい。時間があるかと聞かれれば、答えはノーだ。緊急の用件でないかぎり、思いついたアイデアや（緊急を要さない）問題点などは、各自保留しておき、週一回の事業部門ミーティングで提起してほしい。ミーティングの予定日時は以下のとおり。これ以外に、一日二回、私が「ミニ会議」に応じられる時間帯を用意し、掲示板で知らせる。週次ミーティングを待てないような急用の場合、その時間帯の欄に名前を記入しておいてくれれば、取り急ぎ一〇分間だけ話し合いを持つことにする。

具体的には、会社全体を九つの「重点エリア」に分けて、おのおのについて毎週一時間の会議を開くことにした。重点エリアとは、会社の収益に直接影響を及ぼす分野をさす。たとえば、販売、顧客サービス、製品開発、マーケティングなどだ。各エリアをいっそう改善して万全を期すためには、それぞれに関して週一時間、関係者全員が、そのエリアの向上だけに的を絞って議論しなければいけない。

この週一回の重点エリア会議を定着させたところ、部下たちは該当する次の会議までアイデアを温めておくようになった。気をよくした私は、「チェットに相談」というフレーズを上端に印刷したメモ用紙までつくった。部下たちは、従来ならすぐ私に相談していた事柄を、そのメモ用紙に書き込んで、週次会議まで引き出しにしまっておくようになった。

「一分間よろしいですかマネジャー」の廃止を最初に社内通達したのは木曜日だった。いまでもよく覚えている。あくる金曜日、誰ひとりとして私の執務室をノックしてこなかった。数年間で初めてのことだった。まったく邪魔の入らない時間をどう扱えばいいのか、かえってとまどったほどだ。オフィスで仕事に集中できるおかげで、それまでのように、自宅に山ほど仕事を抱えて帰って夜間や週末まで自宅で働く必要はなくなった。以後、まるきり新しい仕事スタイルが確立していった。

もっとも、この方式がただちに定着したわけではない。金曜日はたしかに平穏無事だったものの、月曜日には元どおりの悪夢が始まった。社内に新方式を浸透させるため、私は、断固たる決意を持って指導せざるをえなかった。誰かが「少々お時間を」とやってきたら、「週次会議まで待てない用件なのかね?」と冷たくさえぎる。実際にやってみるとわかるが、相手はなおも、どうにかしてこちらの気を引こうと食い下がる。よほど強い覚悟がないと、つい根負けして話を聞いてしまう。だから私は、ほとんどの用件を週次会議まで先送りすべく、自分自身も部下たちも厳しく律しなければいけなかった。

苦労のかいあって、見返りは絶大だった。以前は週七〇から八〇時間を受動的に過ごしていたが、会議にたった九時間（重点エリア九つにそれぞれ一時間）を費やすだけで、前向きに効率的に業務を押し進められるようになった。週次会議は、体系的かつ真剣に結果重視でおこなったので、行き当たりばったりの「ミニ会議」とはくらべものにならないほど効率がよかった。重点エリアの核を担う面々がいちどにそろうので大きな進展が可能なうえ、次の一手や最新の展開について、主要なメンバー全員に直接通達することもできる。私は、重点エリアごとに分けて九冊のノートを用意し、会議で何を話し合ったか、次回までに誰が何をやる予定になっているか、などを記録した。

会議のたびに、このあと何をすべきか、締め切りはいつか、といったことを必ず決めておくべきだ。とはいえ、いっぺんに欲ばりすぎてはいけない。毎週会議を開き、小さなプラスを積み重ねていけば、五二週間で大きな変身を遂げることができる。あなたの会社、事業部門、部署は、一年後にはとてつもなく進化し、その先も成長しつづけるだろう。

もしあなたがかなり巨大な企業の経営者なら、重点エリアの数はもっと増えるかもしれない。私は以前、そういった人物のコンサルタントを務めた経験があり、結局、そのときは一七のエリアに分割することで落ち着いた。となると、経営者は一時間の会議を週あたり一七回こなすわけだ。かなりの時間量ではあるものの、重大な責任を抱える立場なら、まっとうな方法はほかにない。事実、その経営者はそれまで週に七〇時間働きつつも十分な成果を出せずにいたが、私の助言で一七時間の会議をこなすようにして以来、効率がアップし、会議のたびに重点エリアが前進していった。

毎週、あらゆる重要事項に対処して、週ごとに決定をくだす。おかげで、誰もが従来より満足し、各分野のスタッフの自覚も高まった。以前は、質問や問題提起になかなか耳を貸してもらえず、何週間も上司を追いまわさなければいけない場合もあったという。だからぜひ、この方式の採用をお勧めしたい。

実践トレーニング

自分の業務上、何が「重点エリア」にあたるかを考えてみよう。もしあなたが何らかの部署の責任者なら、部署そのものが重点エリアだ。中規模あるいは大規模の企業のCEOやゼネラルマネジャーなら、重点エリアは複数存在するだろう。私がコンサルティングしたあるCEOの重点エリアは一五個あった。参考として挙げておく。

①社外セールス　②社内電話セールス
③マーケティング　④顧客サービス
⑤顧客関係管理（CRM）　⑥購入・調達
⑦出荷・受取　⑧在庫管理
⑨受取勘定　⑩人事
⑪テクノロジー　⑫提携（ベンダー関連）
⑬提携（系列会社関連）　⑭輸出販売
⑮カリフォルニア州技術革新構想

最後の「技術革新構想」とは、産官学の連携により、新たな市場を開拓するものだ。あなたの企業はどのような新構想を持っている、あるいは持つべきだろうか。

ではさっそく、あなた自身の重点エリアを書き出してほしい。

すぐれた時間管理をめざす六つのステップ

すぐれた時間管理を実現するためには、六つの基本ステップを踏むとよい。毎日の仕事の流れの中にこの六つのステップを組み込めば、あなたも部下も、ふだんと同じような一日のうちに驚くほどの成果を上げることができる。

【ステップ①手をつけたら、片をつける】

こんな経験はないだろうか。オフィスに入ると、机の上にフォルダが三冊、手紙が二通。どれも放っておけない用件ばかりだ。最初の手紙を広げ、出だしを読みはじめる。しかしどう考えても、いますぐ処理できるような単純な内容ではない。ひとまず保留。フォルダを開いて、別件に目を通す。よし、これから始めよう。と取り組みかけたそのとき、電話が鳴る。受話器を取って、また別の用事に一〇分ないし一五分。やれやれと先ほどのフォルダに戻ったとたん、こんどは新着メールが届く。さっそく読んでみたものの、これまた、いますぐ処理できるような内容ではない……。

やりかけの用件にあらためてとりかかる、あるいは、書類やメールをもういちど読み直す、といった作業に一日一五分ほど費やすとすると、一年に直せばじつに九七時間を浪費している計算になる。あなたの部下たちの多くも、日々のいろいろな場面で課題に何度も取り組み直して、一日あたり一時間は無駄に使っている。年に換算すると、なんと六週間に相当する。この無駄を省けば、毎年六週間分も生産性を向上できるわけだ。

いったん手をつけたら、何かしら行動に結びつけよ。この心得が、すぐれた時間管理術の第一歩だ。逆に言うと、取り組む態勢が整わないうちは、メールや手紙を開封してはいけない。実際にやっていくうちにわかるだろうが、並行して進行させるファイルが多ければ多いほど、かつ、進行の過程が整然としていればいるほど、効率が上がる。たとえば、広告会社から届いたメールを開いて、「プレスリリースを承認してほしい」と書いてあったとしよう。私なら、「広報関連」のフォルダをあらかじめ用意してあるので、ToDoリスト（片づけるべき用事を列挙したリスト）に「プレスリリースの承認。広報関連のフォルダを参照」と書き込む。こんなふうにすれば、ひとまず整理ができる。

この「手をつけたら、片をつける」という原則は、電子メールを管理するうえでとくに重要だ。メールは非常に価値あるツールだが、うっかりすると振りまわされ、時間管理がめちゃくちゃになってしまう。上手なメール管理のコツはまず、「すべてのメールに、わかりやすい件名をつける」という方針を会社全体で徹底することだ。もうひとつ、私が社内で強調しているのは、「本文のテーマが変わったら、件名も変える」ことだ。これもきわめて重要といっていい。

たとえば、「次回のトレーニングセミナー」という件名で誰かにメールを送信したとする。こんな返事がかえってくるだろう。

宛先：シェリー
送信者：マルシア
件名：次回のトレーニングセミナー
ええ、行きます。もう予約済みです。ところで、このあいだ伝えた予算の件は、デイブに話してくれましたか？

このあと、デイブをめぐってメールが行き交うものの、件名は「次回のトレーニングセミナー」のまま。
一、二週間後、誰かに「デイブの反応はどうでした？」と聞かれる。その肝心な点については、七通のメールのどれかに書いてあるはず……だが、七通すべて開かないと見つからない。
こういった事態に陥らないために、メールの趣旨が変わった場合は、件名も変えるべきなのだ。顧客も従業員もこの原則に従ってもらう。そうすれば誰もが、新着メールの件名だけ見て、「いま開封してすぐに対処できるか？」を判断できるようになる。開いてしまったもののすぐには対処しきれない、という場合は、適当なフォルダに移動し、ＴｏＤｏリストに記入しておく（ＴｏＤｏリストに関しては後述）。
くれぐれも強調しておくが、メールは時間管理を台なしにしかねないので注意してほしい。新着メールの通知音がしょっちゅう鳴りつづけているような会社では、あらゆる従業員が一日じゅう、「受動型」になりかねない。メールの通知音が鳴っても、すぐさま読んで返信する、といったやり方はぜったいに避けるべきだ。メールは、あなたの都合に合わせて使うためにある。都合が悪ければ、すぐに対応するのはやめよう。

集中力というものは筋肉に似ていて、使えば使うほど強くなっていく。メールが着信したり電話が鳴ったりするたびに集中力を途切れさせていては、この能力は退化してしまい、いざ本当に集中しなければいけない場面で効率を上げることができない。

ちなみに、本章の六つの心得を実践するにあたって、「以前にも似たようなアドバイスを聞いたかも……」などと思いをめぐらすのは無意味だ。現実にその心得を実践しているかどうかをよく考えてもらいたい。

【ステップ②リストをつくる】

頭の中を整理しておくためにリストを活用している人は多いだろう。リストをつくっておかないと、何かと「受動型」になりかねない。ＴｏＤｏリストがあれば、優先度や生産性の高い事柄につねに集中でき、効率をたちまち二倍に上げられる。

このテーマに関してセミナーをおこなうとき、私はいつも出席者に「ＴｏＤｏリストを作成している人はどのくらいいますか？」とたずね、さらに「リストにふだん何項目書いていますか？」と聞く。すると毎回、「二五項目以上」と答える人が数人いる。

生産性を上げるコツは、その日やるべき大切な事柄を六つに絞ることだ。リストの長さが適切であってこそ、効果的な管理ツールになる。「よし仕事を片づけよう」と思ったとき、リストを眺めて一つを選び、実行に移すわけだが、もしリストが長いと、ついつい簡単であまり実効性のない項目を選んでしまう。一日の終わりに振り返って初めて、リストのうち重要度が高い項目がいっこうに片づいていないことに気づく。重要な用件は、非常に骨が折れたり、時間がかかったりするので、後まわしにしてしまいがちなのだ。

そのうえ、リストが長すぎると、いつまで経ってもすべての項目が完了しない。完了しないと気分的にもすっきりしない。それにくらべ六つに絞ってあれば、リストの最後の項目をやり終えて消すとき、とても爽快な気分を味わえる。六項目どれもがその日のきわめて重要な用件なら、達成感はなおさら大きい。

したがって、毎日、やるべき最も重要な項目を六つリストアップし、その六つは何がなんでもやり遂げることだ。いずれやるべきほかの事柄は、補助的なリストに列挙しておく。日々の計画を立てる際（計画の立て方は後述）、長い補助リストをひととおり眺めて、その日いちばん重要な項目を六つ選びだすようにするといいだろう。

実践トレーニング

このトレーニングは、いますぐとりかかってもらいたい。できあがったものを、この章の続きに利用する。まず白紙を一枚用意して、明日やるべき最も重要な事柄を六つ、書き出してほしい。たとえばこんなふうだ。

①クライアントに提案書を送付
②契約書を仕上げてファックス
③会議の日程を作成
④ハイディ氏と電話会議
⑤今月のマーケティング計画を再検討
⑥ダイレクトメールを処理

【ステップ③作業に時間量を割りあてる】

それぞれの課題を「いつ」やるかに関しては、まだ考えなくていい。ひとまず、現実問題としてそれぞれにどのくらいの時間をつぎ込むべきか、という点だけを決めよう。リストの六項目を本当に一日でやり遂げるためには、時間の配分が欠かせない。一日では終えられない大がかりな作業が含まれている場合は、今日の範囲でつぎ込む時間量を決める。つまり、大規模なプロジェクトは、管理できる単位に分割してとらえるわけだ。

本書そのものがよい例だと思う。私は一〇年以上前から、書籍を執筆しませんかと何度も依頼を受けたが、本を一冊まとめる作業はとてつもなく手間がかかると考えて躊躇《ちゅうちょ》していた。しかし、書くと決意してからは、週に一時間ずつ執筆にあてた。三カ月もしないうちに、納得のいく契約が決まって、本書の出版にこぎつけることができた。

あなたにも、長年あとまわしにしてきた事柄があるのではないか。時間がかかりすぎるという理由で行動に移せずにいる貴重なアイデアがないだろうか。時間を細かく分割して、実行してみるといい。

実践トレーニング

先ほどつくったリストの各項目の横に、明日どれだけの時間をつぎ込めるか、現実的な数字を書き込もう。たとえば、こんなふうになる。

①クライアントに見せる提案書を作成（〇・五時間）
②契約書を仕上げてファックス（一・五時間）
③会議の日程を作成（〇・五時間）
④ハイディ氏と電話会議（一時間）
⑤今月のマーケティング計画を再検討（一時間）
⑥ダイレクトメールを処理（二時間）

さて、できあがった「生産的な仕事」の時間を合計してみてほしい。右記の例なら六・五時間。ところが、いろいろなセミナーでこの実践トレーニングをやると、合計が一一時間にもなってしまう参加者がいつも数名いる。六つの項目を確実に完了させようと思えば、そんなに長い時間は非現実的だ。目安として、六時間程度に収めるのがいい。理由はのちほど説明する。

【ステップ④一日のスケジュールを決める】

それぞれの項目に所要時間量を配分したら、次は、一日のいつやるかを決める番だ。おおまかな順序ではなく、もっと具体的に、すべての事柄について時間帯を割りあてていく。リストに入れた六項目のほか、メールをチェックして開く作業なども時間帯を決める。ステップ①の規則どおり「手をつけたら、片をつけよ」を厳守するためには、そういった作業の時間帯を毎日固定しておく必要がある。

次に挙げる例では、雑多な用件をすませたり「お時間ありますか」会議をしたりする時間帯を二カ所に設けてある。このような時間帯も必ずつくっておくべきだ。スケジュールを中断してでも対応しなければいけない急用が、毎日いくつか出てくるだろう。そういった受動的な作業のための時間を少なくとも三〇分×二回組み込んでおけば、いざ割り込みが入ったときも融通が利く。ただ、いちばん重要なのは、なんとしてでも全項目をやり遂げることだ。左記のスケジュールは一〇時間をカバーしているが、重要事項六つに割りあてたのはうち六・五時間にとどめてある点に注目してほしい。

八時～八時三〇分	クライアントに提案書を送り、メールをチェック
八時三〇分～九時	部下たちの時間管理リストを再検討
九時～一〇時三〇分	契約書を再検討、修正してファックス
一〇時三〇分～一一時	雑用会議、メールのチェック
一一時～一二時	マーケティング計画を再検討
一二時～一時	クライアントと昼食
一時三〇分～二時	電話会議
二時～三時	雑用会議、メールのチェック
三時～五時	ダイレクトメールを処理
五時～六時	メールのチェックと返信

実践トレーニング

あすのスケジュールを立ててみよう。ＴｏＤｏリストの六項目をすべて完了でき、なおかつメールその他の処理も終わるように、時間帯を割りあててもらいたい。

【ステップ⑤優先度を決める】

以上の実践トレーニングを完了したら、あす一日のスケジュールを眺めて、いちばん難しい課題をどこに配置したか確認してほしい。セミナーで指導した経験からいうと、いちばん重大な課題を最後に置く人が多い。最も集中力を必要とするから、あるいは最も難しいから、という理由だ。しかし、一日の終わりには時間も体力もあまり残っていないことが多い。いちばん重大なものは先頭に置こう。たったそれだけで、自分の予定をコントロールしているという実感や、大きな達成感が得られる。

世間でよく言われるとおり、「結果の八〇パーセントは、努力のうちのわずか二〇パーセントが生みだす」。すなわち、たいがいの人間は、ほとんど結果につながらない雑事に翻弄《ほんろう》されている。忙しすぎるせいで、ものごとに優先順位をつけることも、集中して取り組むこともできない。私はそういうタイプを「多忙症」と呼んでいる。

長年、「多忙症」の部下をうんざりするほど見てきた。まじめで熱心で、見たところじつに忙しそうなのだが、実際の生産性はきわめて低い。そういうタイプの人間には、ここで説明しているやり方をぜひ採り入れさせる必要がある。ただしその際は、未熟者を指導する忍者の達人のようにやわらかい物腰で諭すこと。そして無駄な「多忙症」をやめさせ、生産性を重視させるのだ。

努力の八〇パーセントを実りある仕事に注ぎ込めたら、いったいどうなるだろう？　時間の八〇パーセントを生産的な作業に、二〇パーセントだけをほかの作業に費やすようにすれば、計算上、生産効率はなんと四倍にアップする。その実現に必要なのは、「あくまでやり抜く」という「断固たる規律と決意」だけだ。

営業担当者や自営業者へのアドバイス

もしあなたが営業担当者なら、毎日最低二・五時間を、まったく新しい顧客層の掘り起こしにあてるといい。もっとも、この数字は、すでに顧客をじゅうぶん抱えている場合にかぎる。まだ顧客をじゅうぶん確保できていないなら、新規顧客の勧誘のみに少なくとも一日四時間は必要だ。

私が担当しているある顧客は、営業業務を記録するソフトウェアを持っていたものの、いっさい活用していなかった。そこでそのソフトウェアを稼働して統計をとってみたところ、驚いたことに、スタッフの誰ひとり、新規勧誘に一時間以上割いた日が一日としてなかった。本人たちは毎日四〇から六〇件ほど勧誘していると思い込んでいたが、実際にはわずか一一から二八件だった。新人の営業担当者なら、すべての時間を勧誘につぎ込んでもらいたい。

また、あなたが自営業者やごく小さな会社の経営者であれば、社の成長を一手に担う起業家という立場として、業績を伸ばすために毎日最低二・五時間は必ず費やさなければいけない。

もともと受動型の仕事なら?

営業担当者であっても、顧客から随時入ってくる問い合わせなどの電話に応対するのがおもな役割、という人もいるはずだ。そのほか、顧客サービスセンターで電話に答えるサポート担当者や、受付デスクの電話番、上司から頼まれた仕事をこなす秘書など、一日じゅう受動型の仕事をこなさなければいけない立場の人もいるだろう。だが、もしそのような立場であっても、日々行うべき能動的な作業を書き出し、現実に即してスケジュール化することは可能だ。何かを前向きに押し進めたり、自分の仕事や会社を改善したりといった能動的な作業が、毎日多少ともあるにちがいない。

もしあなたが受付係で、電話の応対がおもな役割なら、たとえば、よくかかってくる電話の内容をまとめて販売スタッフ向けに提案リストをつくる、といった能動的な作業もできるのではないか。私自身、よその会社を訪れて、受付係が暇そうに本を読んでいたりする姿を見ると、いらいらしてしまう。そんなに時間をもてあましているのなら、インターネットで業界の動向を調べてはどうか。あるいは、ダイレクトメールの発送を手伝ってはどうだろう。同じことは、顧客サービスの担当者にもいえる。週一回の定例会議（第三章で詳述）の際、この問題を取りあげて、受動型の仕事を割りあてられたスタッフが空き時間に何をすべきか話し合ってみてほしい。

上司が問題視する点を部下は重要視する

部下たちの生産性を上げたければ、当人がどのように一日のスケジュールを立ててどんな項目を優先しているか、毎日欠かさずチェックするといい。

インターネットがなかったころ、私は社内を歩きまわって、部下たちの日々の予定リストをチェックした。ひとり残らず毎日リストをつくって実行するようになるまで、ひたすら目を光らせ、断固たる態度でたえず監視しつづけた。結果として、ようやく六カ月後、本章で説明している六つのステップに全員が忠実に従いはじめた。幹部はもちろん全スタッフが正しい時間管理術を実践するよう指導に力を入れ、やがては専用のインターネットソフトウェアをつくり、各自がログインして一日の計画リストをつくるしくみにした。リストが完成した時点で、上司に自動的にメールが届くのだ（www.chettime.comの〝The Ultimate Time Management Tool〟参照）。
ソフトウェアを使うかどうかはともかく、このたぐいの管理体制を整えることには大きな意義がある。計画や優先度をつねに点検されているとわかれば、部下たちは時間管理をいっそう重視するようになり、劇的に生産性がアップする。

実践トレーニング

自分の計画をあらためて点検してみよう。

- 一日のうちどのくらいが「能動型」で、どのくらいが「受動型」か？
- いちばん重要な用件を一日のどこに配置したか？　最初か、真ん中か、最後か？
- 朝、真っ先にいちばん重要な用件を片付けられるように、計画を立て直そう。
- メールに返信する、電話をこちらからかけ直す、などの「受動型」の作業は、すべてをひとつの時間帯にまとめよう。
- 新規顧客の開拓や契約の締結といった「能動型」の作業に一日の大半を割りあてるように、くれぐれも注意しよう。

【ステップ⑥「これを捨てたら支障があるか？」を検討する】

統計によれば、ファイルその他に保管された情報のうち八〇パーセントは、二度と陽の目を見ずに終わるという。とすると、使わないものを抱えている必要があるだろうか。何かを保管しておくかどうか迷ったときは、「これを捨てたら、支障があるか?」と考えてみてほしい。もしあとで必要になったとして、ふたたび手に入れることは可能か? あなたが部下を抱える立場なら、たいてい答えは「イエス」だろう。捨ててかまわない。私の場合、とくに「保存」を指定しないかぎり、どのメールも四五日後に自動消去されるように設定してある。年に二回ぐらい、「あのメールの内容がまた必要だ」と思うものの、たいがい、入手し直すことができる。

私の部下のある女性が、先日、「メールソフトの動作がどうも遅い」と言いだした。そこで技術者がメールアカウントを調べたところ、膨大な量のデータが保存されているのがわかった。彼女はありとあらゆるメールを捨てずに取っておいたのだ。必要ないと思うメールを本人に削除させた結果、保存データ量は二・七ギガバイトから〇・五ギガバイトに減った。

まとめ

以上のとおり、生活やビジネスにすぐれた時間管理術を導入するのは簡単だ。むやみに多くのステップを踏む必要はないし、三カ月かけて日常を記録する必要もない。単純なステップを六つこなせばすむ。

①手をつけたら、片をつける
②リストをつくる

③作業に時間量を割りあてる
④一日のスケジュールを決める
⑤優先度を決める
⑥「これを捨てたら支障があるか?」を検討する

この六段階をマスターするだけで、信じられないほどの違いが出てくる。さらに、社内全体に広めれば、いつのまにか生産性を最大限にアップできるはずだ。

当然、六つのステップにいくら忠実に従っても、何かあるいは誰かの邪魔が入って、スケジュールを乱される恐れがある。緊急事態が持ち上がって、一時間、ことによると二時間、割くはめになるかもしれない。しかし一日のどこかに柔軟性を持たせ、いくぶん余裕を残しておけば、不慮の中断にも対処できるにちがいない。何か妨げがあっても巧みに乗り越えて、スケジュールに戻ることが肝心だ。

第2章 トレーニングを習慣化し、業務水準を高める

あなたの組織を調整万全の「セールスマシン」に変える方法

「ハーバード・ビジネス・レビュー」誌によれば、いわゆる「勉強好き」の人間は、全体の一〇パーセント程度しかいないという。「勉強好き」なら、学ぶべき事柄を自主的に探しだし、楽しみつつ身につける。しかし残りの九〇パーセントは、仕事上の必要に迫られないかぎり、進んで能力を磨こうとはしないのだ。昨今は、幅広い専門職——不動産業者、会計士、資産運用コンサルタント、株式ブローカー、弁護士、医療専門家、さらにはマッサージ師など——の業界で、継続的なトレーニングが義務づけられている。時代に遅れずに、専門分野のプロとして必要な知識を保つためには、強制的な制度がないと難しい。

考えてもみてほしい。あなたのかかりつけの医者が、最新の医学の進歩を知らず、ここ二〇年ばかり、いちども医学論文に目を通していないとしたらどうだろう。すでに副作用が判明している薬を処方したり、効果なしと判明している治療法を試みたりしかねない。なのに、大半の企業は、まったくといっていいほど研修を実施していないし、まして強制参加のトレーニングともなると皆無

に近い。中には「トレーニングなど仕事の妨げだ」と考える管理職者までいる。

こんな木こりの話を知っているだろうか。木こりAは一日じゅうひたすら木を切っていた。木こりBはしょっちゅう休んで腰かけていた。ところが日が暮れたとき比べてみると、木こりBが切り終えた量はAの三倍だった。Aは憤慨して言った。「こんなばかげたことがあるか。きみは一日すわってばかりいたくせに」。するとBは答えた。「休んでいたわけじゃない。のこぎりを研いでいたのさ」。能力を、道具を、資源を研ぎ澄ませば、生産効率がアップするのだ。

「部族社会メソッド」研修

サムという男性がジョーズ銀行に採用され、新人研修を受けることになった。だがあいにく、この銀行の研修方法は、私が「部族社会メソッド」と揶揄《やゆ》するやり方だった。まるで原始人のように、見よう見まねで情報を伝える。新人のサムは、先輩であるベティの仕事ぶりを二日間観察し、自分もできるように覚え込むというわけだ。方法論もなければ、講義形式の研修も、トレーニングマニュアルも、ロールプレイングもない。ただたんにベティの横にすわって、やることなすことを眺めて学ぶ。もしベティがしくじったり、悪い癖を出したりすれば、サムは「ふうん、そういう場合もあるのか」と考えてしまう。トレーニング方法としては最悪といっていい。

これに対して、ウェルズ・ファーゴ、バンカーズ・トラスト、シティバンクなどの大手銀行は、教室スタイルのトレーニングをおこなっており、すべてに関して方針や手順が決まっている（いずれも、かつて私がコンサルタントを務めた企業だ）。サムがもしこういった銀行に就職したとすると、まず研修室で集中的な訓練を受け、そのあと先輩の窓口係を観察することになる。おかげで、先輩が何かまずいやり方をした場合も、「あれは悪い見本だな」とはっきり認識できる。仕事の手順をひととおり覚えたからといって終わりではない。めいめいが技能やプロ意識を磨く努力は永遠に続き、定期的な研修に出席することが義務づけられている。

業界もライバル企業も進化するなか、参加必須のトレーニングをこまめにおこなわない会社は立ち後れていく。本章では、会社や部署などでどのようにトレーニングを習慣化し、面白く刺激的で楽しめる内容にするかを説明しよう。部下のいない自営業者だろうと、フォーチュン五〇〇に名を連ねる大企業だろうと、能力を磨きつづける必要があるという点に違いはない。

以前、あるOEMメーカー（他社ブランドの製品を製造するメーカー）のコンサルティングを請け負ったときのこと。その会社は、のちほど第六章で説明するやり方を使い、業界の上位一〇〇社に食い込もうと懸命だった。目標を達成するためには、営業スタッフの強化が欠かせない。残念ながらまともな研修をやっていない場合、大半の営業担当者は、売り込みの電話をかけて一回でも断られるともうあきらめてしまう。二回目の電話をかける者はめったにいない。このOEMメーカーも、まさにそんな状態だった。取引相手になりそうな製造業者に電話して、いちど断られるとギブアップ。そこで、全社を挙げた改善に取り組ませ、粘り強さを強制的に学ばせることにした。

当然ながら、入念に計画し、きめ細かく監督しなければいけない。そのため、全員に業務記録をつけさせて提出させたほか、週ごとに何人かずつ「ホットシート」方式でスパルタ教育をおこなった。「ホットシート」とは本来「電気椅子」を意味する。みんなの前にひとりすわらせて俎上《そじょう》に載せ、どんな勧誘の努力をしたか、相手に何を言ったか、むこうの返事はどうだったかなどを徹底的に聞きだすわけだ。このようにして毎週みっちり絞られるとわかると、営業スタッフは気が抜けなくなり、徐々に会社全体の業務水準が上がっていった。

もっとも、成果が出るまでにはそれなりの時間がかかる。最初のうちは、どの営業担当者もやるべきことをやっていなかった。しかし、私の前にすわらされ、おおぜいが注視するなかで仕事ぶりを報告しなければいけないとなると話が違う。なにしろ、ほかの営業スタッフ五〇人全員に加え、社長、営業副社長、営業部長がそろって聞き耳を立てているのだ。たちまち「上司が問題視する点をもっと重要視しなければ」と痛感させられるはめになる。

それでも、最初の三カ月はほとんど進展がなかった。外部のコンサルタントの力添えがなければ、会社側もあきらめていたと思う。だが、有望な取引先の幹部に地道に売り込みを続け、何度断られても繰り返し電話をかけつづけた（そうせざるをえなかった）結果、事態が好転しはじめた。引き続き毎週、どんな言い方で勧誘してどんな答えが返ってきたかを検討し、それぞれのケースについて私が改善点をアドバイスした。半年たったころには、狙った相手の五四パーセントと面会の約束をとりつけられるまでになった。

このトレーニング方法に絞って徹底的に訓練したかいあって、営業部門の業務水準が大幅に上がり、さらにはその水準が会社全体に普及した。ここの営業スタッフが学んだのは、「たとえ何回断られてもアプローチに一貫性を持たせることが、潜在的な顧客を本物の顧客に変えるうえで大きな役割を果たす」ということだ。彼らはいまや業界で名うての強者になっている。

実践トレーニング

トレーニングを積めば、全員の調和がとれて、美しいハーモニーが生まれる。あなたの会社はいま音程が外れていないだろうか。以下の文があてはまるかどうか、○×で答えてみてほしい。

①すべての従業員が、ハイレベルの優秀さと一貫性を保ちつつ、あらゆる仕事をこなしている。
②トレーニングや技能に一貫性があるおかげで、業務の結果をある程度予想できる。
③どの疑問点や問題点についても、すべての管理職者がだいたい似た答えを出す。
④どの疑問点や問題点についても、すべての一般社員がだいたい似た答えを出す。
⑤顧客の扱い方が平等。社内や部署内の誰が担当者であるかによって違いが生じない。
⑥理想的な仕事ぶりとはどんなものか、すべての従業員が知っている。

右記の質問のどれかに×がついたなら、トレーニングに対する取り組みが不十分ということになる。トレーニングをおこなわなければ、従業員の働きが継続性や一貫性を欠き、ときには粗っぽく投げやりになりかねない。上司であるあなたが業務水準を設定しなかったせいだ。逆に、適切なトレーニングをおこなえば、顧客候補に初めて接触するときどんな手順を踏めばいいか、必ずたずねるべき質問は何か、事後にやるべきことは何か、といった事柄を周知徹底できる。積極参加型のトレーニングであるほど、いい結果が生まれるだろう。組織内のあらゆる面に好結果がおよぶ。具体的な内容は次章以降でも詳しく扱うが、この第二章ではまず、定期的なトレーニングを義務づけることが何より大切だという点を強調しておきたい。

トレーニングが業務水準を決める

本腰を入れて定期的なトレーニングを実践すると、社の目標に対する理解が急激に深まり、業務水準が高いレベルで定まる。トレーニングなしでは、スタッフの能力向上は期待できない。世間の多くの企業が規模を広げられず、同じ問題に何度もぶつかって時間を無駄にしつづけているのは、なによりトレーニング不足が原因だ。

トレーニングは利益を生む

質の高いトレーニングは、確実に収益の向上につながる。前に例として挙げたOEMメーカーの場合、私がコンサルタントになるまでの四年間は売上げが右肩下がりだった。しかし、一貫したトレーニングの末、急激に業績を改善できた。

あなたの会社の営業チームは、毎週の全体会議のおかげで、何をすべきか正しく認識し、どんな状況でも簡単に処理できるようになっている（はずだ）。あとは実践あるのみ。顧客サービスをはじめ、どの業務分野に関しても、基本は同じといえる。

社内の誰かと接して「気持ちのよいサービスだった」と感じた顧客は、また取引を申し込んでくるだろう。何か問題が生じても適切に処置できれば顧客をつなぎとめられるが、ふだんのトレーニングを怠っていると顧客を失ってしまう。顧客とのやりとりや事後処理の方法を全員に等しく徹底してあれば、顧客との関係をたえず強化でき、契約を獲得しつづけることができる（詳細については、本書の以降の章で隅々まで説明する）。

トレーニングには経費を節約する効果もある。どんな状況にも正しく対処できる能力が身につくと、社内で存在感を保てるため、従業員の離職率が下がるからだ。トレーニングは自信を押し上げ、ストレスを軽減してくれる。また、トレーニングによって業務の道筋が明確になれば、従業員を査定したり、有能な者に褒賞を与えたりしやすい。組織だった定期的なトレーニングが、よりよい職場をつくるのだ。

備えあれば憂いなし

会社の業績管理は、人の健康管理とよく似ている。すなわち「予防にまさる薬なし」。もしあなたが食べ物を喉に詰まらせたとしよう。そのときになって応急処置を学びはじめる友達と、対処法をあらかじめ練習してある友達では、どちらがありがたいだろうか。トレーニングとは積極的な予防策であるといってもいい。備えがあれば、ふだん平穏でいられるし、どんな危機が訪れても落ち着いていられる。トレーニングを怠っていると、その場その場で受け身の姿勢をとらざるをえず、会社が生き残れる可能性は非常に小さくなってしまう。

平素のトレーニングは命をも救う。私は二五歳のころ、ニューヨーク市でコンサルタントを務め、世界に名だたる大企業の最高幹部をおおぜいトレーニングしていた。いまでも覚えているのは、ある大手石油会社でプレゼンテーションをしたときのことだ。セキュリティの責任者が、予防策としてトレーニングすることに異議を唱えた。「間違った自信を持ってしまい、かえってまずい事態に陥るのではないか」と。そこで私は「お子さんはいらっしゃいますか」とたずねた。一六歳の息子と一八歳の娘がいるとのことだった。

じつはたまたまその二週間前、一八歳の少女をめぐる痛ましい事件がクイーンズ地区で発生した。家の屋根に引きずり上げられ、性的暴行を加えられたあと、突き落とされて殺害されるという事件だ。「その事件を知っていますか」と私が聞くと、セキュリティ責任者は「もちろん覚えている」と答えた。被害者の少女の爪のあいだからは暴行魔の皮膚組織が検出され、彼女が勇敢に抵抗したようすがうかがえた。

生命の危機にさらされたとき、人間は二種類に分かれる。トレーニングの経験がなく、その場で精いっぱい頭を働かせるしかない人間と、あらかじめトレーニングを積んであり、何がやれるかを具体的に思い浮かべられる人間だ。「ご自身の娘さんには、どちらのタイプになってほしいですか」と私は問いかけた。「なるほど、きみが言いたいことはわかったよ」と彼はつぶやいた。

ビジネスのどんな分野も同じだ。危機的な状況にぶつかった場合、従業員は二種類に分かれる。上司であるあなたが事前に想定してトレーニングをおこなってあれば、どう手を打つべきか心得ているだろう。対処を怠ってトレーニングしていなければ、手探りで進むしかない。あなたは、部下たちにどちらのタイプになってほしいだろうか。

「ピンチに陥ったとき、せっかくの知識を思い出せないかも」と危惧する向きもある。だが、人間の脳は危険時には知識を総動員しようとするものだ。アドレナリンが分泌されると、脳はフル回転して、この窮地を切り抜けるために何かよい知恵はないかと探しはじめる。自己防衛策を長年教えてきただけに、私はそんな具体例をたくさん知っている。私がトレーニングした人々は、危機に際してやるべき事柄を思い出せたばかりか、「以前あなたが教えてくれたじゃありませんか」と逆にこちらの記憶をよみがえらせてくれるほどだ。

私が一八歳のころの話。雨の夜、友人とカーレースをして崖から落ちたことがある（若気の至りとしかいいようがない）。カーブを曲がろうとした際、濡れた路面でスリップし、そこへ別の車が向かってきた。私はとっさにアクセルを踏み、正確な角度でハンドルを切ってタイミングよく衝突を避け、姿勢を立て直した。が、目の前に次のカーブが迫ってきた。万事休す。先ほど加速したせいでスピードを出しすぎていた。車は道路をはずれ、時速一三〇か一四〇キロで芝地へ飛び出した。車体が傾き、濡れた芝生のせいでさらに急加速。木に衝突して横転し、わきを抜けて八〇メートル下の崖へ転落した。もしふだん肉体を鍛えていなかったら、恐怖で身を縮こまらせ、全身を骨折していただろう。

私がまだこうして生きていられるのは、かねてから空手のトレーニングを積んでいたおかげだ。脳が警報を鳴らした瞬間、何年も空手の訓練を積んだ肉体は、固く身構えるよりむしろ緊張を解くほうがよいと知っていた。車内で全身が浮き上がり、上下左右やハンドルにしたたかに打ちつけられたものの、ぶつかる瞬間には顔をおおい、衝撃を柔軟に受け止めることができた。やがて、車は林に引っかかって止まった。日ごろのトレーニングが功を奏して、その夜、死なずにすんだ。危機的な状況に陥ったとき、あるいは何か変化が必要なとき、どんな訓練が役立つかわからない。

もうひとつ例を挙げておこう。重大な危機というほどではないものの、深刻な問題が浮かび上がったケースだ。

私の会社は、ときどき大々的なラジオキャンペーンをおこなって営業促進に役立てている。放送後、聴取者から資料請求の電話がかかってくる。その際、「正しい資料をお送りするため、そちらの会社について少々お教え願えますか」と、いくつか質問をする。どんな分野の会社なのか、業績を伸ばすうえで最も大きな問題点を二つ挙げるとしたら何か、など。相手の答えによっては、「資料をお送りするよりも、直接、弊社がインターネット上で提供しておりますトレーニングプログラムに申し込んでいただいたほうが効果的かもしれません」と誘いをかける。

ある週、新入りの営業スタッフが五人、問い合わせの応対にあたり、このトレーニングプログラムの勧誘をおこなった。相手のうち約五〇パーセントが「そうですねえ。送られてきた資料を見て決めます」とやんわり拒否。一週間のあいだ、何百人もが同様に口を濁したまま、二度と戻ってこなかった。

この状況を聞いた私は、さっそく、こんなふうに言葉を続けなさいと指導した。「わかりました。では、資料を送らせていただきます。ただ、こちらの資料を受け取られたお客さまがそのあとどうなるか、二つのパターンに分かれることをあらかじめお知らせしておきたいと思います。まずひとつは、資料に目を通して納得なさり、ただいまご案内したウェブセミナーに申し込まれるお客さま。もうひとつは、失礼ながら、何につけても受け身の姿勢が癖になっていて、資料を読むことにも、ビジネスを改善することにも時間を割かず、何もせずに終わってしまうお客さまです。そこでお伺いしたいのですが、お客さまは、積極的に行動して業績を倍増したいとお考えのタイプですか？　それとも、現状に対処するのが精いっぱいで、改善するための技能を磨く時間はないというタイプですか？」

このせりふを使った結果、契約率が急上昇した。あいまいに断りかけた相手のうち半数が、すぐさまウェブセミナーに申し込んだのだ。営業スタッフにささやかなトレーニングを施しただけで、効果てきめんだった。この場合は危機的状況というほどではなかったが、はじめのうち、事実上の拒否の返答に対してどう論理的に反論すべきかを誰も考えていなかったせいで、潜在的な顧客を半分も失っていたことになる。ちょっとしたトレーニングが大きな成果を生むのがよくわかる。

緊急時であれ平常時であれ、スタッフがその場で措置を考えるようではまずい。毎週の全体会議の際、上司であるあなたがあらゆる状況を想定し、対処法を全員が知っているという状態でなければいけない。

繰り返しがカギ

トレーニングプログラムを構築する場合、会社や部署が精密機械のように、いわば「究極のセールスマシン」として機能するよう設計したければ、なにより繰り返しがカギになる。どんな人間も、反復練習なしには上手になれない。その点を頭に入れてプログラムを組むべきだ。空手にしろ、習得するにはたいへんな修練が必要になる。基本の動きをひたすら反復しなければいけない。テニスやゴルフなど、ほかのスポーツでも同じだろう。練習に練習を重ねてこそ、必要な動作が無意識にできるようになり、そこでようやく楽しめるレベルに到達する。しかし、まずは地道な鍛錬が先だ。

率直なところ、あなたは自分の会社に対してどのくらい真剣だろうか。ビジネスごっこをしているだけか、それとも心血を注ぐ覚悟があるか。孫子の『兵法』には、勝利に必要な五項目のひとつとして「上下の欲を同じくする者は勝つ（＝すべての階層の者が同じ精神のもとで動いている軍が勝つ）」と記されている。同じ精神で一丸となって行動するためにはどうすればいいのか。答えは簡単だ。訓練、訓練、また訓練。

よくできたトレーニングプログラムはたいてい、組織に大量の情報を投下し、手早く終了する。その後一週間ほど、スタッフは生き生きと輝きつづける。「大量の情報を与えられたということは、おおいに価値を認めてくれているにちがいない」と解釈するからだ。ただ現実には、継続的にさらなるトレーニングをおこなわなければ、効果がほとんど定着しない。トレーニングをやらないよりはましとしても、反復しないと、じゅうぶんな効果が得られない。

肝心な部分を定期的に繰り返すことにより、一定のコンセプトが浸透していく。どういったトレーニングでも、終わった直後は効果が出るものの、長い目で見ると、何度も繰り返してこそ影響が持続する。スタッフ全員が共通の理解を持ち、標準化された手順を踏めば、社内のコミュニケーシ

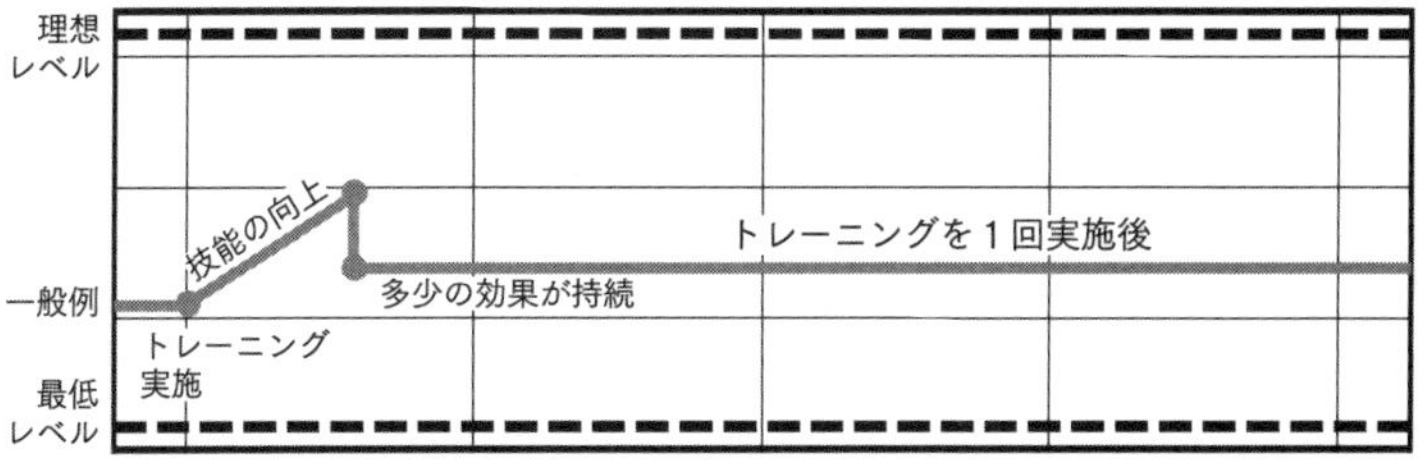

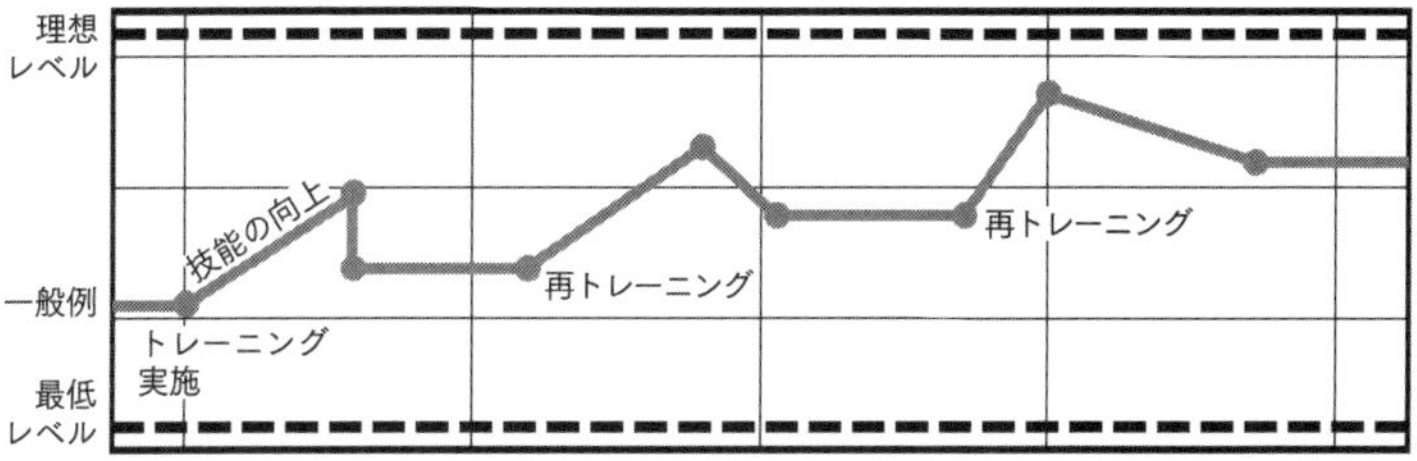

ョンは劇的に改善するだろう。全員が、豊かで深い知識ベースを共有するからだ。

第一章で学んだ時間管理術を例に、習熟度の典型的な変化を表すグラフを上に挙げてみた。繰り返しが重要な理由がわかるだろう。ご覧のとおり、トレーニングを終えた直後、すぐに技能が向上している。しかし、その後の追加トレーニングがなかったらどうなるか。グラフを見れば一目瞭然。学んだばかりの技能はまたすぐに低下する。たいていの企業や研修制度はここでやめてしまうため、ごくわずかな効果しか出ないのだ。一回きりのトレーニングで、全員が魔法にかかったように時間管理術の専門家に変身するわけではない。

私は、自社の従業員や顧客に対して、高い能力が長く定着するまで同じ情報を繰り返し教え込むように心がけている。トレーニングを繰り返すたびに技能がふたたび上向くうえ、同じ内容の繰り返しだけに、伸び幅がしだいに大きくなる。そのあとまた下降線をたどるものの、以前ほど急激な下がり方にはならない。さらに何度もトレーニングを行うと、能力はますます高まり、下がり方がますますゆるやかになる。トレーニングのたびに、達人の域に急速に近づいていくわけだ。

トレーニングの実施法

トレーニングを始めるにあたって、まずは受講者に次の五項目を伝えよう。

- ●研修内容
- ●かかる時間
- ●メソッド
- ●今回の目的
- ●今回習得してもらいたい技能や知識

これからどんな内容を見聞きするのか事前に把握していると、受講者は心の準備ができ、トレーニングに集中できる。

また、学習を促進するようなトレーニング環境を用意するのも重要だ。ひとことでいえば、「楽しいトレーニングにする」。オープンな雰囲気をつくり、参加者が気がねなくコメントしたり、冗談を言ったり、提案を出したりできるようにしたい。軍隊の訓練ではないのだから、面白くて刺激的でわくわくする内容にすべきだ。本章の冒頭で述べたとおり、たいていの人間は「勉強好き」ではないから、わざわざ時間を割いてトレーニングを受けるのは気が進まない。したがって、トレーニングを楽しく面白く刺激的に、できれば胸躍るような体験にしなければいけない。そしてなにより、参加は必須でなければいけない。理由のいかんにかかわらず、欠席は不可。病院に行くとか歯医者に行くとかいった理由で休むことは認めない。部下がいない自営業者であっても心構えは同じで、スケジュールを組んだら、何があっても絶対に実行してほしい。

第八章で学ぶとおり、人間は、ただ聞くよりも目と耳を両方使ったほうがはるかに多くの情報を吸収できる。加えて、積極的に学習にかかわった場合はますます吸収しやすくなる。したがって、ロールプレイングなどの参加型のトレーニングがよい。少なくとも、視覚的な補助を必ず使おう。記憶に残る割合がかなりアップする。

大量の情報を伝える必要があるなら、最初のうちのトレーニングでは印刷物を渡してもよい。ただ、記憶の定着にいちばん効果があるのは、実践的、定期的な一貫したトレーニングだ。そういう訓練を経てこそ、生産性が向上する。したがって、トレーニング用の小冊子をつくって配るだけでは意味がない。日時を定め、部屋を予約して、出席を義務づけるべきだ。

質問、ジョーク、意見、ユーモアを奨励し、どんな質問も大切に扱おう（ひどく的はずれな質問だと思ったとしても）。参加者に集中力を維持させ、しらけた気持ちにさせないよう注意を払う。

トレーニングに役立つ方法やツールはじつに数多くある。参加者の眠気を追い払うには、いくつかの方法を組み合わせるのもいい。具体的に挙げておこう。

【講義形式】

講師であるあなたがしゃべり、受講者が聞くというやり方。データを伝えるにはふさわしいが、重要事項を覚え込ませたり、グループで処理させたりしなければならない内容には向かない。

【グループ質問形式】

あなたがホワイトボードに質問を書き、受講者に挙手を求めるやり方。双方向の意思疎通なので、受講者の集中力がとぎれにくい。全員の現状を把握できるため、今回どういった部分が問題点かをつかむのにも有効だ。理想的な結論をこちらから教えてしまうのではなく、おのずと自分たちで結論にたどり着けるように導こう。たとえば、こんな質問をしてみる。「顧客の質問にうまく答えられないとき、もどかしさを感じる人は手を挙げてください」「何が起ころうと準備万端、というほどの専門家になりたい人はどのくらいいますか?」「トレーニングやロールプレイングが、さまざまな状況に対処する方法を深く知るうえで有効だと思う人は?」。このような質問を続けていけば、あなたが望む結論へ導くことができる。

【グループ討論形式】

グループ質問形式と同様、特定の話題や問題に関してあなたが議論を促し、想定してある結論へ導いていくやり方だ。全員の集中力が途切れない点は同じだが、こちらの場合、回答の内容に応じて、トレーニングの方向性を調整していくことができる。たとえば、「この会社でワークショップをやった経験がある人は？」とたずね、挙手で答えを得たあと、「それで、どうでしたか？」と質問して、具体的な情報を引き出す。そうすれば講師側は、得られた答えを踏まえて、この回のトレーニングで対処すべき共通課題を考えられる。

【デモンストレーション練習形式】

部下たちがやるべき事柄を、上司がデモンストレーションしてみせるやり方。たとえば、顧客と会う約束をとりつける練習だとしよう。まず、状況を設定しておく。顧客になりそうな相手に初めて電話をかける場面、CEOと会う約束をとりつけるのが目標、といった具合だ。相手側の受付嬢の役を演じる人物が、電話を取る。この受付嬢にどう伝え、CEOにつないでもらうか、言うべきせりふをプリントして配布する。そして上司が実際にやってみせたあと、質問をつのり、理解の浸透度をみる。続いて、受講者にやってもらう。これが、次に挙げるロールプレイング形式となる。

【ロールプレイング形式】

ロールプレイングは、トレーニングにきわめて効果的な方法だ。顧客サービスを例にとろう。業界の頂点を目指す会社であれば、「顧客サービスで起こりがちな問題トップ7」のようなリストをつくっているはずだ。さまざまな場面に応じてどう対処すべきか、その種のマニュアルはすでにあるとしても、実際にロールプレイングをやれば、内容が体の奥にしみ込む。現実の場面でたとえ急いでいたり、面倒な要素が絡んでいたり、周囲に気が散る要素があったりしても、やるべきことを無意識にできるようになる。

先日、私の携帯電話がなぜか、ニュースやら天気予報やら星占いやら、一秒あたり六通ほどのメッセージを受信しつづけるようになったため、携帯電話会社に問い合わせた。この機能をオフにする方法を知りたかったのだ。ところが、事情をきわめて明確に説明しているつもりなのに、顧客サービス担当者はさっぱり見当がつかないようすで、私はつい声を荒らげた。するとなんと、むこうが電話を切ってしまった。わきにいた妻は「そんなにガミガミ言ったら、切られて当然よ」と言う。が、私はますます腹が立った。この会社は、客が不機嫌なら電話を切れとでも教育しているのか。なだめる方法を教えていないのだろうか。

現実にこんな対応をしたら大失態だが、ロールプレイングの題材としては格好だろう。客の役をやる上司がしだいに激昂《げっこう》してみせれば、最悪のシナリオに対する心構えも教えられるうえ、笑いを誘ってトレーニングの場を和ませることもできて一石二鳥だ。そう、（私のように）カッとなった客は、笑いの種にしてもいい。そうすることによって、扱う側の心の持ちようを教えられる。つまり、電話を切ってしまうのではなく、子どもをしつけるような寛容な態度で臨むべきなのだ、と。トレーニングが行き届いた会社かそうでない会社か、客の立場からはすぐにわかる。

【ホットシート形式】

前にも書いたとおり、ホットシートとは「電気椅子」をさし、技能を磨く方法として効果が高い。私がコンサルタントを引き受けた場合は、このやり方をさかんに実践する。新しいプログラムや手順を実施する際、営業担当者をひとりずつホットシートにすわらせ、容赦なく質問をぶつける。すべての答えがほぼ完璧になるまで、細かい点を徹底的に鍛えあげる。

以前、オフィス機器を販売する会社のコンサルタントを務めた経験を例にしよう。顧客を新規開拓したいとして、相手の会社の業務マネジャーに面会を申し込んだところで意味がない。たいていの業務マネジャーは、コピー機やコンピュータシステムといった本格的な機器の買い換えを承認する権限を持たないからだ。一五年も使い古した骨董品であっても、自分の裁量で買い換えることはできない。だから、どうにか動いてさえいれば現状維持。長い目で見ると新型に買い換えたほうが得だとわかっていても、あえて上層部を口説き落としてまで予算を引き出そうとはしないのがふつうだ。そこで、そのオフィス機器会社は、相手先のCFO（最高財務責任者）と交渉したいと考えていたのだが、実際にやってみると、CFOの大半に「オフィス機器は業務マネジャーの担当だから」と門前払いされてしまい、困っていた。

相談を受けた私は、あえてCEOに交渉を申し込むよう指導することにした。そうすれば、「その件はCFOと話し合ってくれ」と断ってくるだろうから、めでたくこちらの思いどおりになる。私は、この「ひとまずCEO経由」のやり方を徹底的に訓練しはじめた。

この作戦にはホットシート形式のトレーニングが不可欠だった。というのも、せっかく入念に手順を用意しても、営業スタッフが一部を端折ってしまう場合が多いのを痛感していたからだ。たとえば、この作戦を成功させるには、こちらの標的とする人物（＝CFO）に交渉の担当を変えてくれるよう、ＣＥＯを誘導しなければいけない。あとからメールを送ってほのめかすなどするわけだが、ホットシートの結果、営業スタッフがこの作業を怠ることがあまりにも多いと判明した。

私は、営業担当者をホットシートにすわらせ、あらゆる細部にわたって質問をぶつけた。「完全にのみ込めているな。次の機会には正しくやれるにちがいない」とこちらが確信できるまで、質問を繰り返した。ついには、この会社のオーナーまでホットシートにすわらせた。特訓のかいあって、やがて、週あたり四件しかとれなかった契約が、三〇件とれるようになった。ただし断っておくが、意識改革と徹底訓練によってここの会社が「究極のセールスマシン」に変わるまでには、五カ月という期間がかかった。

【トレーニングに役立つ具体例】

いま紹介したオフィス機器会社のエピソードもそうだが、私は本書全体に具体例を数多く織りまぜている。みなさんも、具体例や実例を積極的に使うといい。「この場でトレーニングする内容が、げんに大きな効果を発揮した」とわかるような事例がふさわしい。ストーリー性があって、とりわけ展開が劇的だったりユーモラスだったりすると、強く記憶に残る。トレーニングに役立つ具体例には二種類ある。ひとつは、主人公がまちがったことばかりやって事態がどんどん悪くなっていくパターン。もうひとつは、正しく対処していき、すべてがいかに円滑に進むかを示すパターンだ。

自分の業界に関して、なんらかの重要ポイントをわかりやすく示す事例をさっそく考えてほしい。思い出せるかぎり細部まで書き出してみよう。

［トレーニング前後のテスト］

教えたい概念や技能それぞれに関して、確認テストを用意しよう。トレーニングの定着度を本当に確かめたければ、トレーニング前にもそのテストを受けさせるといい。どのくらいの内容量を学ぶのか受講者が事前に把握できるし、さらに重要なことに、「ああ、さっきテストに出ていたのはここだな」とトレーニング中に答えを頭に焼きつけられるからだ。その後、トレーニングが終わったら、同じテストを再び実施し、全問正解させて達成感を与える。

［抜き打ちテスト］

私の会社では、抜き打ちでミニテストをするのが当たり前になっている。毎週の全体会議に集まったスタッフに、抜き打ちテストの用紙を配布する。まるで学校だ。最初は、不平を言う者もいれば、笑う者、冗談の種にする者もいた。しかし繰り返すうちに少しずつ定着し、ついには慣習として根づいた。「時間管理の六つのステップとは？」「面会の約束をとりつけるための一二のステップとは？」「売るための七つのステップとは？」「新規顧客を開拓する際、相手に必ずたずねるべき六つの質問とは？」……。全員、正解を知っている。私がそのように徹底的にたたき込み、いわば「プログラム化」したからだ。もし、私の会社を一〇年前に辞めた営業スタッフでも、質問すればいまだ即座に答えられるだろう。

ＩＴトレーニングは生産性の向上に役立つ

かつて読んだ何かの記事に、「ほとんどのソフトウェアは、機能の一〇パーセントほどしか生かされていない」と書いてあった。つい最近、うちと契約しているコンサルタントがメールの添付ファイルを保存するようすを見かけたのだが、なんと彼は、メールを開き、添付されたパワーポイント書類をわざわざダブルクリックして開いたあと、メニューから「別名で保存」を選び、フォルダに保存していた。「それなら、こうすればいいんだよ」と私はマウスに手を伸ばし、添付ファイルをフォルダへ直接ドラッグしてみせた。彼は目を疑っていた。何年ものあいだ、添付ファイルをひとつずつ別名で保存していたらしい。好きなフォルダにドラッグすればいいだけ、とは知らなかったのだ。

さいわい、彼はＩＴ関連のコンサルタントではないものの、彼の所属する会社はＩＴトレーニングをまったくやっていなかったとみえる。どんな会社であれ、多少なりともＩＴトレーニングを継続しておこない、従業員全員、できるかぎり手早く効率的に処理するわざを習得しておくべきだと思う。その種のトレーニングに便利なすぐれたソフトウェアがいろいろと販売されており、無駄のないテクノロジー活用術を手軽に学べる。

ＩＴトレーニングを実践する際に気をつけたいのは、参加必須のトレーニングの機会を設けることと、完全に双方向のトレーニングにすることだ。ある作業をインストラクターがやってみせるだけでなく、全員がみずから同じ作業を真似できるように配慮しなければいけない。やり方を一方的に示すだけでは、自力でできるようにならない。一般に、テクノロジーを使いこなせる人間は、苦手な人間を見ていらいらしやすく、横からマウスを奪って代わりにやってしまいかねない。私の部下にもそのタイプの男がいる。私はしょっちゅう彼の手を払いのけ、自分でクリックすると言い張る。そのほうが身につくからだ。ＩＴトレーニングもまた、繰り返しがカギになる。ショートカットを五個教えたら、そのあと三週間にわたって反復トレーニングをしたほうがいい。週に五個ずつ次々と新しいショートカットを教えていくのでは、どれも定着せず終わる。みんな仕事に忙しく、自分でショートカットの復習をする暇などない。

私自身の体験談。私はパソコンの作業中、眼鏡を使わずにすむように大きめの文字で入力することが多かった。となると、顧客あてに送付する前に通常のフォントサイズに戻す必要がある。ある日、私がフォントサイズを修正しているのを見たコンサルタントが、「フォントサイズ自体を大きくしなくても、メニューバーの右側に〝拡大表示〟というボタンがありますよ」と教えてくれた。そのほうが簡単で速く、あとでサイズを変更する必要もない。長らく、大きなフォントで入力して普通に戻すという手間をかけていた私は、何カ月分もの時間を無駄にしていたわけだ。頭のよいプログラマーが用意してくれてある便利技は、ほかにも山ほど存在する。したがって、もしあなたが上級幹部なら、通常の業務をこなしているあいだ、テクノロジーに明るい人間に横で見ていてもらい、「もっと手っとり早い方法があれば教えてくれ」と頼んでおくといい。

電子メールに関しても、ぜひトレーニングが必要だ。電子メールなど自分には無縁と思っていた私でさえ、いまやメールなしでは生きていけない。だがやはり最初は、詳しい者に手とり足とり教えてもらい、その後も週に何度か呼んで、便利な機能やショートカットをだんだんに教えてもらったものだ。パワーポイントも同様で、現在ではこのプレゼンテーションソフトなしでは暮らせない。うまく活用すれば、はかりしれないほど効率をアップできる。

では最後に、業種や部署を問わず役立つ、いちばん効果の大きなトレーニング方法を紹介しよう。

【ワークショップ・トレーニング】

ワークショップはたいへんに効果が高い。円滑にトレーニングを実施し、能力を向上させ、新しい業務手順を浸透させることができる。どんな会社、部署、問題、技能についても効率よく改善を図れるはずだ。そこで、次章をまるまる割いて詳しく取りあげることにしよう。ワークショップを生かせば、社内のあらゆる問題解決に役立ち、幅広い能力を磨いていける。

実践トレーニング

あなたはどんな内容のトレーニングをやりたいだろうか。なにごともあらかじめ計画を練るにかぎる。詳細を決める前に、まず以下の質問に対して答えを書き出してほしい。どこから手をつけるかはのちほど考えるとして、思いつく項目をかたっぱしから書いてみよう。次章では、このメモをもとに、体系的なプログラムを組み立てる方法を明確にしていく。

●どんな種類のトレーニングを実施したいか。
●誰に、どの部署に、どんなトレーニングが必要か。
●なぜか。どんな効果があるか。
●そのトレーニングをいつ実施したいか。
●どうやるか。どんな方式を使うか。なぜその方式が扱う内容にふさわしいのか。

まとめ

定期的で一貫したトレーニングプログラムを用意すれば、次のような事柄を効率よく体系立てて実現できる。

●有能な新人社員を育成する。
●既存の従業員の知識や能力に磨きをかけ、すべてをよりよく、よりスマートに、より素早くこなせるようにする。
●継続的に専門技能をはぐくみ、組織内の生産性をいっそう高める。
●組織内で生じるあらゆる問題を解決する。

ある程度の時間をかけて、可能なかぎりすべての分野で能力を研ぎすませ、知識を上達させれば、あなたの会社はよりよく、よりスマートに、より素早くなる。いわば、調整万全の「セールスマシン」として機能するのだ。ハイレベルなトレーニングを積んでいる企業こそが、未来をつかむ。だから、つねに怠らず、熱意を持ち、楽しみながらトレーニングを重ねるべきだ。もういちど強調しておくが、「訓練を積まなければ、試練にぶつかる」。

毎週、社内のあらゆる分野で一貫したトレーニングをおこなっていけば、仕事の水準をいままでになく高めることができ、全員の業務レベルを向上できる。もし本当に「究極のセールスマシン」をめざすなら、会社の規模が大きくても小さくても、全社にわたるトレーニングが絶対に必要だ。

第3章

効果的なミーティング術

ワークショップ方式で、組織のすみずみまで緻密に結びつける方法

「究極のセールスマシン」をつくりあげ、スムーズに動かしつづけるためには、効率のいいワークショップ形式のミーティングを定期的に開くべきだ。業務のあらゆる側面を検討して、さらなる向上をめざす。毎回、関係者を全員集め、何か小さなテーマひとつに絞り込んで討議する。ブレインストーミングで意見を出し合って改善策を練り、試案を試す手順を決め、最終的には、長期にわたってトレーニングにも使えるような会社全体の統一ルールとしてまとめあげる。このように、計画(planning)、段階的な実行(procedures)、統一ルールの決定(policies)という三段階、いわば「三つのP」をつねに意識して改革を進めることが、あなたの会社や部署をすみやかに「究極のセールスマシン」に変身させるカギなのだ。

私がコンサルタントを務めたある会社は、全米でも屈指の急成長企業に進化し、毎週五〇人ずつ従業員を増やしはじめた。さて、ここでひとつ質問したい。あなたの会社が今週あらたに五〇人雇うとする。はたして、その新人たちを組織にすぐ溶け込ませられるだろうか。もうひとつ聞く。来

週さらに五〇人増員するとしても、問題なく対応できるだろうか。

あなたの会社がフォーチュン五〇〇企業であれ、自分しか働き手がいない個人経営会社であれ、毎週五〇人増やしつづけてもなんら支障がないくらい、がっちりと体制を固めておく必要がある。土台が固まっているか否かが、成功と失敗の分かれめだ。小さな会社の発想しか持っていない会社は、小さなまま終わる。大企業と同じ発想や行動力を備えた会社は、たとえいまは社員一名でも、この先よりよくスマートに急速に成長していくだろう。

とくにベンチャー企業の場合、「三つのP」の運用が不十分なケースが多い。大企業ともなると「三つのP」がわりあい定着しているものの、まだまだ改善の余地がある。本章では、どんな会社も部署も次なる段階へ進化させることができる極意を解説しよう。週一回のワークショップを生かし、あらゆる業務に関して「三つのP」を推し進めていくのだ。

自分の職場をもっと改善したければ、こんなふうに考えてみてほしい。「もし来週あと五〇人雇い、全員をすぐ現場になじませて即戦力として使いたいとしたら、どう対処したらいいだろう？　どんなトレーニングを用意すればいいのか」。当然、詳細なマニュアルが必要になる。そこで、たとえば営業力の強化に取り組んでいるのなら、新しい営業担当者五〇人のトレーニングに使うつもりでマニュアルをまとめてほしい。たとえ実際には当面ひとりも雇う予定がないとしても、状況を想像しよう。このような仮定に立てば、いやおうなしに、自分たちの現在のやり方を逐一、順を追って書き出すことになるはずだ。万全な内容をめざしたい。

大企業の問題点

おおかたの大企業には、すでにトレーニングや業務手順のマニュアルが存在するだろう。が、まだ問題をはらんでいることが多い。読み手の解釈に任せてしまっている部分がありすぎるのだ。たとえば、私がトレーニングした企業は別として、営業電話をいったんかけたあとで何をすべきかという、いゆわる「見込み客フォロー」に関して、計画不足かつ指示不足を否めない。その点は必ずといっていいほど、営業担当者自身にゆだねられている。となると、後日の対応は、担当者個人の能力いかんによって質が大きくばらついてしまう。

つい先日の話。私は、ヨットを移動するためのトレーラーが買いたくて、店に行った。あいにく条件が折り合わず、名刺だけ渡して帰ってきたのだが、以後、営業担当者からいちども連絡がない。その代わり驚いたことに「品質管理のための事後アンケート」なる電話がかかってきた。おざなりな質問のあと、遠まわしに、なぜ買わなかったのかと理由を聞かれたので、私は正直に答えた（「下取り価格の見積もりが、インターネットで調べた標準金額より数千ドル低かったからです」）。ついでに、こちらからもいくつか疑問をぶつけてみたところ、なんとこの自動車販売業者は、事後アンケートをわざわざよその会社に外注していることがわかった。新手の商売が誕生というわけだ。「販売業者のみなさま、電話による顧客フォローならお任せください。まともなやり方を社内でろくすっぽ思いつけない間抜けなあなたがたのために、私どもが代行いたします」

とはいえ私は、既存顧客や見込み客のフォローの方法をあなた自身で編みだして指示しろ、と言いたいのではない。まったく違う。このあたりがまた、大多数の企業幹部が陥りやすい罠だろう。

あなたがやるべきなのは、業務上の問題点を話し合い、改善するためのミーティングを開くことだ。あなた自身、顧客フォローのすぐれたノウハウを持っているかもしれないが、現場にいる人間の意見を採り入れれば、さらに改良を加えられる。また、統一ルールの作成に自分もかかわったという気持ちがあると、スタッフははるかに積極的に理解し、吸収してくれる。本章ではそういったミーティングの進め方を伝授しよう。

まず、週に最低一時間はあなたのスケジュールを割いて、「三つのP」に取り組んでほしい。私の親友マイケル・E・ガーバー（『はじめの一歩を踏み出そう』の著者）は「ビジネスの中で仕事をするのではなく、ビジネスの上に立って仕事をする」ことの重要性を説いているが、「三つのP」はまさにそういう観点にもとづく作業だ。大企業のCEOや業務拡大に懸命な会社ほど、真剣な取り組みが大切になる。具体論は以下に記す。

たいていの組織はごくわずかずつ進化を続けており、抜本的に改革するとなると、CEOとしてもどこから手をつければいいかわからない。非常にありがちなのは、CEOや部署責任者が「管轄内で起こった問題は全部、自分が解決策を考え出さなければ」と思い込むことで、私自身そんな例を幾度となく目のあたりにした。しかし、まともなスタッフを抱えているなら、彼らの声に耳を傾けたほうがいい。思いもよらぬ問題点まで指摘してくれるのはもちろん、解決案まで示してくれるだろう。聞くにかぎる。私はよくこうアドバイスする。「スタッフが優秀であれば、あなたがミーティングやワークショップに持っていくべきものはただひとつ、判断力だけです」

どんな問題点があるかたずねるからには、襟を正して聞くべし。耳の痛い内容かもしれない。けれども、あなたの会社が「究極のセールスマシン」になりきれないのは、あれやこれやと不具合や油漏れがあるせいで、見つけて直すためにはまずここが第一歩なのだ。

ワークショップの利点

問題点の解決や改善にスタッフ全員の意識を集中させたければ、ワークショップという手法がすぐれている。つまり、あなたが一方的にしゃべってスタッフが聞き耳を立てるのではなく、全員で協力して課題に取り組み、会社を飛躍させるべくアイデアや考えを出し合う。中小規模の会社なら、従業員全員を参加させるのもいい。どこの誰からあっと驚く名案が出るかわからない。たとえば受付嬢が、どこかの部署の欠点を解消するアイデアを出してくれる場合もある。顧客と真っ先に接する立場だけに、上級幹部よりも顧客のニーズを知っていたりする。規模の大きな会社なら、部署ごとに分けて毎週ワークショップを開くといいだろう。

【結束とビジョンを生む】

ワークショップは会社全体を一丸とするのに役立つ。ふつうなら、六人に同じ質問をすれば、六通りの返事がかえってくるものだ。たとえば「あなたの会社、製品、あるいはサービスの最大の強みはなんですか」と質問すれば、たいていの会社では答えがまちまちだろう。好ましい傾向ではない。ワークショップを積み重ねると、従業員同士の結束が強まり、社内のあらゆる層に明確なビジョンが行きわたる。さらに重要なことに、連帯感による相乗効果が生まれる。集団で練りあげたアイデアは、CEOなり部署責任者なりが独力で生みだしたものとは雲泥の差がある。また、会社や部署のリーダーにとって、ワークショップは、自社の方向性やアイデアに影響を与える貴重な機会といえる。

【実り多いワークショップのための段どり】

最初にやるべきなのは、スタッフと週一回集まるようにスケジュールを組むことだ。従業員数が三〇人以下なら、最初のワークショップには全員を呼ぶといい。三〇人を超える会社は、部署ごとに分けたほうがよさそうだ。ほかに従業員のいない自営業者は、自分ひとりでやることになるが、それでも非常に大きな成果を得られるだろう。今後一年間のワークショップの日程を組んで、社の予定表に記入し、絶対参加を義務づける。さっそく今週から始めよう。

次に、最初のワークショップのテーマを決める必要がある。すでに不安要素が明らかで、さっそく議論したいという会社もあるだろう（時間管理が行き届いていない、クチコミがいっこうに増えていない、など）。しかし、緊急の課題を抱えていないおおかたの会社や部署のために、きわめて役立つ一回目のワークショップのやり方を私から提案したい。

まず、参加者一人ひとりに、会社や部署のなんらかの改善案を三つずつ出してもらう。即答させるのではなく、考える時間を与えること。三分間ほど猶予を与えれば、かなり充実した答えが返ってくる。「時間内に三つ書き終えた人は、もっと足しても結構です」と伝えておく。

制限時間を過ぎたら、どんな事柄を書いたか順にたずねる。ワークショップを生かすも殺すも進行役しだいであることに要注意。ぜひ有意義な集まりにしたいものだ。全員が一体感を覚え、おたがいの意見をよく聞いて尊重し、「次回が楽しみ」と思えるようなワークショップが望ましい。参加者が問題点を発表するあいだ、進行役であるあなたは、すべての発言内容を明確にとらえて復唱し、ホワイトボードのたぐいにひとつずつ書いていく。

テンポよく進めるのも進行役の任務だ。何人かの発言が重複したときは、こんなふうに言う。「全員の意見を聞く都合上、前の誰かがすでに言った内容は省略してください」。やってみると驚くが、そうやって重複を避けるよう促しても、誰もが自分の書き留めた内容を全部発表したがるものだ。だとしても、苛立ってはいけない。穏やかな口調で、「わかりました。これと同じ意見ですね」（と、板書を指さす）。「話を先に進めるため、重複は避けましょう。では、次の人」

たとえスタッフがいろいろな地域に散らばっていても、電話を使えば同様のワークショップを開ける。その場合は、名簿を手元に用意しておき、もれなく意見を言ったか確かめよう。電話を介してスムーズに進めるには、全員にあらかじめ頼んで、発言内容を同じ通し番号、同じ文章で書き留めさせ、あとでふれるときに混乱がないようにしておくといい。つまり、こんな調子だ。

あなた：ではケリー、この部署を改善するアイデアを発表してください。

ケリー：顧客フォローの手紙は、事前に文面を練って用意しておいたほうがいいと思います。「本当にこれをお客さまに送ったの？」と目を疑うほどの手紙を何度か見かけました。綴りのミス、文法のミス……ひどいものです。

あなた：なるほど。では全員、書き留めてください。「四番、顧客フォローの手紙のひな形をつくる」

こうすれば、あとで四番、五番、八番などと番号を言うだけで、みんなが話題についてこられる。いちいち内容を読みあげ直す必要がない。

【ワークショップのアイデアを行動に移す】

こうして、初回のワークショップの結果、業務改善に向けて取り組むべき課題がリストアップされる。各項目にどうやって優先順位をつけ、以後のワークショップの計画を立てるかは、少しあとで説明したい。いずれにしろ、問題や障害の解消に向けて、項目ごとにワークショップを一回ずつ割りあてる必要がある。すべてが解決済みになるまで課題リストを大切に保管し、それぞれの問題点に体系的に対処してもらいたい。

ワークショップの開催を重ねるうちに、いたって簡単に改善できる点が数多く浮上してくるだろう。小さな不具合なら、ただちにその場で責任者を選んで、任せる作業内容を明確にし、「次のミーティングまでに完了させてくれ」とゆだねる展開になるかもしれない。しかし一方、解決に時間がかかり、しばらく注視すべき難題も出てくるにちがいない。わりあい厄介で大きな問題については、数人の責任者チームをつくることになるだろう。なんらかのテクノロジーや、ふだんとは違うシステムやスタッフが必要になるかもしれない。このように込み入っている場合は、適切に役割を分担し、優先順位をつけるべきだ。

ワークショップで問題解決のための手順や方針を決めていくかたわら、リーダーは各回のワークショップが終わるたびに、話し合った内容を整理して社内通達する。「今週のワークショップでは、顧客サービスのばらつきという問題に取り組んだ。顧客が不満を示したときは、以下の九つの対応策が考えられる」。こうやって文字化しておけば、いざというとき参照できるし、新人研修用のマニュアルとしても使える。毎回一ページか二ページ程度の社内通達をまとめていくと、年末には、その年のワークショップの成果が五〇から一〇〇ページたまるわけだ。

問題に対処する手順をテストして最終決定し、社の統一ルールとして確定したら、社内通達をとじたバインダーを取りだして、従来のルールと差し替える。できれば誰か担当者を決め、バインダーの中身をつねに最新に保っておくと、いざという際に参照しやすい。

私が業務改善のコンサルタントを頼まれたときは、いつもまず、このような簡単なワークショップから始める。大多数の会社は、このワークショップによって長期的な進化の第一歩を踏みだすことができる。ここでひとつ実例を挙げておこう。

【一〇年間はびこっていた問題点一八項目が、わずか二時間で解決】

私は先日、従業員二〇人の出版社で、最初のワークショップをおこなった。手始めに、「会社が大きな飛躍を遂げるうえで、障害となっている点はなんでしょうか」と質問した。各自の意見をホワイトボードに板書し、優先順位を決めていった。挙げられた点のひとつは、「顧客からの苦情の扱い方にばらつきがありすぎる」だった。そこで、この問題をとくに重くみて、次の回のテーマとして取りあげ、出席者に具体例をたずねた。顧客への応対のずれが顕著なパターンが、一八項目ほど指摘された。よりどころになる標準マニュアルをいままでつくっていなかったツケだ。

一八のパターンのうち大半は、毎年いやというほど何回も発生しており、ほとんどは最終的に社長がみずから解決に乗りだすはめになっていた。なのに――ありがちな話だが――社長は日々の業務に忙殺され、恒久的な解決策を練ろうとはしなかった。解決策をすぐには思いつけなかったせいもあるだろう。前にもふれたが、まずいことに、すべての問題を社長がみずから解決しなければいけないと思い込んでいた。本来、何もかも背負い込む必要などまったくない。直接関係のある人間を集めてミーティングを開き、解決策を聞きさえすればいいのだ。

私はさっそくスタッフを一堂に集めた。知恵を合わせて一時間後、一八項目の問題点のうち九つが早くも解決。翌週、残りの九つも解決した。おおかたは、社長も交えていちど話し合えばすむことだった。一部のばらつきに対しては、ひな形となる定型手紙をつくって対処した。また、ネット上のホームページにQ&Aコーナーを設け、過去に起こったトラブルに関して標準的な回答を記した。

この出版社は先だって編集方針をやや変更したため、子ども向けに購入した親から苦情が多く持ち込まれていた。そこで、クレームを受けた顧客サービス担当者にこう答えるよう指導した。「ご指摘ありがとうございます。同様のご意見をすでにほかからもいただいておりますが、お電話くださったことには感謝いたします（と、相手をたてる）。この件につきましては特別に見解を発表済みですので、よろしければホームページへのリンクをお送りいたします。そちらにアクセスしていただければ、弊社の見解をお読みになれます。そのうえでなおご不満の場合は、今回承りました私にまたご連絡ください。会社方針の範囲を超えるご意見に関しましては、四半期ごとに社長が対応させていただいております。今後ともなんなりとお申しつけください」

インターネットのホームページ上には、なぜ編集方針を変更したのかが説得力のある文章で書かれており、この種のクレームには完全に対処できた。以降、似た問題でしょっちゅう社長の手をわずらわす必要はなくなり、四半期ごとに一回ミーティングを開いて、あくまで社の姿勢に不満な顧客についてのみ社長が検討すればよくなった。

もうひとつの改善として、顧客サービス担当者の対応にいくつかの段階を持たせた。おかげで顧客の満足度が増した。つまり、それぞれの担当者に、状況に応じて複数の解決策を提供する権限を与えたのだ。ごく一般的な策で顧客がまだ不満げなら、別の策を提示する。それでもまだ文句を言うなら、第三の策を提示する。上司を巻き込む前に、まず何段階かの行動がとれるよう、サービス担当者に権限委譲したわけだ。

この会社は、たくさんの基本的な問題に一〇年間も苦しみつづけていた。ところが、私のコンサルティング会社がワークショップ形式のミーティングで集中討議させた結果、なんと、二時間もかからずに解決してしまった。

「三つのP」の威力を考えてみてほしい。顧客の掘り起こしから、電話勧誘、顧客との最初の取引、その後の関係強化、さらにはありとあらゆるアフターサービスまで、営業業務の細かな段階すべてに関して、社の統一ルールを綿密に計画し、テストし、確立してあれば、どれだけ絶大な効果があることか。新人の営業担当者が入ってきても、ほらよっ！　といままでまとめたマニュアルを渡せばいい。なにしろ、全スタッフの知恵と実体験にもとづく工夫とが集約されており、各場面での最善のやり方が明示してあるのだ。従来とくらべ、新人が即戦力になるまでの時間をどれだけ短縮できるだろうか。この種のトレーニングを入社後数日におこなえば、能力をどれだけ急激に引き上げることができるだろうか。

【継続の意義】

トレーニングツールが整っていれば、週に五〇人の新入社員を受け入れても平気だし、翌週また五〇人来ようとも難なく同様の対応ができる。どんな規模のどんな会社であっても、ワークショップを活用すれば、現在の業務体制を「究極のセールスマシン」にぐっと近づけられる。大切なのは、ワークショップを継続することだ。

では、二回目以降のワークショップで個別の問題点を扱う場合はどのようにすればいいのか、順を追って説明しよう。最大限の効果を得たいなら、以下に掲げる実践トレーニングをスタッフといっしょに実際にやってみるべきだ。順序よく指示に従い、各段階をもれなく実行に移す。体験することでますます理解が深まるだろう。

ここで説明するワークショップは効果絶大なので、すべての組織にお勧めする。

ステップ①今回の進行役を指名する　小さな会社なら、たいがいCEOがふさわしい。ただし、当人がほかに適任者がいると判断するなら話は別。ほかに従業員のいない自営業者なら、自分でやろう。それでも非常に価値がある。

ステップ②その日のテーマとなる質問をホワイトボードに書く　「販売時、併せて提供できる製品やサービスはほかにないか?」

実際にこのテーマでワークショップをおこなった私の経験を話そう。

討議した内容に沿っていろいろな提供サービスを試したところ、結果として、販売に際して何か別のものを勧めると、三分の一の人間が追加購入に踏みきることがわかった。昨今、経費がいちばん高くつくのは新規顧客の獲得だ。店まで来てくれた顧客が何かほかのものも買ってくれると、利益マージンは急激に上がる。したがって、どんな会社も、販売時に追加販売を試みるべきだ。

たとえば以前、カレンダー会社のコンサルティングをおこなったときは、一部の店に頼んで、レジのそばにスピナー（各種のカレンダーを吊した回転ラック）を目立つように置き、レジ係にこう言ってもらった。「美しい写真入りのカレンダーをお求めになったことはありますか。二六種類ご用意しております。一〇ドルほどですが、素敵なプレゼントになりますよ」。およそ三分の一がカレンダーを購入した。プレゼント用として数点購入する客も多かった。

業績を上向かせたければ、この手のアイデアはぜひとも検討すべきだろう。私の知るあるソフトウェア会社は、ほかのソフトウェア会社に相談を持ちかけて、自社製品と他社のアドオン製品をセットにして販売しはじめた。製品の儲けは山分けだ。いちばん大変な部分（顧客獲得）は自分たちがやるわけだが、よそが開発した製品を抱き合わせるだけで、労せずして顧客あたりの利益を増やすことができた。

というわけで、ここで練習用として取りあげたこのテーマは、どの会社にとっても非常に有益だと思う。では、さらなるアイデアを集める方法を引き続き説明したい。

ステップ③出席者めいめい、手元のメモ用紙に思いつくアイデアを残らず書き出してもらう　考える時間を数分間与え、まだ声には出さないでもらう。リーダー自身も参加しなければいけない。二分もすれば、ほとんどの出席者はアイデアが尽きるので、そのくらいの時間を与えるのがふさわしい。ひとりきりでやる場合も、基本的に同じ。顧客に提供できるものを思いつくかぎり書き出そう。ただ言うまでもなく、グループでやる利点は、まわりに触発されていっそう多くのアイデアが浮かんでくることだ。

〈ストップ！　以上を実践するまでは、読み進むべからず〉

ステップ④進行役が、出席者それぞれにアイデアをたずねる　発言を聞きながら、要点をホワイトボードに板書する。

ステップ⑤優先順位を決めていく　多数決により、どのアイデアが最良かを選ぶ。人間の意見というものは、知恵を合わせて考えているうちに変化する。ここでは全体の意見を一致させたい。
参加者にホワイトボードを眺めさせ、上位にしたい案を一位から三位まで選ばせる。すなわち、最も重要、二番目に重要、三番目に重要と思うものをメモさせる。制限時間は三〇秒、ではスタート。

〈ストップ！　以上を実践するまでは、読み進むべからず〉

ステップ⑥各自が選んだものを進行役が聞いてまとめる　ホワイトボードの各項目の横に「正」の字を書いて集計していく。一位は三本、二位は二本、三位は一本増やす。
結果発表。獲得票の順位が、全員の意見で決めた優先順位というわけだ。きわめて多くの票を集めた案については、今後個別に取りあげてワークショップを開くことになる。上位の五つ（どうしても増やしたければ六つ）までで切り捨てよう。ホワイトボードはこんなふうになる。

1 追加サービスⒶ	正正正T
2 追加サービスⒷ	正T
3 追加サービスⒸ	正正T
4 追加サービスⒹ	正一
5 追加サービスⒺ	正

この段階が終わった時点で、人気を得たアイデアが明確になる。ご覧のとおり、右記の場合はアイデアⒶとⒸがとくに支持された。

ステップ⑦実行に移そう　なんらかのアイデアを実行に移すには一〇段階の手順がある。以下、おおまかに説明したい。

ワークショップの大きな成果をいちど実感すると、さらに回数を重ねたいと思うにちがいない。ぜひ毎週やろう。そうすれば一年後には業務の隅々まで劇的に改善され、まったく新しい組織に生まれ変われるはずだ。週一回一時間でいい。すべての仕事を一時停止して、ふだん不満に思っている部分をかたっぱしから修正し、新たに改良を加えて、業務の強化や収益の増加をめざそう。

【成功例】

ワークショップの開催から改善案の実践にいたるまでの成功例として、あるカーペット清掃会社を取りあげてみる。この会社の経営者は、私にコンサルティングを依頼するにあたって、営業担当者と顧客の実際の会話を録音したものを送ってくれた。七八歳の老婦人から依頼の電話がかかってきて、カーペットを引き取りに行く日時を相談するという場面だった。引き取った品物は、工場へ送り、巨大な洗濯機のような機械を使って、洗剤液にまるごと浸して洗い、ていねいに乾かすらしい。日時が決まったあと、こんなやりとりがあった。

女性客：カーペットの下にあててあるパッドはどうしましょう？　それもだいぶ汚れてるのよ。
担当者：何年ぐらいお使いですか？
女性客：一五年になるかしら。
担当者：ずいぶん年季が入っていますね。洗うとぼろぼろになってしまうと思います。
女性客：そう……。じゃ、買い替えるしかなさそうね。
担当者：ええ。ぜったいそのほうがいいですよ。

コンサルタントの立場として、ふだん、新規顧客を獲得するのにどれだけ経費がかかるか身にしみている私は、「ぜひパッドも売るべきだ」と思った。「預かった品物に合わせてパッドのサイズを整え、いっしょにくるんで返送すればいい。素晴らしいセット販売になる」

そこで経営者に電話した。「名案を思いつきました。パッドも販売すればいいんです」。すると、「すでに売っていますが……」と戸惑った声。「いや、そうは思えませんねえ」と、私は録音を再生してみせた。経営者がさっそく当人を呼び出し、なぜこの女性客にパッドを売ろうとしなかったのかとたずねたところ、「あまり押しつけがましいのもどうかと思いまして」という返事だった。

このカーペット会社は、じつは六種類のセットオプションを用意済みだった。なのに、営業スタッフが売り込んでいなかったのだ。たとえば、カーペットに加えて、ソファやベッドも清掃できる。高温蒸気でカーペットを洗浄する技術は、客が（あるいは客のペットが）一日じゅうすわる家具にも応用可能。専門の調査によると、平均的なリビングルームには五〇〇万匹の家ダニがいるという。人体はダニそのものには免疫力があるが、その排泄物や寄生バクテリアにはアレルギー反応を起こしかねない（ここでわかるとおり、市場に関するデータは非常に説得力がある。次章で詳しく学ぼう）。ベッドやソファに蒸気をかけると、殺菌効果がある。

私は、営業スタッフ全員をワークショップに集めて、「あらゆる顧客へあらゆる機会にあらゆるサービスを提供するためには、どんな方法が最善だと思いますか」と質問を投げかけた。ひとりが、「注文書に初めから六つのオプションサービスを記載しておけばいいのでは？」と言った。顧客と打ち合わせしながら、オプションサービスの欄に確認のチェック印を入れていく。なるほど。すぐにテストし、会社全体で方針として採用することに決めた。一〇段階のシンプルな手順に従い、数カ月にわたって厳しく徹底を図ったところ、めでたく目標を達成。あらゆる営業担当者があらゆる顧客へあらゆる機会にあらゆるサービスを提供できるようになった。

新しい統一ルールを定着させるまでの一〇段階

私の知る優秀な企業幹部のひとりに、ビジネス・グロウス・ダイナミクス社のスコット・ホールマンという男がいる。彼の活躍により、同社は雑誌「インク」の「急成長企業五〇〇社」で五九位にランクインするほどになった。系統だてたトレーニングで週に五〇人ずつ新人を育てたという、前にふれた腕ききの上司は、じつは彼なのである。最盛期は、週に五五人ずつ雇い入れた。その後、スコットはみずからトレーナーの職に就き、組織の収益を上げるノウハウやその実践方法などを教えている。以下は、彼のアイデアを土台に、私のコンサルタントやトレーナーとしての経験を加えて、新しいやり方を会社に根づかせる方法をまとめたものだ。

①全員に問題点を痛感させる

どんな組織であれ、本当に変革をもたらすには、あなたも含めて全員の目を覚ます必要がある。その問題を放置しておくとどのような苦労が続くのか、実態を直視し、強い意識を向ける。問題点について深く考えはじめると、人間は、どこかから何かを学びとろうという姿勢になる。そのような気持ちのあり方こそ、意義深い結果をもたらすのに役立つ。

昔、フォーチュン五〇〇に名を連ねる大企業から依頼され、新しい統一ルールを根づかせる試みに初めて挑戦したときのこと。私はみずから視察して、すぐれたアイデアをいろいろと思いつき、CEOに提示した。CEOは感心したようすで、コンサルティング料を払ったかいがあったと喜び、総勢二五五人の営業スタッフをコロラド州デンバーに集合させた。その前に立って、私は改善策をプレゼンテーションした。しかし全員、理性では納得したものの、感情的には半ばしか共感できないようすだった。翌日から現場で試しはじめたのだが、新しいアイデアはすぐさま効果を発揮するわけではない。にもかかわらず、一、二度やっただけで、営業スタッフは「これはダメだ」とたちまちあきらめてしまい、改革案は完全に頓挫した。

読者のみなさんは、私の性格をもう見抜いているだろう。そう、失敗でめげるタイプではない。仕事を引き受けて、挫折したまま終わったりはしない。が、いまの例でわかるように、何度か身にしみている。企業を成長させるアイデアを思いつくよりも、そのアイデアを実践して定着させるほうがはるかに難しい、と。だから、意識改革を図りたければ、まず最初に、現在やっているやり方ではなぜいけないのかを示すべきだ。

問題点を実感させるため、いまどんなことを厄介に感じているかたずねてみるといい。私が二回目に大企業の依頼を受けたときは、まずその質問から始めた。数百人の営業スタッフに向かって、私は「市場で直面している大きな問題をリストアップしてください」と切りだした。続いてグループ分けして議論させ、各グループがまとめた問題点に対して前記の方法で優先度を割り振った。

会社には苦労がつきものだ。一堂に集まったスタッフが口々に、競争が厳しい、時間がない、見込み客に話を聞いてもらえない、など不満をこぼしはじめた。私は抜本的な解決策を準備済みだったが、実行に移すには従来の方式を大幅に改めなければいけない。新たな統一ルールを受け入れられる姿勢にするためには、現在のやり方がいかに多くの問題をはらんでいるか実感させる必要があった。

グループで問題点を洗いだし、それぞれに三つずつとりわけ重大な項目を挙げてもらった。私はホワイトボードに板書したあと、こういった障害をこのまま放置しておきたいか、と問いかけた。放置してかまわないと思う人は手を挙げてほしい、と。「じつはこういった悩みの種に解決策が存在するとしたらどうですか？　ただし、一から学び直す必要があります。最初は少し抵抗を感じるでしょうが、いちど身につけたら、ここにある問題点のほとんどすべてが劇的に軽減されます。さて、そういう技能を改めて習得したいと思う人は、手を挙げてください」。前章で説明したとおり、グループ質問形式で賛同を誘った。こうして私は、変化をもたらすコツをつかんだ。あらかじめ、関係者に問題点を痛感させるべきなのだ。

続いて私は、先ほど書いたカーペット清掃会社の例を紹介し、営業担当者のサービス不足を指摘した。顧客の老婦人は、カーペット用のパッドをどこでどうやって買うか、自分で考えなくてはいけない。清掃会社が手を貸してあげることもできたはずだ。次に私は、図表を使い、顧客の五人に一人がたったひとつのオプションを追加で申し込むだけで、営業歩合が大きく変化するようすを示した。過去一年だけ考えても、オプションを売らなかったせいで二万ドルの歩合をみすみす損しているのだった。具体的な数字を知って、改善への意欲が大きく高まったことはいうまでもない。

もうひとつ効果的な方法は、放置した場合の苦労を書き出させてみること。「現行のこのやり方をこのまま変えなかったら、どんなマイナス要素があるでしょう?」とたずね、各自に書かせて発表させ、板書する。目の上のたんこぶをいっそう強く意識させるわけだ。

②ワークショップを開いて解決策を生みだす

この過程はすでに説明した。あなたがCEOか経営幹部なら、質問を投げかけて、判定をくだすだけでいい。どんな問題点であれ、スタッフは毎日直面しているのだから、解決のアイデアをいろいろと思いつくだろう。

六つのオプションサービスを毎回もれなく顧客に提示するには、どんな方法がいちばん適しているか? あっけないほど簡単だった。前述のとおり、注文書に六つのサービス項目を明記しておき、実際に口に出して紹介を終えたらチェック印をつけていけばいい。

③「理屈上ふさわしい解決策」を練る

俎上に載せたいテーマ（「あらゆる機会にオプションサービスを売り込む」）を選び、どういった手順を踏んで実行するかというプランも決まった。場合によっては、想定問答集や早見表なども用意したかもしれない。例のカーペット清掃会社でいえば、注文書にオプションを記しておくというアイデアは「理屈上うまくいくはず」にすぎない。あなたやスタッフが効果を実証するまでは、どんな解決策や手順も「理屈」だ。この例なら実行に移すのがいたって楽だが、そう易しくないケースもありうる。やや込み入った解決策なら、ここに挙げる段階を経なければいけない。

営業担当者に毎回必ず、オプションのリストを使わせるためには、「顧客に押し売りするのではなく、サービスするのだ」という姿勢を教え込む必要があった。そのため、こんなせりふを用意した。「ご存じないといけませんので、念のため、お客さまが併せてご利用になると便利なサービスをいまのうちにご案内させていただきます。ざっと手短に申し上げますが、もしご興味がありましたら、詳細をご説明いたします」。このあとオプションそれぞれについて、ほんのひとことずつふれる。するとたいてい、むこうから質問してくる。

私はつい先日、新しいクレジットカードを利用登録した。ふつう、プッシュホンの操作だけですむのだが、このときにかぎって「オペレーターが対応しますのでお待ちください」と録音メッセージが流れてきた。てっきりトラブルかと思ったら、なんと、オペレーターが付帯サービスの案内を始めた。盗難保険、団体購入割引……。このカード会社は、利用登録とは顧客と接する機会であり、利益を増やすチャンスだと考え、自動応答にすべて任せるのをやめたわけだ。この方式を定着させるまでには、さまざまなせりふをテストし、本章で説明しているような段どりを踏んだにちがいない。

テストは重要だ。統一ルールが定まっていない処理に関しては、必ずテストを経てほしい。オプションサービスを例にとれば、何種類のセットオプションを用意し、何種類の売り込み方をするか。見込み客からの問い合わせをどうやって増やすか。苦情にどう対処するか。どうやって顧客との絆を深め、次の購入につなげるか。もしこれらの質問のどれかに答えられない、もしくはスタッフによって答えが違う場合は、明確な業務手順をつくってテストし、確定したやり方を全員に広めるべきだ。

④リーダーまたは優秀な人間が実行してみる

あなたの会社がわりあい小規模であれば、CEOかリーダーがみずから新しい業務手順をテストし、確定してもいい。リーダーたるもの、会社や部署の全体像を把握し、どこがどうつながっているかは知っているだろうが、細部となると部下に任せがちだ。小さな会社ならではの特性を生かし、トップの人間があらゆる細部にまで直接かかわっていれば、自信を持って「三つのP」を実践できる。実際、社の業績を雑誌「インク」が選ぶ急成長企業五九位にまで押し上げた男、スコット・ホールマンは、当時すべての業務手順をみずからテストしていた。自分で試して、どうやるべきかを現実的な目でもれなくチェックしたおかげで、どこをとっても、まったく文句のつけようがない内容に仕上がっていた。

一方、あなたの会社がフォーチュン五〇〇企業なら、CEO自身が乗りだしてセット販売やオプション勧誘をためしにやってみるなどというのは、ふつう無理な相談だろう。そこで、代理人を選ぶといい。このアイデアを大切に育てることができそうなのは誰かを考える。その人物を責任者にして、アイデアを効果的に自社にふさわしいかたちに仕上げさせる。

つい欲ばって「全員にテストさせ、その中で完成形をつくろう」などと思わないこと。能力がやや劣る手合いにやり方をのみ込ませるには、多大な経費がかかる。レベルの高い者に完成させてから、残りの人間をトレーニングしたほうがいい。ただし、人数が変化しても効果を発揮するよう、つねに心がけなくてはいけない。

カーペット清掃会社の例でいえば、成績上位の営業担当者たちと協力して売り込みの手法を完成させたあと、途中のテスト結果と合わせて、ほかのスタッフに提示した。五人に一人が最低ひとつのオプションを契約したこと、全部のオプションを一括契約した例もいくつかあることなどを伝え、そのうえでトレーニングに入った。新しいアイデアは優秀な人間を用いてテストするのが定石といえる。

⑤テストに期限を設ける

テストには期限を設定しよう。一定期間のうちに成果が出ないようなら、ワークショップ時のホワイトボードの記録にさかのぼって、ほかの選択肢を検討する。少なくとも、週ごとのミーティングでは、テストの進捗状況を欠かさずチェックしてもらいたい。後述の⑨で詳しく述べる。

⑥新しいやり方を順を追って文書化する

今後繰り返し実践したいだろうから、統一ルールは文章にまとめておく必要がある。使うせりふ、手順、行動、しかるべき結果などを書き記す。きょう五〇人の新入社員が来ても平然と対応できるように、この「三つのP」マニュアルに従えばすべてが明白であるように、万全の内容を期すべきだ。あなたの会社や部署がたとえ小人数でも、同じ心構えでやってほしい。文章にまとめる努力をすれば、おのずと各段階を細かく再確認することになる。

⑦発表会やロールプレイングをおこなう

できあがったマニュアルを用い、スタッフを集めて練習してみよう。みんなの前で内容を説明させたり、ロールプレイングをさせたりすると、効果的に経験を積むことができ、現場で実践するときの予行演習になる。

スコット・ホールマンの会社は、年間四〇〇万件以上の医療記録を処理していた。顧客である各地の病院に六五〇人以上の技術者が散らばっているだけに、業務管理がきわめて重要だった。油断すると、新人の技術者が一時間に四件ほどしか処理できない恐れもあった。しかし、作業工程につねに目を光らせ、ごく小さな単位に分けて手順化したおかげで、なんと、平均でひとり一時間九・

二件を処理できるようになった。じつに二倍以上のスピードアップだ。あなたの会社で、もし全員の生産性がいまの二倍になったら、と想像してみてほしい。

たとえばもし電話の応対をマニュアル化するならば、みんなの前で実演するか、優秀な者が実演した録音を聞かせるかして、やりとりを全員に耳で確認させる。ロールプレイングやワークショップを活用し、あらゆる状況を網羅してほしい。一人ひとり徹底的にチェックし、どの状況に対しても、まちがいなく教えたとおりに対処させる。

ふたたび経験談。以前、IT企業幹部向けに中小規模のテクノロジーソリューションを販売する会社からコンサルティングを頼まれた。この会社は六社をまとめて買収し、グローバルな統合型ソリューションを提供することに決めたのだった。構想はまったくもって素晴らしい。一〇万ドルの技術拡張パッケージの販売から足を洗い、こんどは九〇〇万ドルの総合テクノロジー再構築システムを売りさばこうというわけだ。となると営業スタッフは、フォーチュン五〇〇企業やそれに近いクラスの巨大企業のCEOと交渉する必要があった。

ところが問題は、四〇人の営業スタッフの誰ひとりとして、企業のCEOに電話をかけた経験がなかったことだ。ロールプレイングをおこない、せりふを文章化し、やり方を練習した。にもかかわらず、効果は芳《かんば》しくなかった。みんな技術畑の人間で、テクノロジーには詳しいのだが、大企業のCEOと巧みに交渉できるようなタイプではなかったのだ（この問題点は第九章で取りあげる）。たいがい、受付嬢や秘書の段階で断られるため、せっかく用意したせりふを使うまでにいたらなかった。そこでこの会社の経営者は、私を雇い、上手な電話交渉のやり方をスタッフに示そうと考えたわけだ。

私は受話器を取り、自分のやりとりを録音した。二時間のあいだに五〇本かけて、CEO本人を電話口に呼びだすことに二回成功し、片方とは直接会う約束をとりつけた。そしてそのやりとりをスタッフの前で再生した。初めてのケースだったから、せりふはすべて即興で、完璧とはいかなかった。だがしかし、四〇億ドル企業のCEOと約束をとりつけたのだ。大企業のCEOは豊かなビジョンを持つ人間だけに、将来の大きな可能性を約束すると食いついてきやすい。耳を傾けていた営業スタッフも、そのあたりを悟ったようだ。コツがわかれば、あとはさほど難しくない。翌日、営業スタッフ全員が各社のCEOに電話し、無事、面談の約束をとりつけはじめた。

⑧さらなる改善に向けて、新たなワークショップを開く

ここまで来れば、業務の標準手順化がだいぶ進んでいるだろう。もしまだ短所が残っているとすると、スタッフは気づいているはずだ。カーペット清掃会社の場合、スタッフと繰り返しワークショップを開いて、もっと改善できる点はないかと問いかけつづけた。新しい業務手順がうまく定着しないようなら、改善案をスタッフから募るべきだ。組み立てラインにまで出向くのも手だろう。作業員を集め、さらに生産性を上げるにはどうすればいいと思うか、と聞いてみる。実際にやってみると驚くが、たいていの作業員は長いあいだ不満を抱えていて、すぐれた改善案も持っているのに、直属の上司に無視されたままになっている。だから時間をかけて出向く価値がある。あなたの会社がどんな大企業でも、現場に出向き、そこで働く人々のアイデアを聞いてみるといい。

人間は、意見を求められるとうれしい。そのうえ自分が出したアイデアが現実に採用されれば、理解や協力の気持ちをいっそう深める。最終決定をくだす前に、幅広いスタッフの意見を採り入れ、理論上も実践上も完璧なものに仕上げてほしい。

⑨実地をじかに監督する

カーペット清掃会社のセット販売を徹底する際、私は、営業担当者の会話をたびたび録音してもらい、週ごとにチェックし、修正を指示した。企業によっては、何かテストするとなると結果報告まで一カ月かかったりする。とんでもない話だ。チェックは週単位でおこなう必要がある。いや、もし本当に重要な案件なら、毎日チェックして、部下が正しく処理しているか、望みどおりの結果が出ているかを調べるべきだろう。業務手順の進め方を入念にチェックして、矯正していく。万全を期してあらゆる行動を文書化しても、一部を抜かしてしまうかつな人間がいる。だから、監督、矯正、また監督……。

軍隊の司令官になって兵士をトレーニングしているつもりになってほしい。接近戦や生き残りの重大なテクニックを教え込んでいるのだ。戦場に出てから兵士が戦い方を考えているようではまずい。徹底した予行演習を積み、自信を持って戦闘に入りたい。

手順を完成して、社の統一ルールとして打ちだしたあとも、監督を怠ってはいけない。次なる段階として、アトランダムに、しかし一貫性を持って、巡回して調整する。すでに会社全体、部署全体で実践に踏みきっていても、油断大敵。いわば、訓練を終えた兵士がいままさに戦闘中なのだから、ミスを犯せば命にかかわる。節目ごとに鍛え直すのが当然ではないか。

現場に踏み込んで、アイデアが正しく実践されていることを確認してもらいたい。前に述べたとおり、ミーティングでは抜き打ちテストをおこなう。学習の第一段階は「記憶」だ。そこから始めよう。まちがいなく全員がすべての手順を覚え込むよう、ロールプレイングを粘り強く繰り返す。学習の最終段階は「統合」。ものごとがじゅうぶんに身につくと、それが本人の思考、行動、反応に自然なかたちで溶け込んでいく。現場経験なくして統合はありえない。

新しい統一ルールが効果を生み、全員のからだの芯までしみ込んだとしても、あなたの役割はまだ終わりではない。引き続き、定期的に監視の目を光らせよう。業績が順調に伸びて現実に週に五〇人ずつ新人を雇うようになった場合、なおも監督に手がまわるだろうか、と心配かもしれない。じつはたやすい。業務手順すべての作成に直接かかわり、決然とした意志を持つリーダーであれば、何か不具合が生じたらたちまち違和感を覚えるはずだ。現場に足を踏み入れるだけで、ありとあらゆる問題点を指摘できるだろう。

⑩結果を評価して、報償を与える

成果はしっかりと正しく見定めなければいけない。なにしろ、あなたが問題視することを部下たちは重要視する。前述の③で望ましい結果を文章化してあるはずだから、万事順調に進んでその結果が得られているかを確かめる番だ。障害が無事解消されたあとのしめくくりに、報償を与えることを忘れてはいけない。ただ、報いるうえでの基準をまず完全に明確にしよう。たとえば、前年と変わらない業績なのにボーナスを増額する企業が少なからず存在する。賢明な経営術とはいえない。業績が上がってこそ、ほうびを与えるべきだろう。

報償の授与は大々的におこなうのがいい。私自身、一九歳のときに初めて勤めた会社でそう実感した。その会社では、定期的にCEOが職場にやってきて、売上げ達成トップの者に一〇〇ドル、ノルマを達成した者それぞれに一〇〇ドル、オプション品(ランプ、サイドテーブルなど)の販売に最も成功した者に一〇〇ドル与えるというならわしだった。つまり、最大三〇〇ドルもらえる可能性がある。そればかりか、CEOが握手してくれ、派手に讃えてくれる。仕事ぶりをほめてもらえることは、賞与をもらえる以上に、活力の源になる。とはいえ、どんな金持ちでも、一〇〇ドルもらえればうれしいにちがいない。

まとめ

「三つのP」は魔法のように効き目がある。社内のあらゆる面の条件を整え、潜在的な競争力を養ってくれる。スタッフがひとり残らずやるべき仕事を心得て、あらゆる状況に無意識に対応できるようになる。その結果、あなたの会社や部署は、調整万全の機械のように稼働しはじめる。

以降の章でもたえず「三つのP」に立ち返りながら、さらなる組織強化の方法を説明していくことにしよう。

第4章

長期戦略の視点に立つ

あなたの打つ手に一〇倍の影響力を持たせる方法

みなさんも重々承知だと思うが、最近は、見込み客と会う約束をとりつけるまでが本当に難しい。それだけに、どうにか会う段階までこぎ着けたら、貴重な時間内にやれることをやり尽くす必要がある。戦略的に考え、緻密な作戦を練るべきだ。本章では、戦略を巧みに操ればいかに容易に顧客のもとまでたどり着けるかを説明していこう。

まずは「戦術」と「戦略」の違いを理解してもらうため、ごく簡単に定義を比較してみたい。「戦術」とは「即時の、または短期的な利得を手に入れるために使うテクニック」。たとえば、広告を出す、ダイレクトメールを送る、営業電話をかける、展示会に出品して潜在顧客に出会う……。こうやって他社から少しずつリードを奪おうとするのが「戦術」だ。

これに対して「戦略」は、「長期的な目標をめざして、入念にきめ細かく作戦を練ること」。ビジネスでいえば、最終的に市場でどんな影響力を持ち、どんな地位を獲得したいかが、戦略の目標となる。すぐれた戦略家になるためには、長期的な戦略を意識しつつ、短期的な戦術をつくって組み合わせるべきだ。

私の経験からいって、企業幹部は三つのタイプに分かれる。九〇パーセントの企業幹部は「短期戦術志向の幹部」、九パーセントが「長期戦略志向の幹部」。そしてわずか一パーセントの卓越した人物だけが、短期戦術と長期戦略という両方の能力を併せ持つ。

「短期戦術志向の幹部」は、その日その日の売上げしか眼中にない。長期にわたる戦略というものを理解していない。この種の幹部に「見込み客と会う約束をとりつけるのは、一〇年前にくらべ二倍難しくなっていますよ」と教えると、「じゃあ、営業スタッフに二倍の努力をさせるにはどうしたらいいだろう？」と頭をひねる。

「長期戦略志向の幹部」はたいがい、広い見地から状況を眺め、問題解決に役立ちそうな高次元の戦略を編みだそうと考える。明敏な洞察力により、並大抵の人間では考えつかないコンセプト、アイデア、戦略を生む。ただ、短期戦術を操ることに長《た》けていない（または、興味を持っていない）。そのせいで、せっかくの価値あるアイデアが適切に実行段階に移されず、失敗に終わってしまう。そんな例を私自身、数多く見てきた。

では、残りのきわめてまれな一パーセントはどうか。戦術的にも戦略的にも考えられる企業幹部は、価値あるアイデアと戦略を生みだすことができ、なおかつ、断固たる姿勢により、すぐれた戦略を戦術レベルで実現化する。ちなみに、二番目のタイプの「長期戦略志向の幹部」も、敏腕の短期戦術家とコンビを組めば、大きな成功を収めることが多い。が、自分のアイデアを相棒である戦術家に何度も繰り返し説明し、納得させせなければいけないかもしれない。

経験に照らすと、純粋な短期戦術家はなかなか長期戦略をのみ込んでくれない。わかりやすい例を挙げよう。以前、新雑誌を創刊したばかりの出版社からコンサルティングの依頼を受けた。営業スタッフがめぼしい広告主から色よい返事を得られず、大苦戦しているさなかだった。なにしろ広告媒体はいまや八〇種類以上存在するので無理もない。この壁を乗り越えるため、私は、営業スタッフの肩書きをあまり「らしくない」名称に変更した。たとえば「法人広報部長」。すると、見込み客への売り込み電話はこんなふうになる。

「こんにちは。私はＸＹＺマガジンの法人広報部長、ジェニファー・スミスと申します。ただいま、市場奉仕の一環といたしまして、さまざまな企業の情報を収集しております。また、当方の雑誌編集スタッフと協力し、誌面で紹介するテーマも常時募集中です。そこでおたずねいたしますが、そちらの会社は創業何年目でいらっしゃいますか?」

このように切りだすことで、心を開かせて親密な関係を結ぶという戦略目標を達成できる。親密さが生まれたあとなら、スムーズに広告の話題を持ちだせる。「そのほか私どもは、読者が興味を持つ製品やサービスを探しております」。そして、のちほど説明する「顧客啓発にもとづくマーケティング」へ進む。見込み客をいわば「教育」するのだ。おおまかにいうと、これが長期的、戦略的なアプローチである。

しかしここで、短期戦術しか頭にない営業担当者はこんなふうに口をとがらせるだろう。「広告を出してほしいだけなのに、なぜそんなまわりくどい手を使わなければいけないのか」。長期戦略を意識する企業幹部なら、「いきなり広告欄を売りつけるのではなく、会話によって親密さや興味を引きだそうとしているな」と理解できるだろう。真の長期戦略家は、困難にぶつかるたび、ライバルをしのぐ好機が訪れたと考えるものだ。このあとのページで数多くの実例を挙げたい。

その前に、もう少し深く掘り下げてみよう。

顧客の前までたどり着いたとき、はたして、あなたないし部下の営業スタッフは何をやり遂げたいだろうか。あなたの長期戦略上の目標はなんなのか。

この質問をぶつけると、たいがいの企業幹部は短期戦術の視点から答える。「売り込みに成功したいです」。そこで私が「ほかにやり遂げたいことは?」と長期戦略的な方向に話を促すと、「ほかにあるでしょうか」と不審そうに言う。さて、本当にほかにないだろうか。

私:敬意を払われたくないですか?
相手:ええもちろん、尊敬されればうれしいです。
私:信頼されたくないですか?
相手:ええもちろん、信頼されればうれしいです。
私:推薦を受けたいですか?
相手:ええもちろん、推薦を受けられればうれしいです。
私:ライバル会社が値下げで対抗してきたとき、事前に自衛策を持っていたくないですか?
相手:ええ、それは大切ですね。
私:エキスパートと思われたいのでは?

相手：そう思われれば好都合でしょう、たしかに。
私：影響力についてはどうですか。見込み客と会ったときに影響力を持っていたいのでは？
相手（＝短期戦術家）：どういう意味ですか？
私：では、それはひとまずおくとして、ブランドの信頼度はどうです？　重要ですか？
相手：そりゃそうです。
私：いますぐ買うべきだという切迫感は？　あったらいいのでは？
相手：ええ。あるといいですね。

いま挙げたような目的をもし意識するだけでも、見込み客との交渉の行方はおのずと違ってくる。一般に、営業の進め方や潜在的な戦略目標を個々の営業担当者に任せすぎている会社が多い。しかし、つねに任せきりでは具合が悪い。リーダーであるあなたがこうした長期戦略目標をすべて達成する方法を編みだして、担当者は見込み客の前に立つたびに必ずその方法を実践すべきなのだ。そうなった状態を想像してみてほしい。ライバル会社を圧倒する力を持てるのではないか。

さらに議論を進めるとしよう。

長期目標をひとつ掲げるだけで営業成績が六倍に

ある町で、ほぼ同じ日に二つの家具店がオープンした。A店は完全に短期戦術志向、もう片方のB店はきわめて長期戦略志向。客がA店にソファを見に行くと、販売員はソファを売ろうとする。

まさに短期戦術だ。四年後、店の成長率は年一〇パーセントほどで、そのほとんどは家具の値段じたいが上がったせいだった。

一方のB店。販売員はもちろんソファを売ろうとするのだが、経営陣からつねに「店を売り込め」と教育されている。そこでこうなる。「初めてのご来店ですか？　では、当店のご案内をさせていただきます」。ソファ売場へ連れて行く途中でたっぷり店の宣伝をする。沿革から始まって、経営者の奉仕精神、他店より安い理由、家具の造りについての知識の豊富さ、知識豊富な店で買う利点……。

このように顧客を「教育」する目的は、「これからはいつもこの店で買おう」という気持ちを植えつけることだ。時間が経つにつれ、この店には「どんな家具を買うにも、まずあの店へ」と考える固定客が増えた。ふつうなら、家具を買いたい場合、とくにこだわりなくいろいろな店をまわってみるだろう。あるいは、新聞でセールの広告を見て、特売品に惹かれてその店へ出かける。ところが、商品知識がずば抜けた店をあらかじめ知っていて、「あそこに行けば、それぞれの家具の品質の違いを納得いくまで説明してもらえる。インテリアのアドバイスまでもらえる」となったら、親近感や愛着を抱き、その特定の店をひいきにするだろう。店側が意図して客との関係を築いたおかげだ。

実際、B店の「顧客啓発」はおおいに功を奏した。四年後に比較してみると、短期戦術のA店は一店舗を維持するにとどまったが、長期戦略のB店は新たに六店舗オープンした。

さらに、「この店で買うとよそで買うよりも付加価値が高い」あるいは「この店で買うほうがいいという理由がはっきりしている」となると、財布のひもも緩みやすく、払う金額が増える。だからぜひとも、あくせく目先の商品を売るのをやめて、もっと長期戦略的な高い視点に立つべきなのだ。この教えが身にしみる実践トレーニングを本章の後半に用意してある。ただ、トレーニングがじゅうぶん効果を発揮するように、もう少し予備知識を伝えたい。

こうたずねられたら、どうだろう。「あなたが扱う製品やサービスを購入しようと、見込み客がやってきたとき、その客はどのくらい専門知識を持っていると思いますか」。おおぜいの前でこの質問をすると、全員の返事が一致する。「どんな状況であれ、平均的な客はさほど専門知識を持っていない」。たとえばあなたにしても、カーペット清掃の専門知識などあまり持っていないのではないか。ほとんどの客がたいした知識を持たずに製品やサービスを探しに来る以上、長期戦略が効果を発揮する大きなチャンスだ。

すなわち、こちらから客に購入基準を教えてやればいい。あなたの扱っている製品やサービスを購入するどんな客も、知識を与えれば、もっと賢い購入者になれる。カーペット清掃を例にとるなら、客側は購入基準があいまいな状態で電話してくる。そこで営業担当者が、客の頭の中にある購入基準をいったん「リセット」して、環境保護庁の調査データを挙げつつ、カーペットの清潔さが家庭の空気や生活にいかに重要かを教えてやるわけだ。その効果ははかりしれない。

ではここで、みなさんの心の中にある長期戦略家の側面を磨くため、非常に有効な考え方を紹介しよう。

【スタジアムでセールストーク】

こんな状況を想像してほしい。あなたはいま、巨大なスタジアムのステージに立っている。観客席を埋める面々は、あなたにとって理想的な見込み客ばかり。この場で全員にまとめてプレゼンテーションできるのだ。

最初に聞きたいのだが、現時点で心の準備はできているだろうか。さっそうとステージに立ち、聴衆に向かって完璧なプレゼンテーションができるだろうか。私は世界各地どこの講演会でも、この問いを投げかける。するとふつう、聴衆一〇〇〇人のうち三人から六人ぐらいが手を挙げるが、その人々に実演してもらうと、たいがいは準備不足だ。だが用意万端の人間にもときどき出会う。魅力あふれる口上で、達人ぶりを披露する。「おみごとですね」と私がほめると、こう答えがかえってくる。「ありがとうございます。でも、あなたのおかげですよ。だいぶ前、あなたのトレーニング製品を購入したので」

聴衆はどっと笑う。なんだサクラだったのか、と。ともあれ、このセールストークの練習こそが長期戦略の核心なのだ。スタジアムでの売り口上をじゅうぶんに準備しておけば、あなたは現在よりはるかに多くの見込み客の心を引きつけ、ウインドウショッピングの客を本物の客に変えることができるだろう。

手始めに、聴衆として理想的な人物は誰なのかを考えてほしい。以前、生産ライン向けの製品を販売するある業者が、見込み客の現場責任者と何カ月も熱心に協議した末、「コスト増はごめんだ」と上司からあっさり却下されるという憂き目に遭っていた。相談を受けた私は、戦略を全面転換して、CEOに売り込むように指示した。その場合、スタジアムにいてほしい理想の相手はCEOだ。あなたのスタジアムはどうだろうか。相手が決まったら、次は、スタジアムのその人物たちに向かっていかに興味深い売り込みをするかだ。

では、ここで数分かけて、スタジアムでのセールストークのタイトルを考えて書いてほしい。

> **ご来場のみなさん、本日のトークのタイトルは「　　　　　　　　」です。**

私の二〇年にわたる研究の結果、「いますぐ買いたい」という人はつねにきわめて少数派であることが判明している。わずか三パーセントしかいない。最近、一二〇〇人のCEOを前に講演した際にこの事実を証明してみせた。「みなさんの中に、いますぐ車を買いたいと思っている人はいますか?」。約三〇人が手を挙げた。「タイヤをすぐ買いたい人は?」。別の三〇人が挙手。「家具はどうです?」。また三〇人。「家のリフォームは?」。またまた三〇人。「オフィス機器は?」。もうおわかりだろう。いかなる場合も、ただちに購入する必要に迫られている人間はおよそ三パーセントなのだ。この数字はどの業界分野にもあてはまる。

さらに、私の研究結果によれば、全体の七パーセントが「購入を検討してもいい」と考えている。現在使っている製品や業者に不満があるなどの理由で、「買い替えてもかまわない。しかしすぐに買うかどうかは未定」。

残る九〇パーセントは、三つのグループに均等に分かれる。

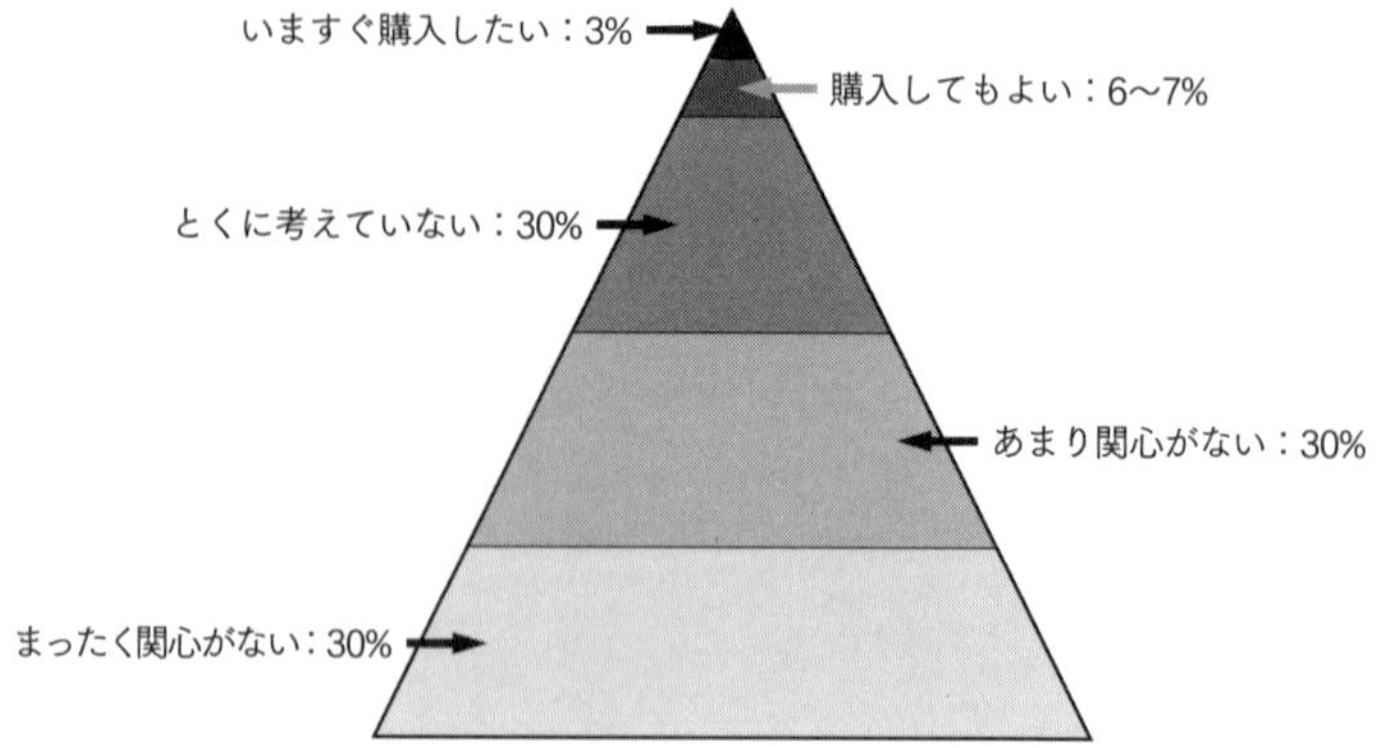

第一は「とくに考えていない」。買うとも買わないとも決めておらず、中立的な立場。あなたがオフィス機器を売りたいとして、もし広告を出しても、この三〇パーセントは問い合わせてこない。ただたんに、とくに欲しいという気持ちを持っていないからだ。

第二のグループは「あまり関心がない」。当面のところ、第一グループのような中立ではない。声をかけても、「オフィス機器にはとくに関心がありませんので」と答える。

そして第三のグループは「まったく関心がない」。現在の製品やサービスに満足している、あるいは、必要がないことがわかっている。たとえ一〇年前に買ったコピー機でも、「どこも壊れていないから、直す必要なし」と考えている。

以上を念頭に置いて、スタジアムの場面に戻るとしよう。事前に、聴衆はこう指示を与えられている。「必ずご来場ください。ただし、途中でお帰りいただいても結構です。トークの内容に興味がわかないようでしたら、ご自由にご退席ください」

もしここであなたが登場して「ただいまから、わが社のオフィス機器が世界一優秀である理由をご説明いたします」などと言ったら、聴衆の九〇パーセントは立ち上がって帰るだろう。おおぜいの前でスピーチしたことのある人間なら「それだけは勘弁願いたい」と思うにちがいない最悪の事態だ。

そこで、トークのタイトルを考え直してほしい。ほぼ全員をすわらせたままにしておくには、どんなタイトルがふさわしいのか。重要なポイントだ。聴衆を釘づけにして続きを聞かせるためのテクニックは、広告やダイレクトメールやホームページにもそのまま活用できる。さて、スタジアムのトークのタイトルとして、言いかえれば広告のキャッチコピーとして、どのような文句を使えば、見込み客全体の心をつかめるのだろうか。

オフィス機器を販売したいと仮定しよう。あなたのしゃべる番が来て、会場はCFOで満員だ。多少とも長期戦略的な発想があれば、「わが社のオフィス機器があなたに役立つ五つの理由」といったタイトルをつけるかもしれない。ただ、この程度の工夫ではやはり、「いますぐ購入したい」人々だけか、せいぜい「購入してもよい」人々までにしか有効ではない。九〇パーセントの聴衆は帰り支度を始める。

もっと広くアピールするタイトルはなんだろうか。「あなたがいまコストを無駄づかいしている五つの理由」ならどうか。聴衆が興味津々とはいかないまでも、すぐ帰りはしないだろう。少し聞いてみるかという気分になる。これを広告の見出しに使った場合も同様。上位二つのグループが関心を示すのはもちろん、ここのスタジアムに集まったような関係者なら全員、それなりに引きつけられる。誰だって、業務運営コストを節約したいに決まっている。CFOならなおさらだ。ひとまず会場に残る。その後、話全体にある程度の内容が伴っていれば、あなたのマーケティング・営業活動はまったく新たな次元にレベルアップする。

昨今、最大の難関は、見込み客の興味をそそってある程度のあいだ引きつけておくことだ。その点、「価値ある情報をお教えします」という角度からのアプローチは、大きな可能性を秘めている。多くの客を引きつけ、高い信頼を得ることにつながる。私はこのようなやり方を「顧客啓発にもとづくマーケティング」と呼んでいる。製品やサービスをたんに売り込もうとするより、客側にとって何か価値ある事柄を教えようとするほうが、はるかに多くの顧客を獲得できるのだ。これをぜひとも肝に銘じてもらいたい。

もうひとつ具体例として、海運会社のコンサルタントを務めたときの話をしよう。この会社のおもなターゲットは小売店。よって、「スタジアムでセールストーク」をするなら、聴衆は小売店主たちとなる。もし壇上に登場していきなり、「これから、わが社の海運サービスが他社よりすぐれている理由をご説明します」と言いはじめたら、いますぐは海運サービスを必要としていない九〇パーセントが席を立ってしまう。会場にいる小売業者すべてにもっと長く聞いてもらうにはどう言えばいいか。ふさわしいタイトルはこうだ。「すべての小売業者が失敗する五つの理由」。短期戦略しか頭にない企業幹部は早くも「海運サービスを売り込みたいだけなのに、なぜこんな遠まわりが必要なのか?」といぶかるだろう。

答えはこうだ。

①役立つ情報を提供することで、さらなる興味をそそることができる。
②その情報が本当に有益なら、客側の意識の中で、あなたはどんなライバルよりも事情通として高く評価される（客自身もその業界の人間なのに、あなたのほうが詳しいのだから）。
③長期戦略的に思考し計画してやり方を工夫すれば、単刀直入に売り込むよりはるかに巧みなかたちで、結局は売り込みに成功する。

以下、実例を挙げるとしよう。

「顧客啓発にもとづくマーケティング」の具体例

私がコンサルティングした企業のひとつに、国際的な新聞社がある。四年連続で業績が右肩下がりとなり、年間売上げは一四億ドルから一〇億ドルに落ちていた。年間一億ドルずつ減った計算だ。四億ドルあった純利益がゼロになってしまった。

そこで、長期戦略家の起用となった。新しいＣＥＯは、貴重な一パーセントの人間、つまり長期戦略と短期戦術の両方に長けた究極の企業幹部だった。大きな視野で長期戦略を的確に描きつつ、短期戦術レベルで自由自在に実践に移すことができた。

そのＣＥＯのはからいで、私は営業分野のプロフェッショナルとして雇われた。さっそく、同社が発行する新聞のうち売上げが芳しくない四紙の現状を調べ、広告収入を上向かせるための戦略を提案した。

その会社は、中規模都市で地域向けの日刊新聞を一〇〇紙以上発行していて、私が乗りだす前まで、まさしく短期戦術的な事業モデルだった。広告欄を扱う営業担当者が、広告主になりそうな会社に電話して、「こんにちは。XYZ紙の者です。広告掲載に関しましてそちらに伺ってお話ししたいのですが」と単刀直入に切り出す。相手が「いますぐ購入したい」グループでなければ、会話はあっという間に終了だ。「結構です。興味がありませんので」

販売部も大差なかった。「こんにちは。XYZ紙の者です。ただいま定期購読なさると、すてきな特典があるのですが」。芸のないこういった短期戦術的な売り込みをしても、新聞を読む気がない人はあっさりと電話を切ってしまう。もっと長期戦略的な営業担当者なら、つい新聞を読みたくなるようなアプローチを工夫するはずだ。定期購読に関してはさておくとして、ひとまず広告欄の売り込みについて考察を進めよう。

地元の小さな町にある店の経営者に、営業の電話をかけるとする。たとえば広告会社、車体修理工場、美容院、あるいはレストラン。いずれにしろ、地方新聞が広告主の柱とするようなビジネスだ。私の指導により、会話の内容は次のように変わった。

営業担当：こんにちは。XYZ紙の者です。ただいま、ビジネスオーナーのみなさまに、さらなる成功の秘訣をお教えするレクチャーを実施しております。ご存じですか？

見込み客：いや。

営業担当：この地域のどこの会社もそうだと思いますが、私どもは地元の商業が活性化してこそ成り立つ会社です。ですから、地元のビジネスができるだけ成功するようにお手伝いするのが務めだと感じております。そこで、「ビジネスが失敗する五大理由」と題しましたレクチャーを、経費は弊社負担でおこなっているのです。「地域で一番人気の○○○（美容院、レストランなどの業種名）になる七つの方法」もお教えいたします。今後数週間、ほかのすべての○○○（業種名）にもこの件をご案内しますので、同じ内容をお知りになりたいのではないかと思い、お電話いたしました。ビジネスをますます成功させ、○○○（業種名）を窮地に追い込む事態に予防策を講じるというようなことに、興味をお持ちではないでしょうか。

見込み客：そりゃまあ、もちろん興味はある。

営業担当：さようですか。では概要をご案内いたします。私は、このレクチャーを担当する講師のひとりです（むろん、「営業」担当などと名乗ってはいけない）。これから数週間かけてすべての○○○（業種名）をまわり、レクチャーをおこなう予定です。所要時間は三八分間。終了後おそらくいくつか質問をなさりたくなると思いますから、全体で一時間ほどになります。地元向けレクチャーですので、こちらからお伺いいたします。会場に来ていただく必要はございません。お邪魔にならない時間に実施して、すぐにおいとまいたします。業務にご支障なく、有益な情報を落ち着いて聞いていていただけるのは、何時ごろでしょうか。

見込み客：仕事の始まりは朝九時で、そのあとはてんてこまいだから——朝八時か、夕方五時以降なら大丈夫かな。

営業担当：ランチタイムに昼食代こちら払いで実施するコースもございます。「ランチ＆ラーン」

と呼んでおりまして、どうせ昼食をとるなら、食べながら何か役立つことを学んだほうがお得でしょう。この場合はレストランに来ていただきます。こちらで個室を予約しておきますので、同業のかた数名といっしょにおいしいランチをとりながら、非常に有益な成功のコツを学べるわけです。どちらにいたしましょう？　お手すきの時間帯にこちらから伺いましょうか、それともランチコースになさいますか？

見込み客：ランチ無料というのに惹かれるね。

営業担当：承知いたしました。それから水曜日と金曜日。今週は三回開催いたします。本日の正午、〇〇〇（レストラン名）にて。それから水曜日と金曜日。いつがよろしいでしょう？

見込み客：きょうは無理だけど、水曜なら行けると思う。

営業担当：かしこまりました。水曜日の回にお名前を入れておきます。弊社にとっては相当な経費のかかるレクチャーですが、参加費はいっさい無料となっております。先ほども申しましたとおり、地域のビジネスが活況ですと、私どもの会社も活気づくわけです。ただ、参加いただくにあたって、ひとつだけ条件がございます。このレクチャーは満員になり次第、ご希望の方がいらしてもお断りするかたちになります。したがいまして、いったんお申し込みいただいた方には、マナー上、ぜひご参加いただきたいと思います。万が一ご欠席の場合は二四時間前までにお知らせください。その点、ご了解いただけますか？

見込み客：ええ。

営業担当：ありがとうございます。では、こちらの電話番号をカレンダーにご記入ください。予約変更の際などに便利かと思いますので。

これで、ビジネスオーナーたちが情報を聞きに集まるわけだ。披露する内容は、おおまかにこうなる。まず冒頭、業界の全般的なデータを示す。国内で合わせて何社あるか、各年どのくらい増えているか、倒産率はどの程度か、など。誰もがそれなりに関心を持つ一般データだが、目覚まし代わりにふさわしい。というのも、全体の九六パーセントが一〇年以内につぶれており、しかも八〇パーセントは二年もたない、という現実を突きつけることができるからだ。

続いて、「ビジネスが失敗する五大理由」へ進む。必要なデータは集められるだろう。ニーズに合わせて作成するといい。たとえば「アントレプレナー」誌によると、事業失敗の大きな理由は、顧客対応の悪さ、予算づくりの不備、スタッフ教育の不足、市場動向の予測ミス、マーケティングのまずさや矛盾、などだという。

最後の「マーケティングのまずさや矛盾」にふれたところで、軸とすべきマーケティング手段をいくつか挙げる。これもまた、まとめるのは難しくない。そしていよいよ全体のしめくくりとして、「客を獲得する非常に効果的な方法は、広告である」と結論する。驚くなかれ、それを裏づけるれっきとした調査データが少なからず存在する。よって、何ひとつでっちあげる必要はない。各種の広告手段(イエローページ、ラジオ、テレビ、ダイレクトメールなど)を比較して、それぞれ広告主にとって欠点があることを指摘しよう。ただし唯一、欠点のない媒体がある――そう、新聞だ。

ここにいたるまではすべて、掛け値なしに有益な情報といえる。けっしてセールストークをカモフラージュしているわけではない。どのデータも公平で信頼でき、メモをとるに値するだろう。だが当然ながら、最後には「新聞広告の威力」を説くことになる。新聞の読者は一般に平均的な消費者より教養が高い、新聞は地域ビジネスの強力な牽引車である、などなど。きわめて説得力のあるプレゼンテーションだ。

私の経験では、レクチャーに参加した全員が新聞広告を出したがった。誰ひとり「売り込みを図られた」とは思わず、「ためになった」と感想を漏らした。なぜか？　一方的な売り込みは心の架け橋を壊すが、啓蒙はむしろ架け橋をつくるからだ。

私の親友で同じく営業トレーナーのアンディ・ミラーいわく、「要するに営業とは、協調関係を築く行為であり、破壊する行為ではない」。人間は「売り込まれている」と感じると、思わず抵抗の姿勢に入る。「情報を教えてもらっている」なら、素直に受け入れる。役立つ情報であれば、なおさらだ。営業とは一種の芸であり、第一〇章ではこれをテーマにすえる。だが本章では「短期戦術を展開する前にまず、秀でた長期戦略家であれ」が主題だ。客に役立つ情報を使って効果的な啓蒙をおこない、おのずと緊密な関係を築けるような方法を追究していきたい。

「顧客啓発にもとづくマーケティング」によって達成できる長期戦略目標を挙げてみる。

①いともたやすく、見込み客と会う約束を結べる。
②当面の購入予定がない九〇パーセントの人間も含め、どんな相手とでも会う約束を結べる。

③有益な情報を提供すれば、「ただのセールスマン」ではなく「事情通」という地位を確立できる。

④有益な情報を提供すれば、信頼感をもたらすことができる。

⑤相手に会ってまず統計データや厳しい現実を示せば、最後に見せる売り込み素材が非常に信頼性を帯びる。

⑥利用する資料はこちらで自由に選べるので、巧みに情報操作して、ライバルになる業種や会社（たとえば新聞ならイエローページ、テレビ、ラジオなど）をふるい落とすことができる。

⑦熱心な固定利用客を囲い込める。

⑧価値あるものを与えられると、お返しがしたくなるものだ。このレクチャーに参加した人々は新聞広告を出したくなる。有益な情報を与えてくれた新聞社の熱意に敬意を表して、というだけの理由の場合もある。

⑨レクチャーの途中で、広告の一貫性の大切さを説くことができる。これにより、新聞というメディアが抱える戦略上の課題に対処できる。すなわち、いちど新聞広告を出してすぐ結果が得られないと、やめてしまう広告主が多い。だが、地域の中で存在感をかたちづくるには時間がかかるのだとレクチャーであらかじめ教え込める。

⑩「地方新聞に広告を出すのは地域社会を支えるうえで道義上の責任ではないか」という気にさえさせることが可能。「みなさんのサポートがあればあるほど、このような地域向けレクチャーの機会を増やせます」と訴えるといい。

⑪長期戦略を意識しつつ入念なプレゼンテーションを用意しておけば、実際におこなう営業担当者はたいした負担なく、楽に契約を獲得できる。ビジネスオーナーのもとを訪れる際は、準備済みのリングファイルを抱えていけばすむ。あとは、どの相手に対しても、ファイルのページをめくりながら順に内容を説明していくだけだ。可能なかぎりなるべく「パワーポイント」の使用をお勧めするが、なにより大切なのは、どの営業担当者も同一内容のプレゼンテーション資料を用いることだ。

⑫経営陣が見込み客に知ってほしい種々の情報を、プレゼンテーションにもれなく盛り込んでおける。たいていの営業部は、内容の九〇パーセントを担当者任せにしてしまう。

⑬営業担当者の知識を増やすこともできる。従来は知らなかったビジネス成功の秘訣が頭にしみ込むため、用意された資料を使わない場面でも、おのずから説得力のある売り込みができるようになる。

たとえ、業種その他の事情により、見込み客を相手にレクチャーをするのはあなたの会社に向かないとしても、ありとあらゆるデータを盛り込み、「スタジアムでのセールストーク」を完成させるべきだ。そしてその情報を営業スタッフに暗記させ、コンテスト形式で報奨を与えよう。自社の営業スタッフに説得力に富む深い知識を持たせれば、客側の目に映るイメージが劇的に向上する。もっとも、このような準備を通じていちばんレベルアップするのはあなた自身だ。誰もかなわないほど高い水準に到達できる。

【戦略目標を固めよ】

こうして周到な計画を練り、国内に散らばる全員に説明したあとでも、前記の新聞社にはまだ納得しない営業スタッフがちらほらいた。「冗談でしょう。広告欄を売りたいだけなのに、なんでこんな手間をかけなきゃいけないんです？」

あなたの会社にもこういった輩《やから》は現れるだろう。そこで、別の角度からも見てみよう。あなたの長期戦略的な位置付けはどうだろうか。マディソン・アベニューの大手広告会社は、これを「USP（Unique Selling Proposition：その会社独自のセールスポイント）」と呼ぶ。すなわち「自分たちはどこがよそと違うのか。ライバルよりまさっている点は何か？」だ。どんな会社も最低限、内部によく目を向け、この質問の答えを考えておかなければいけない。しかし加えて「究極の長期戦略目標は、顧客の成功を総力挙げて手伝うことにある」と心得るべきだ。新聞社を例にとるなら、マディソン・アベニューふうのUSPは「ほかのメディアにくらべて毎日より多くの人々と接点を持つ」ことだろうが、それを押し進めた最終的な戦略目標は「地域の会社や住民の暮らしをよりよくする」ことだ。要は、自分自身に力を注ぐところから始めて、顧客に力を注ぐまでをめざす。私が掲げる戦略志向のUSPは、幅広く、広告主のみならず読者にも焦点をあてる。

【社内に浸透させるポイント】

さてここまで来たら、「顧客啓発にもとづくマーケティング」を社内にさらに浸透させよう。この段階には、断固たる決意と厳しい規律が必要だ。
前述の新聞社のCEOは、そのあたりがじつに素晴らしかった。いまでも覚えているのが、あるミーティングでの出来事。そのミーティングに先立って、私が各地のスタッフを集めて本社で二日間のトレーニングをおこない、スマートな売り方やプレゼンテーションのやり方をきめ細かく指導した。次いでCEOが、二名の専門スタッフを選び、今回の戦略を社内の隅々に行きわたらせる役割を与えた。そこまで終わったところ、私とCEOのほか、各地域の担当社長が一堂に顔をそろえた。CEOが社長たちに「トレーニングのようすはどうだった?」とたずねた。

社長：私自身はトレーニングには参加しませんでした。私が顔を出すと、スタッフが萎縮しかねないので……。

CEO：ほう。自分が身につけていない事柄を、どうやって部下に徹底させるんだね?

静寂。その社長は返す言葉がなく、もぞもぞと身を動かした。トレーニングに参加しなかったほかの社長たちも黙り込んだ。
というわけで、あなた自身も学んでもらいたい。いかなる会社でも、変化――本当の変化、劇的な改善――はトップから始まり、しだいに下の層へ広まる。

【さまざまな趣向を凝らす】

インターネットのおかげで、今日ではいつでもどこでもレクチャーを実施できる。私がコンサルタントを担当する顧客に、アメリカン・アート・リソーシズという会社がある。病院向けに芸術作品を提供する最大手だ。ふつう、病院の装飾品なんて主観で選ぶもの、と思うかもしれない。院長が好みの絵なりを飾ればいい、と。ところが、さにあらず。芸術は、感情に訴える力を持つ。ある種の芸術作品は患者の回復を早めることが臨床的に実証されている。作品に毎日接する病院スタッフにも影響が及ぶ。そこでこの会社は、そういった知識を普及させるため、「病院を襲う五つの危険な風潮」と題するウェブセミナーを始めた。現在までに四〇〇人以上の病院幹部が受講した。インターネット上で完結するので、会場に出かける必要はない。

アメリカン・アート・リソーシズが提供する情報は、非常に有益で、うまく整理されており、完成度が高い。病院がいろいろと深刻な問題を抱えていることを明確にしたあと、それらの問題の解決案を示し、病院を効率よく経営するうえでまだまだ検討の余地があるはずと訴える。病院の設計はもちろん、何もかもが重大な意義を持つ。そして、細かな点がどれほど大切かという見本として、装飾美術を例に挙げるのだ。中身の濃さが功を奏し、「ここまで考えているとは、さすが業界ナンバーワン」と高い評価が広まった。

実際、同社のホームページにアクセスすれば、用意された大量の作品を見ることができる（www.americanartresources.com）。コンサルタントの訓練も行き届いている。かつては病院の経営陣に会ってもらえず苦労した時代もあったそうだが、現在では世界の大手病院で高い知名度を誇る。

話変わって、大手靴小売りチェーンの例。コンサルタントを任された私はまず、経営者に、足裏、ファッション、履き物について徹底的に調査させた。人間の足裏には神経終末が二一万四〇〇〇個あり、それぞれが人体の臓器とつながっている。足裏がかく汗は、一日におよそコップ一杯。その汗が適切に外へ出るかバクテリアの繁殖につながるかは、靴の品質が大きなカギを握っている——ですから、高品質なわが社の靴をどうぞ。

調べあげた膨大な情報を、営業スタッフ全員にたたき込んだ。また、全情報をとじた小型バインダーをすべての店舗に配布し、必要に応じて客に見せられるようにした。結果、次のような長期戦略目標を達成できた。

①より多くの靴を売る。
②より良質の靴を売る。
③固定客を増やす。
④専門知識を身につける。
⑤客がつい店に立ち寄りたくなるような親密な関係を築く。

さらに挙げればきりがない。

【スタジアムでのセールストークこそ長期戦略の核心】

スタジアムでのセールストークは、戦略的な準備のかなめだ。このトークの用意が正しくできていれば、聞き手を説得する材料はじゅうぶんそろっていることになり、さまざまな営業の努力が熱を帯びる。具体的なデータがマーケティングを支え、購入者の価値基準をあなたの有利な方向へ傾けてくれる。

私が現在かかわっているある会社は、企業向けに各種のノベルティグッズを販売している。そういったグッズは、得意先に配布されたり、リピート客を増やす販促用に使われたり、はたまた、社内の優秀な従業員への賞品として利用されたりする。同業種のよその営業担当者は、品ぞろえがいかに多彩かをこれでもかとばかりに訴える。がしかし、私が指南する会社は「利益、業績、売上げを増やす四つの方法」と題した魅力的なレクチャーをおこなう。

このレクチャーに参加すると、大量の知識を得ることができる。ビジネスを運営するうえで、景品や賞品を使って意欲をそそればどれほど大きな効果があるか。実際のデータを見るまで、客側はきわめてあいまいな価値基準しか持っていない。だがデータに目を通したあとは、すっかり博学になって、景品や賞品がなぜ効果的なのか、どう活用すれば有効かがわかり、なおかつ「この会社はとくに素晴らしい」という思いを強くする。「他社より知識豊富でレベルが高い」と考えるわけだ。結果、レクチャーのたびに、市場の購入基準はこの会社に有利な方向に傾いていく。

あなたも同じように製品やサービスの主導権を握るべきだ。では、どんな種類の情報を使えば、購入基準を自分のほうへ引き寄せられるのだろうか。まずいえるのは、何を売るにしろ、統計データがあると説得力が増すということ。また、製品やサービスを複雑に見せれば見せるほど、プロフェッショナルらしい印象を相手に与えることができる。

【大切な心得】

購入客に本当に役立つ情報を提供しようと思うなら、たんなる「製品のプロフェッショナル」でなく「市場のプロフェッショナル」であるべきだ。つまり、ライバル各社より奥行きのある知識を持っていなければいけない。ほかの会社の連中はたいてい、自分の位置づけなどおかまいなしに目先の製品を売ろうと必死だから、造詣《ぞうけい》の深さでしのぐぐらい、わけはない。いままで私自身、この戦略にもとづいて会社を経営し、またコンサルタントを務め、数多くのライバル会社を徹底的に打ちのめしてきた。私たちがどんな手法を使っているか眼前にしてさえ、他社はまだ理屈がのみ込めないらしい。「スタジアムでのセールストーク」をつくりあげるやり方は、汗をかくよりむしろ知恵を絞ることに重点を置いている。市場に大量の良質な情報をもたらす者は、つねに、製品やサービスをやみくもに売りたがる者を凌駕する。

データを選ぶ際に覚えておきたいのは、「商品データよりも市場データのほうがはるかに刺激的である」ということだ。おおかたの人間は、靴を靴としかみなさない（＝商品データ）。けれども、足裏がからだじゅうの臓器とつながっている事実（＝市場データ）を学ぶと、靴選びがきわめて重要な作業に思えてくるだろう。自社の製品やサービスが重要性を一気に増すようなデータを集めるといい。

【「顧客啓発にもとづくマーケティング」のさらなる実例】

税金を処理する会計士や弁護士向けに、経理調査用ツールを販売する会社をコンサルティングしたときの話。私が助言を与える前、この会社は商品データに傾注していた。「こちらがわが社の調査ツールでして、機能はこちらになります」。だが私のアドバイスにより、市場データ重視に移行した。「国税局の規定に従うと、経理調査にはこの二二段階が必要です。けれども、そのうちここに列挙してある項目は、クライアントに料金を請求するのが無理でしょう。とうてい払ってくれません。そこで、当社の製品の出番となります。この部分の処理を大幅にスピードアップできるのです」。市場データを交えたおかげで、商品データの重みが増した。

もうひとつの例は、カレンダー会社。子犬のスナップショットからパメラ・アンダーソンのセクシーグラビアまで、幅広い種類の写真が入ったカレンダーを売る会社だった。私が販売実績を調べたところ、一般量販店より書店のほうが四〇パーセント売上げが多いことが判明した。なぜか。書店は、売り場レジのすぐわきにカレンダーを置いているからだ。カレンダーを買うのはいつか。もちろん年末。おわかりだろう。クリスマスプレゼントを購入する客の列に並んでいるあいだ、暇つぶしに、わきにあるカレンダーをぱらぱらとめくる。「そういや、うちの上司はこんなクラシックカーが大好きだったな」。ふと思い出して、プレゼント用に追加購入する。

これに対し一般量販店の場合、カレンダーを文房具売場に置いていた。季節に応じて移動したりもしない。売場による差を示すデータを各店に見せてまわった結果、このカレンダー会社の売上げは一年のあいだに二〇パーセント伸びた。それまで四年間は横ばいだったから、市場データを使ってカレンダーの置き場所を変えるように促したことが明らかに功を奏したといえるだろう。

似たような例は枚挙にいとまがない。あなたがどんな立場で何を売っているにしろ、ある程度の時間をかけて市場データを集め、「スタジアムでのセールストーク」を練りあげるべきだ。

最近はインターネットで市場データがたやすくに手に入る。政府やマスコミのウェブサイト（www.census.gov、www.CNN.comなど）に、ありとあらゆるテーマに関して有意義な情報が掲載されている。なんら苦もなく、データをふんだんに収集できるだろう。問題は、構成をまとめあげるのに時間がかかること。だがさいわい、エンパイアリサーチグループ（www.empireresearchgroup.com）という会社が、作業をすべて代行してくれる。

決定的証拠

英語には「スモーキング・ガン（smoking gun／まだ煙の出ている銃）」という法律用語がある。相手にもはや有無を言わせない「決定的証拠」をさす。そんな証拠が見つかったとすれば、むろん有罪は確定だ。同じことはビジネスにもいえる。他社より優位に立てる決定的証拠が、必ず何かしら存在する。たとえば、ある種の芸術作品が病気を癒やすというデータや、レジのわきにカレンダーを置けば売上げが急増するというデータは、どちらも決定的証拠にちがいない。このたぐいは挙げればきりがない。私は自信を持って断言できる。「決定的証拠は必ず存在する」。必ず、だ。

以前、芝生の手入れサービスの会社から相談を受けた。毎年何人かの従業員が辞めて、同内容のサービスをさらに安く提供し、顧客を奪っていく。「あの会社に頼まず、僕に個人的に頼めば安上がりですよ」と。そこでいろいろと調べたところ、興味深い訴訟事件が見つかった。ニューヨーク州で、芝生の手入れ中に作業員がけがをして、その労働者災害補償を依頼主が請求され、支払うはめになったというものだ。

そのデータを持って、月五ドル安上がりな個人サービスに切り替えた顧客のもとを訪れた。「おたくの新しい芝生サービス担当者が労災保険に入っているか、お確かめになりましたか？ もし保険に入らず、こちらの敷地内でけがをした場合、完治するまでの労働者災害補償はお客様のご負担になりますが」。まさに決定的証拠。たったひとつの訴訟データのおかげで、正規のライセンスや保険を持たない個人サービスに切り替える顧客はまずいなくなった。

効果絶大の証拠を手に入れるには、とりわけ過去から現在への推移データに注目するといい。そうすれば、これぞという糸口が見つかるだろう。私にコンサルタントを頼んできたある会社は、ウォルマートなどの大手小売りチェーンをあえて避け、ギフトショップのみを販路にしていた。調べてみると、ギフトショップは三万六〇〇〇店あった。ずいぶん多いと思うかもしれないが、一九八五年の時点での数字は、なんと九万六〇〇〇店。ウォルマートが着々と店舗を増やす一方で、ギフトショップは六万店も廃業に追い込まれていた。私がそのデータを見せたところ、会社はあわてて戦略を転換した。というわけで、推移データをよく探すといい。驚くべき発見があるはずだ。

続いては、代替医療を提供する会社のケース。依頼を受けて調べた結果、消費者全体でいま代替医療に四六〇〇億ドルをつぎ込んでいるという。心強い数字だ。一〇年前にさかのぼると、四六〇億ドルにすぎなかった。一〇年で一〇倍に膨らんでいる。現在、通常の医療施設を利用する人の数は年間のべ三億五〇〇〇万。対する代替医療はのべ四億二〇〇〇万。そう、処方箋を出さない医師のもとを訪れる患者のほうが、のべ七〇〇〇万人多いのだ。明らかに人気トレンドと呼べるだろうが、なぜかほとんど注目されていない。密かな流行は、ライバルを倒す必殺兵器になりうる。そんなデータを発掘できれば、顧客をわりあい楽につかむことができ、購入者の興味をおおいに惹く手段が得られるだろう。

実践トレーニング

①あなたの長期戦略的な目的を書き出してみよう。新聞社のくだりで挙げたリストを指針にするといい。そのあと、項目ごとにスタッフとワークショップを開く。意義深いミーティングになるはずだ。また、「もっと敬意を払われる会社になるにはどうすればいいか」とスタッフに問いかけ、その点をめぐってワークショップを開く。さらに「客の目にプロフェッショナルと映るようにするにはどうすべきか」などを同様に討議する。新聞社の例で挙げた一三項目の戦略目標をすべて検討し、それぞれについてワークショップをおこなおう。非常に大きな成果が出るにちがいない。

②市場を調査し、自分の業界にからむ推移データを集めてほしい。顧客に価値がありそうなデータは、ひとつ残らず研究する。「決定的証拠」をまちがいなく見つけるまで、この作業に毎週、一定の時間を割く。

長期戦略のカギは、あなたの製品やサービスの価値を高めるような市場データを発見することだ。あなたが取り扱っているのがシェービングクリームだろうと宅配便サービスだろうと、それを何か特筆すべきものにする裏づけデータが、ぜったいに存在する。

さて、「長期戦略志向」と「短期戦術志向」の話に戻ろう。長期戦略志向の企業幹部は、「スタジアムでのセールストーク」や「顧客啓発にもとづくマーケティング」の意義を理解できる。こういったアプローチが、ビジネスの可能性をすばやく簡単に開き、顧客との親密な関係を築いて、売上げ増につながっていくことを知っている。その企業幹部がもし短期戦術にも長《た》けていれば、戦略を具体的なかたちで実行に移し、効果を押し広げていけるだろう。「究極のセールスマシン」を構築したければ、すぐれた戦略家として発想し、巧みな戦術家として実践する必要がある。

第5章

精鋭たちを雇う

実力抜群の人材を随所に配置して、急成長を遂げる方法

「究極のセールスマシン」を築きあげたければ、トップレベルの働き手とはどんな種類の人間なのかを熟知しておくことが大切だ。すぐれた人材を雇い入れる方法や辞めさせない方法を習得しなければいけない。本書でいままで学んだ事柄は、そういった人材を確保したあとで実行に移す運びになる。読み進めてもらえばわかるとおり、以降の章で、この大事な課題への対策をしだいに深く掘り下げていく。

本章では、私が二〇年にわたって蓄積した秘訣を伝授したい。輝かしい働きをする精鋭たちを見つけだして面接し、テストし、やる気を与え、努力に報い、維持管理していくコツをお教えしよう。どんな部署にも最高の人材だけをそろえるにはどうすればいいのか。また、もしあなたが雇われる側の身なら、精鋭として認められるためにはどう力を発揮し、ふるまっていけばいいのか。

不適切な人間を雇って失うコストは平均六万ドルにもなる。にもかかわらず、採用の可否はふつう、長くても一時間の面接で決定されてしまう。ひとりの採用ミスで数百万ドルが水の泡となりか

ねない企業もあり、私はそういった大企業のＣＥＯたちとも繰り返し協議を重ねてきた。本章では、採用を決定する前に人物の短所を見抜けるように、独創的かつ効果的な手段をいくつか紹介する。たいていの会社は、雇ったあと数カ月してようやく、その人物の問題点に気がつく。手遅れだ。ひどい場合は、難ありと判明してもなお、交代要員を見つける時間や労力がないため、「一応は仕事をこなせるのだから」と放置したりする。

その昔、私が雇われる側として各社で獅子奮迅《ししふんじん》の働きをしていたころ、「どこへ行っても私をしのぐ人材がいないのは、私のようなタイプは管理しにくいから雇わないせいにちがいない」と思っていた。理由はそれに尽きる、と。「私のようなタイプ」とはつまり、つねに前向きで、やるべき仕事を求めつづけ、さらなる任務を欲しがり、必要最小限の知識では飽きたらずもっと知りたがる人間だ。私はまさにそんな人間――まあ要は、会社の「持て余し者」だった。が、そんなタイプは、当人のみなぎる精力を正しい方向へ向けてやれば、給料に十二分に見合う活躍をする。だから「いずれ管理職の立場になったら、自分と同じような種類の人材を雇おう」と心に誓ったものだ。

やがて有名な投資家チャーリー・マンガーに起用され、私は晴れて、好みの人材を雇う自由を得た。選りすぐりの切れ者だけを選ぼうと努力したのだが、いざやってみると、そんな人種は信じがたいほど希少であることがわかった。かくして、続く二〇年間、抜群の働きを見せる逸材はいかなる条件のもとで生まれるのかを研究しつづけた。

現在ひとりきりでビジネスをやっている自営業者は、「どうせ誰も雇うつもりはないし、ましてや逸材を発掘する作業には縁がない」と思うかもしれない。ところが、じつは考えを改めたほうがいい。きわめて優秀な営業担当者がほかに一名でもいれば、どれだけの仕事をこなしてくれるか考えてほしい。もし誰かを雇って営業をそつなくやらせることができたら、あなた自身は何に集中でき、何をやり遂げられるだろうか。あなたのビジネスはどれだけ急速に成長するだろう？

私はいままで、営業スタッフを雇うゆとりはないと決めつけている起業家におおぜい会って、歩合給で営業スタッフを雇う方法を説いてきた。すると、ほぼ例外なく大きな飛躍のきっかけになり、たちまちビジネス全体がみごとに生まれ変わった。「当面、誰も雇う余裕がない」とか「非凡な人材は必要ない」と思っているなら、ぜひ考え直してほしい。本章では、柔軟な姿勢で利益を分け合えば、どんな会社も業界も急成長できることを説明していく。

実践トレーニング

従業員が自分以外ゼロか、わりあい少数であれば、新たに人を雇い入れるメリットを三つ書き出してみよう。その人物がめざましい働きをしてくれた場合に大きな見返りがある分野について考えてみてほしい。それぞれのメリットの横に、自分のビジネスや収支にどの程度の好影響がおよぶかを書き加える。すなわち、金銭上の価値を推しはかるのだ。しめくくりに、もしその人物が本当に活躍してくれたら報酬をいくら払えるか書いてみる。対価がじゅうぶん多ければ、対価を分け合う相手はきっと見つかる。

中規模や大規模の企業であれば、ただちにすぐれた人材を雇いたい職を三つ書き出してみよう。現職のさほど優秀ではない人材を交代させることになってもかまわない。それぞれの職の横に、そのポジションに逸材を起用できたらどの程度の好影響が及ぶかを書き加える。その逸材を雇った場合、金銭上の価値が最大どのくらいあるかを推算する。しめくくりに、もしその人物が本当に活躍してくれたら報酬をいくら払えるか書いてみる。以上でつくったリストは、本章のところどころで振り返ることにしよう。

［例］

ある会社は、形成外科医向けにインターネット上の参照用ホームページをまとめてリスト化するサービスを提供していた。たとえば、豊胸手術の参考になるページを見たい場合、www.br-eastimplants411.com にアクセスすると、手術前後の写真が大量に掲載されているので、来院者との話し合いに役立つ画像を選ぶことができる。このサービス業務を思いついたのは、ひとりの敏腕家だ。私が初めて顔合わせした時点では、彼が一切合切を独力でこなしていた。卓越した能力の持ち主だけに、ほかの人間を雇うのに乗り気ではなかった。理由はあれこれある。

①独り占めできるはずの利益を歩合給として手放すのはいや。
②過去に人を雇った経験がなく、業務体制づくりに自信がない。
③営業スタッフを雇っても、利益増よりコスト増のほうが多いはず。

そこで、試算してみせた。営業スタッフに二〇パーセントだけ歩合を渡すとしても、八〇パーセントは自分のものになる。毎月一定数の契約を取ってこられれば、スタッフ本人の年収も数十万ドルに達する。

これを踏まえ、理論上の上限の数字を入れた新聞広告を出した。驚くべき話だが、多くの企業は、営業担当者が稼ぐ金額の平均値を広告に使っている。「最高の人材ならここまで稼げる」という数字を出すべきだ。この点はあとで詳しく述べる。

数カ月のうちに、この起業家は五人の営業担当者を雇い、会社の収益は五倍近くに膨らんだ。なにより当人が「ビジネスの中で仕事をするのではなく、ビジネスの上に立って仕事をする」レベルに成長した。以来、彼はいろいろな会社を興して成功し、優秀な人材を雇うことに関して完全に考えを改めた。

すぐれた人材の条件とは

私が本章で話題にしている逸材とは、どんな人間なのか。それは、悪環境（利用ツールのまずさ、トレーニングの欠如、資金繰りの悪化など）のもとで起用してもなお、数カ月のうちに、既存の優秀な従業員を追い抜いたり、あなたが夢にも思わなかったやり方で会社を再建したりできる人物だ。そのような切れ者は、偶然雇えるものではない。埋めたいポジションにふさわしい人間の特性をあらかじめ把握しておくとともに、その特性を持つ候補者を見分けられるようなツールを持っていなければならない。

精鋭を見いだすには、人物の分析がカギになる。すでにさまざまな会社から、心理分析のためのテストが出まわっている。ただ最近は「心理分析」とは呼ばず、「行動評価」「パーソナリティ分析」といった用語を使う。用語統一の都合上、本書では、人物の行動特性を把握する手段を「パーソナリティ分析」と呼ぶことにする。

ほんの一例として、非常に先進的で定評があり人気もある「DISCパーソナリティ分析」という手法を紹介しよう。DISCは、ハーバードの心理学者、ウィリアム・ムートン・マーストン博士が一九二八年に提唱した内容をもとに、数々の会社が長年にわたり改良を重ねて完成させた。人間の行動傾向を「主導型（dominance）」「感化型（influence）」「安定型（steadiness）」「慎重型（compliance）」の四つのパターンに分類し、被験者のそれぞれの特性の強弱を、特性を表現する言葉と結びつけて評価する。

「主導型」は、自我の強さを測る指標だ。個人の権限、状況をコントロールしたい欲求、自己主張の強弱などを測定する。「きわめて主導型」と判定された被験者は、強い自我を持つ。「自我（＝エゴ）」という用語は否定的な意味合いで使われやすいものの、じつは、ある種の状況下ではありがたい。不動産王のドナルド・トランプは強烈な自我の持ち主だ。しかしだからこそ、父親から受け継いだ二五〇〇万ドルを、現在の莫大な資産にまで増やすことができたのではないか。

彼ほど目立たないにしろ、明らかに自我の強さが支えになっている人物は少なくない。たとえば、スティーブン・スピルバーグが引っ込み思案な性格だと思うだろうか。いいや当然、自分というものを強く持っているから、世界に君臨する映画監督兼プロデューサーになれたのだろう。

営業という仕事においては、強い自我がぜったいに欠かせない。強い自我のある人間は、できるだけ多くの契約を結びたいという衝動や野心を持つうえ、繰り返し断られたり酷い態度で拒否されたりするのを個人的にとてもいやがる。衝動や野心のせいで、決断力があり、行動に移るのが早い。コントロールを好み、怠惰に我慢できず、チャレンジ精神が旺盛。実業界で成功しているCEOは大半がこのタイプに属する。この行動特性の威力で任務をやり遂げられるのだ。逆に、主導型の特性に乏しい人間は、はるかに慎重で、他人の意見に耳を傾け、控えめな態度をとる。

一方、「感化型」という指標は、社会的状況での対応、コミュニケーションの質や量を測定する。「きわめて感化型」と判定された者は、ひとことで言えば人間好き。生まれつき感情移入しやすく、すぐに自分を相手の立場に置き換えて考え、相手の視点で理解する。チーム行動に向いており、精力的で素早い。また、口がうまく、おしゃべりでコミュニケーションを好む。逆に、感化型の特性に乏しい人間は、まじめかつ論理的で、事実にもとづいて深く洞察する。

「安定型」は、忍耐、粘り強さ、慎重さの指標だ。「きわめて安定型」と判定された者は、熟考のうえで行動し判断する。着実に粘っこく共同作業をする一方、裏方に徹するのを好む。話をよく聞き、他人から協力を得やすい。逆に、「安定型」の特性に乏しい人間は、たえず複数の仕事を同時進行する。行動が素早く、自分から行動を起こす。

最後の「慎重型」は、物事を組織だてる特性の指標。「きわめて慎重型」の者は、いつもまず計画を立てる。用心深く行動し判断して、自力でうまくやり遂げる。構造化や系統化を好み、きわめて正確に作業する。逆に、「慎重型」の特性に乏しい人間は、細かい点にこだわらず、思いきって行動をとる。即興で何かをやったりすることが多い。白黒つけがたい領域を感じとり、わりあい大雑把で自由な発想を持つ。

どれかひとつの特性が高いだけでは、優秀な人材にはなれない。それぞれの特性が異なるレベルで組み合わさっている必要がある。これらの特性がどう噛み合うのか、営業業務を例に考えてみよう。

トップクラスの営業担当者は、強い感化力を身につけている。さらに、相手の立場を考えつつ、他人との絆を大切にし、相手に応じて好ましいものを見つけようとする。営業担当者として素晴らしい資質だ。顧客に至れり尽くせり、サービスの方法を次々と工夫して、顧客を喜ばせようとしつづける。また、あらゆる人間の長所を見つけるので、顧客と親密な関係を築きやすい。

勘違いしないでほしいが、感化力だけでは不十分だ。あまりにも感化力を持ち感情移入に長けた人間は、相手に対する理解がありすぎて、契約を結べない。だが、雇用応募者の中に、強い感化力と独占意欲を併せ持つ人物がいれば、営業担当としては逸材を見つけたことになる。顧客との絆を結ぶのに懸命になれるうえ、強い自我のせいで販売実績を残さずにはいられない（本人は、相手のためを思って売っているつもりかもしれないが）。換言すれば、自我に突き動かれる人間は、相手が自分の製品を持つべきだと感情的に深く信じて、相手がいくら渋ろうと、売らなければ気がすまない。押しつけがましいといえなくもないが、感情移入の特性と混じり合うと、契約を取りつけるにはうってつけだ。

このように主導型の特性が強いと、受付嬢や秘書など、チーム行動主体の職種には向かないだろう。だが営業にはふさわしい。人並み外れて強い自我を持ち、あらゆる状況をコントロールせずには収まらない人間だけが、七回断られてもなお、ふたたび顧客のもとを訪れる。反対に、自尊心が弱く支配欲が控えめな者は、一回断られるともうあきらめるから、販売契約を結ぶのはまず無理だ。

私は長年おおぜいの営業担当者を見てきたが、およそ半数は、いちど断られただけでギブアップする。電話をかけて、「いいえ結構です」と門前払いされると、二度とその相手には電話しない。四回はねつけられてもまだ努力を続けるのはごく少数、おそらく四、五パーセントにすぎない。しかし、私が割りだしたデータによれば、会う約束をとりつけるまでには平均八・四回ほど断られる。一回で断念する人間と四〇回でもめげない人間の差は、純粋に自我の強さによって決まる。ただ、八回そでにされても音をあげないほどの神経の持ち主を見つけるのは至難の業だ。よって私は現在では、業務手順というかたちで、営業スタッフに継続的な努力を義務づけている。「一二回、挑むこと」と明示し、「客は最低八回はノーと言うものだ」と事前に教育する。おかげでスタッフたちは、拒絶されて当然との心構えができていて、いちいち傷ついたりしない。仕事に就いた一日目に、「断られても断られても、見込み客には一二回アタックせよ」と叩き込まれている。

つまりそう、しぶとくあきらめない姿勢はトレーニング次第でつくりあげることができる。詳しくは第九章で扱う。とはいえ、トレーニングしなくても最初からそういう特性を持つ人材を雇えれば、おおいに助かる。生来の力を借りて、しぶとく契約までこぎつけようとするはずだ。加えて、個人的な野心が強いから、何をやるにもつねに改善を怠らない。任務を与えられるたび、それをもっと発展させ改革し改善しようと試みる。そんな従業員を雇いたいものだとあなたも思うだろう。が、せっかくそんな人間が職を求めてやってきても、パーソナリティ分析を理解していない企業幹部だと、面接後あっさり追い返してしまいかねない。強い自我と影響力を持つ就職希望者に対して、面接段階では「熱意が過剰」、ときには「押しが強すぎる」と判定しやすい。けれども、少々強気な態度だからといって敬遠してはいけない。すぐれた人材には欠かせない行動特性なのだ。面接中は候補者本人がまさに「製品」だから、自信たっぷりにプレゼンテーションし、このポジションにふさわしいとあなたを説得するようでなければいけない。積極果敢な態度にたじろぐ経営者もいるが、そういう行動特性こそが営業スタッフに必要な資質だ。

パーソナリティ分析を利用すれば、応募者の中からきらめく逸材を発掘できる。DISCをはじめとする行動評価テストは、人物の考査にたしかに役立つ。ただし、このあと数ページを費やして、こういったテストにはない私独自の分析方法も教示したい。たった五分かけるだけで、目の前の候補者が支配力や影響力の強い人間かどうか判定できる。なにしろ私は、従業員を、とくに営業担当者をできるかぎり的確に雇い入れるにはどうしたらいいかと日々追究しつづけている。五、六種類の行動評価テストを実施し、ほかにもいろいろな方式を研究した末に、これぞという著しい精度を誇るやり方を編みだした。自信を持ってお勧めできるので、私のウェブサイト上でも利用できるようにしてある。www.chetholmes.com にアクセスすると、左側の欄に Test Staff & New Hires with Amazing Results と書かれた青いリンク文字列が見つかるはずだ。

実践トレーニング

前のトレーニングで書き出した、すぐれた人材を雇うメリットや、優秀な者が入れば状況が一新する具体的な職種をあらためて眺めてほしい。それぞれの職に関して、成功を呼び込む行動特性は何か、列挙してみよう。うまく思いつかない場合は、知り合いや有名人でその仕事を手際よくこなしている例を考え、そういった人物が持つ特性を書いていけばいい。

ではこのあと、求人広告の出し方から、面接の進め方、金の卵の見分け方にいたるまで、詳しい指針を挙げることにする。

大型新人を雇うための指針

【トップクラスの要員を引きつける広告デザイン】

わが社の求人広告は、こんな出だしで始まる。

> **▼スーパースター限定　五～三〇万ドル**
>
> 並外れた能力を持ち、証明できる方のみご応募を。進歩的な優良企業の中で、一大帝国を築きませんか。当方、XYZ業界ですが、経歴に頼った雇用はいたしません。雇うのはトップレベルの働き手のみ。平均給与は五万ドル。超一流の手腕があれば三〇万ドル以上稼げます。能力さえあるなら年齢不問。応募先は……

履歴書を求めていない点に注目してもらいたい。実務経験の最低年数にも触れていない。パソコンの操作能力も学歴も資格証明書も不要。ただし、とびきりの優秀者だけが応募してくれ、と挑発している。このような広告に惹かれるのは――そう、強い自意識を持つ人間だ。

私が一四歳で新聞配達を始めた当時、購読者は二六人で、ひとつの地域に固まっていた。だが、次の仕事に就くため引き継ぎをする時点では、四つの地域に一二六人と急増。多すぎて、後任には三人必要なほどだった。私は一四歳にして早くも並外れた業績を残せたわけだ。したがって、「能力さえあるなら年齢不問」のくだりは、自信はあるがまだ実績がない若者に対し、能力はこちらで見抜くので心配いらないと伝えている。

私がコンサルタントを務める際も、一流の従業員を雇う資金がない企業には、「資質にすぐれているもののまだ芽が出ていない若者を探せ」と指導している。また、私の会社では、いまだ輝きの衰えていない七〇歳以上のベテランを雇うこともある。ほかの会社は年齢ゆえに敬遠しているが、大切なのは何より資質だ。

【年齢や経歴は無関係】

本当に頼りになるのはパーソナリティ分析のみ。事実、二四歳の未経験者が、その道二〇年の古株を営業実績で上まわる例も少なくない。私自身、あるステレオ機器店で驚くべき新人を発掘したことがある。もしパーソナリティ分析を知らなければ気に留めなかったような目立たない人物だが、まさに超一流の販売員だった。私は瞬時に彼の才能を見抜き、すぐさまその店から引き抜いて、しかるべき道筋に導いてやった。のちに、彼の資産は一〇〇万ドルを超えた。要するに、どこを歩いていても、そういった大器が潜んでいないか目を光らせているべきだ。探す気があれば、意外な場所で発見できる。当人はそんな異能を持っているなどと自覚していないかもしれない。

以前、洋服店でも素晴らしい人材を見つけた。私にセーターを売ろうとした女性販売員だ。ただちにその場でスカウトし、やがて、私の経営する会社の三部門を任せるまでになった。つい最近も、経営幹部を電話で口説き落とすことにかけては天下一、という七三歳の男性を見つけだした。もとは劇場映画の予算管理マネジャーだ。というわけで、年齢や経歴は無視するにかぎる。本当に考慮すべきなのは、逸材としての資質を持つか否か。見定めにはパーソナリティ分析が役立つ。

【予備選考：人事マニュアルには書いていない秘訣】

面接すらしないうちに営業担当候補者の欠点を突きとめる方法もある。相手かまわず、まず肘鉄を食らわすのだ。何か難癖をつけて、「あなたにはこの仕事はできそうにありませんね」と突っぱねる。むろん、本気で断るのではない。これによって、逆風にさらされたとき切り抜ける行動特性を持っているか否かを調べる。採用時に与えるべき重大な試練だ。断られてすぐ退散するような候補者なら、雇う前からメッキが剥がれたも同然だろう。本当に優秀な人材であれば、反論を始める。「あなたはまちがっている」とさえ言うかもしれない。長所を判断するにはたいへん効果的な評価テストだ。

営業担当者を面接する際、応募者一人ひとりに電話かメールでこんな通達をする。「求人広告にご応募ありがとうございました。当社では、応募者全員を対象に予備選考を実施しております。指定の時間帯（たとえば火曜日午後五時から六時）に電話でお話しし、結果に応じて、面接に来ていただくかどうか決めさせていただきます。時間帯のうち最初、中間、最後のどのあたりをご希望でしょうか。一〇分刻みでご指定くだされば、そのあいだにお電話いたします」。この予備選考の電話にかかる時間は、二分の場合もあれば、もう少し長い場合も、わずか数秒の場合もある。

電話による予備選考の会話は、こんなふうだ。

会社側：さて、読んでいただいた求人広告には「並外れた能力を持ち、証明できる方のみご応募を」と書いてあったはずです。さっそくですが、なぜ自分が面接にふさわしい人間だと思うのか聞かせてください。

応募者：はあ……ええと……仕事内容についてもう少し教えてもらえますか？

会社側：その話は長くなりますので、面接が決定しましたらゆっくりお話しいたします。いかがでしょう、なぜあなたは面接にふさわしい人間なのですか？〈会話の最初の六〇秒で、相手の自我を試している〉

応募者：ええと……まあ……そうですねえ、営業の仕事を二年前からやっています。営業まわりが大好きで、人とふれあうのが楽しいんです。役に立つ製品やサービスなら、きっと売り込めると思います。

会社側：さっぱりわかりませんね。

応募者：というと？
会社側：あなたが優秀そうには聞こえません。有能な人間と話している気がしないのです。
応募者：そうでしょうか？
会社側：ええ。〈わざと冷たい態度をとっている。こういうやり方は気が進まないと感じる人事管理者も多いが、相手の本性を見きわめるにはきわめて有効だ〉
応募者：あ、はい……そうですか。ええと、ううん……わかってもらえるはずなんですが。
会社側：ええ。よくわかっています。
応募者：はあ……そうですか。じゃあ、どうも。

たいがいの会社では（とくに、訓練を積んだ人事管理者の場合）、感じのいい和やかな雰囲気の中で、応募者全員を面接する。そういう環境なら、誰もが自分を上手に演出できるものだ。しかし同じ人物でも、いま例に挙げたような冷ややかな状況に置かれると、すぐさま降参してしまう。ここに紹介した手法を最初の二分間に使うことで、困難にぶつかったとき立ち向かう者と砕け散る者とをすみやかに識別できる。

本来なら、会話はこう進むべきだ。

会社側：さて、読んでいただいた求人広告には「並外れた能力を持ち、証明できる方のみご応募を」と書いてあったはずです。さっそくですが、なぜ自分が面接にふさわしい人間だと思うか聞かせてください。
応募者：はあ……ええと……仕事内容についてもう少し教えてもらえますか？
会社側：その話は長くなりますので、面接が決定しましたらゆっくりお話しいたします。いかがでしょう、なぜあなたは面接にふさわしい人間なのですか？
応募者：そうですねえ……前の仕事では、それまで売った経験のない種類の商品を扱いましたが、三カ月もしないうちに、新人としては類を見ない顧客数を獲得するようになり、半年後には、経歴五年のベテランを追い抜きました。〈さっそく売り込みを始めたのがわかるだろう〉
会社側：あなたが優秀そうには聞こえません。有能な人間と話している気がしないのです。
応募者：じゃあ、あなたの耳が変なのかもしれません。

私に向かって実際そう言い放った応募者がいる。おかしな話と思うだろうが、私は喜んで採用を決めた。トップレベルの生産性を誇る人間の自我は、「その仕事は無理」などと言われて平気でいられるはずがない。採用者がまるで見込み客であるかのように、説得を試みる。機転を利かせて、逆に質問を始めるかもしれない。「どんな人材を探しているんですか？　この仕事はどんな種類なんでしょう？」。あるいは「では、私が不適任だという理由は？」とたずねる。はたまた、自分の長所を売り込みだす可能性もある。とにかく、努力を続ける。そこが肝心だ。自我を前面に出す。

とりわけ、あなたの扱っている製品やサービスが、一回売ったらそれっきり、以後の関係は不要という種類なら、強い自我を持ってさえいれば理想的な営業担当者になるはずだ。他者とのつながりは上手に築けないとしても、売り込みに成功する確率がきわめて高い。チーム行動には不向きだが、そこまで望むのは欲ばりすぎだろう。営業実績は確実に残してくれる。チームの一員としての能力と、たくさん売り上げる能力――あなたがどちらを優先するかによりけりだ。また、顧客と絆を結んで継続的に購入してもらうような業種なら、このような応募者はあまりふさわしくない。

大型新人を選抜する三つのステップ

さて、応募者を絞り込んだところで、面接の番だ。優秀な人材を的確に選び抜くためには、面接を三つの段階に分けるといい。すなわち「緊張をほぐす」「尋問する」「揺さぶる」。

【緊張をほぐす】

面接までこぎ着けた応募者に対しては、最初、長所をぞんぶんにアピールする機会を与え、リラックスさせてやろう。柔らかな物腰で、耳を傾ける。予備選考での手荒な扱いとあまりに差があるせいで、応募者は拍子抜けするだろう。完全武装でやってきたのに、面接官がのっけから仏のように優しい。もうひとつ、こんなふうに言う手もある。「この面接で質問してほしい事柄を五つ書いてください。つまり、あなたが長所をアピールできるような質問です」

【尋問する】

この段階の目的は、応募者個人を深く知ることだ。始める前に、「答えたくない質問には答えなくて結構」と断っておく。採用の基準はパーソナリティ分析であって経歴ではない、と説明したあと、「そのほうが的を射ていると思いませんか?」と同意を求める。「そうですね」と返事がかえってきたところで、「あなたという人間の成り立ちを知りたいので、幼少時代に関する質問から始めます」と告げる。

併せてこの段階では、応募者の感情移入の特性もテストする。一連の質問のあいだ身を固くするようなら、その人物は、他人と気持ちを共有する能力を生まれつき備えているとはいえない。両親やその生い立ちについてもたずねると前置きしよう。落ち着かないようすを見せたら、その応募者は有望な新人ではない。器の大きな者は、他人との結びつきを深めるのを好む。もっとも、ここまではまだほんの序の口。

ちょうど、逮捕したとき容疑者に権利を読みあげるようなものだ。黙秘権を認め、子ども時代について質問することに許可を得て、なぜそれが仕事と関係があるのかを説明する。経歴よりパーソナリティ分析が重要である点を理解させ、同意を得なければいけない。さもないと、あとで面倒ごとに巻き込まれる。アメリカでは法律上、仕事に無関係な質問(「結婚していますか」「子どもはいますか」など)は差別につながりかねないため御法度だからだ。質問事項が、人種、性別、身体障害の有無による差別に(無意識であっても)つながっていないか、じゅうぶん検討しておくことが面接官の義務とされる。たとえば、「お子さんはお持ちですか」「将来、子どもをもうける予定はありますか」と質問した場合、応募者が「返事によって採用の可否が左右されるにちがいない」と考え、差別とみなす恐れもある。しかし、パーソナリティ分析が目的であるとあらかじめ断り、「あなたという人間の成り立ち」を探ることに許可を得ていれば、子ども時代について質問してもまず問題ないだろう。

ここで私がお勧めしている質問は、差別とはまったく無縁だ。おおぜいの応募者の中から逸材を見いだすことを意図している。が、あなたが質問する以上はあなたの責任になるから、顧問弁護士なり人事部なり政府の担当機関なりに事前に確認してもらいたい。法律上のアドバイスは本書の範《はん》疇《ちゅう》ではない。

自信というものは人生のごく初期にできあがるケースが多いので、応募者の幼少時代を探ることには深い意義がある。生い立ちが自尊心の形成につながっているかどうか確かめたほうがいいだろう。子どもを深く信頼している前向きな親がいると、その子は早い段階で自信を持ちやすい。私の母親は、ひたすらわが子を励ますタイプだった。もし私が「大きくなったら、銀行強盗になりたい」と言ったら、「だいじょうぶ。あなたなら立派な銀行強盗になれるわ」と肩を叩いてくれたにちがいない。反対に、高圧的な態度ですぐに子どもを諌《いさ》める親だと、その子は将来、困難な状況にぶつかった際に首尾よく立ちまわれない。

「すぐに子どもを諌める」とは、子どもが新しい事柄に挑戦したがったとき（木に登る、飛び込み台からプールに飛び込むなど、冒険しようとしたとき）、すかさず押しとどめることだ。積極的にやらせて、万が一の失敗に備えてそばに付き添う、という姿勢を持たない。私の両親は、適当な口実で無茶な真似をする息子を見ても、まるきり叱ろうとしなかった。私自身もその教育方針を受け継いでいるから、うちの子どもたちは、欲しいものがあると臆せず大胆な方法を使う。これに対し、子どもをひたすら勇気づけるような両親ではなかった場合、その応募者はおそらく、営業の立場で「断られたら、とてもではないが我慢できない」と思うほど自我が強くない。当然ながら、そういった両親を持たずに自我を養う例も一部にあるだろうが、私の経験では、あくまで例外的だ。応募者の生い立ちを判断するには、こんな質問をすればいい。

●子ども時代の出来事や要素のうち、あなたの人間形成に影響を与えたものはなんですか?
●いままでの人生で大きな試練はなんでしたか? 仕事関連でなくてもかまいません。
●いちばん苦労しつつ売り込みに成功したエピソードを教えてください(微に入り細をうがって、順序よく再現させること)。

次に、過去に成し遂げた事例をたずね、その応募者がどれだけ頑張り屋であるかを調べる。次のような問いをぶつけるといい。

●いままでの人生で、悪条件が積み重なるなか、それを克服して成功した経験を話してください。
●誇りに思う事柄を三つないし四つ挙げてください。
●いままでを振り返って、なんらかの領域で練習を積み重ね、水準を超える高いレベルに達した経験がありますか?

ここで話題にする分野には、音楽、スポーツ、作文、芸術なども含めていい。生産性の高い人間はたいがい、営業とは別の分野でも期待以上の成績を残している。とくにスポーツは注目できる。

かつて私のもとで働いていた営業担当者に、占星術にかけては右に出る者がいないというユニークな男がいた。どんな分野にしろ、能力を磨くには鍛錬が必要になる。この男はソフトウェアプログラムを活用して図をつくり、怖いほど正確に相手のことを言い当ててみせた。心のふれあいを築くにはもってこいの才能だ。緊密な関係を結べて、営業実績も秀でていた。

他人と心を通わせ、感情移入する能力をテストするためには、以下の質問がふさわしい。

●親友からどんなふうに評されますか?
●家族や知人すべての中で、あなたを最も信頼しているのは誰ですか? その理由は?
●最高の思い出をいくつか教えてください。

感情移入の能力が低いと、こういった問いにひとことずつしか答えられない。気持ちの共有が得意でないのは明らかだろう。他人と絆を結ぶことが好きな者は、これでもかとばかりにしゃべりつづける。性格上、ほかの人の賛同をもらいたくてたまらない。過去の体験談をいろいろ披露して、相手の共感を得ようとする。

強い自我を持っていれば、自分の優秀さを長々と語りつづけることができる。通常のマナーには反するだろうが、トップレベルの営業担当者としては好ましいので、じゅうぶん話すチャンスを与えるといい。さらに、以下の項目を一〇段階で自己評価させてみよう。

- ●野心
- ●自信
- ●拒絶にめげない忍耐力
- ●協調関係の構築力
- ●技能の習得力
- ●取引を成立させる能力
- ●時間管理の能力
- ●プレゼンテーションの技能
- ●戦略的な思考力
- ●市場の知識
- ●受付嬢や秘書をうまくかわす能力
- ●自己向上力
- ●見込み客の心に欲望を生じさせる能力

トップレベルの営業担当者ならば、すべての項目においてかなり高い点数をつけるだろう。もっとも、たんなる空いばりの恐れもあるから要注意。そんな輩は、うわべは自信満々でも心の奥は不安に揺れていて、逆境にさらされるとあえなく降参してしまう。そこで対策として、なぜ高得点をつけたのか具体例をいくつか挙げさせれば、より深く性格を把握でき、真の姿を見きわめられる。

以前、非常に強気な営業担当者を雇った経験がある。「よほど天才か、大ボラ吹きだな」と私は思った。仕事の初日、大言壮語が吉と出て、彼は三件の契約を取りつけ、有頂天になった。しかし二日目、電話口でイエスの返事を一回ももらえず。三日目、大量の手紙を書きはじめた。化けの皮、はがれたり。私がどう諭してもなだめても、以後、彼は営業電話をかけようとしなかった。私は原則として、営業スタッフに常時プレッシャーをかけつづける。すると、反応は二つのどちらかだ。重圧に負けるか、奮起するか。

私が過去コンサルティングした中に、人材採用はいつも集団面接で決めるという会社があった。新しい営業スタッフを採用するにあたり、「チームメンバー」全員が賛成しなければいけなかった。さて、結果はというと――やたらに愛想がいいものの、売り込みはできない連中ばかり集まってしまった。しかしそこへ、とびきり優秀な人材がひとり入って、状況は一変した。わずか数カ月のあいだに、ベテランも含め全員の営業成績を追い抜いたからだ。じつはそのスーパースターは、私がCEOに「カンフル剤を打たなければいけません」と直談判して、むりやりねじ込んだ新人だった。彼がたいへんな勢いで売り込みに成功しはじめたのを見て、気弱なスタッフは何人か辞めていった。

営業部門は弱肉強食の世界であってしかるべし。弱者はほかの仕事をすればいい。競争である以上、無敵のつわものが必要だ。営業に向かない従業員は顧客サービス部門にまわすといい。

さて次に知るべきことは、超一流の人間と比較した場合、応募者がどう自己評価をくだすかだ。「いままで知る最高の営業担当者は誰ですか」とたずねる。もし自分の名前を挙げたら、ふつうの感覚だと傲慢なやつと思うかもしれないが、採用を決定していい。一方、もしほかの人物の名前を挙げたら、「ではその人物とあなたの差は?」とたたみかける。応募者はやはり自己評価を強いられるので、あなたの判断材料になるだろう。

本当に超一流ならば、つねに上をめざすはず。そこでもうひとつ探っておきたいのが、自己の向上にどれくらい熱心であるか、だ。「ごく最近、自己啓発のテーマで読んだ本、あるいは視聴したオーディオブックやDVDを挙げてください」と質問しよう。私が営業担当だったころは、目につくものをかたっぱしから研究したものだ。名の知れたセールストレーナーについてはすべて、オーディオブックを買って車の中で聞いたり、著作に目を通したりした。たえず、自己啓発のカリスマを探し求めていた。そうして出合ったいくつかの本やテープは私の人生を変えた。なかでもナポレオン・ヒルの『思考は現実化する』。隅々まで六回読んだ。

以上、子ども時代からの私生活や経験を探る方法は、多様な角度から応募者の姿を浮き彫りにする。思考や感情を的確につかむ手がかりになるだろう。

嘘いつわりない本性が鮮明になってきたこのあたりで、こんどは職業経験をたずねる。次のような質問を使う。

●最近の三つの職に関して、辞めた理由を教えてください。
●不満がありましたか？　その理由は？
●上司に不満を感じたり、上司と意見が合わなかったりした経験を教えてください。どんな経緯でしたか。
●過去の上司の欠点を二つ挙げてください。
●過去、あなたが上司に批判された事柄を二つ挙げてください。

ここで見きわめたいポイントは、応募者のものの考え方と、判断力の善し悪しだ。最近私が面接した例でいえば、こんな返答をした男がいた。「いちど、会社をダメにしている上司がいたので、その上司をクビにしてもらいました」。面接後、営業マネジャーが私にこう言った。「同じことをされてはたまりません。雇いたくないですねえ」。あなたならどうだろうか。

事のなりゆきを細かく聞きただした結果、たしかにこの応募者の行動は正しいと認めざるをえなかった。まったくお粗末な上司であり、解雇されてしかるべきだった。世の中、ろくでもない上司は掃いて捨てるほどいる。ただ、この応募者は愚痴をこぼすだけで我慢せず、会社の利益のために立ち上がった。とはいうものの、トラブルメーカーになりかねない要注意人物ともいえるので、採用側としては難しいところだろう。

いずれにせよ、応募者の言葉に否定的な反応を見せると、むこうは口を閉ざしてしまったり、優等生的な返事に変えたりするようになるので、くれぐれも留意してもらいたい。逆に肯定的な反応を示せば、さらに話を広げる可能性が高い。面接のこの段階では、寛容な心を持つべきだ。

人を雇う場合は失敗がつきもの。だが、ここまで説明したように入念に問いただせば、失敗例を減らすことができるだろう。私はいつも、幼少時代にまつわる質問から始め、実務経験をひととおりたずねて終わる。そのほうが正直な返答を得やすい。子どものころの思い出を打ち明けたあとだと、何に関してもわりあい率直に話してくれる。

【揺さぶる】

いよいよ面接の最終段階に入ろう。数々の質問を終え、どうやらこの応募者は優秀だと思えてきても、揺さぶりをかけてみると意外にもろいことが多い。ためしにこんなふうに言ってみるといい。「あなたはなかなか有望ですが、なにしろ募集人員はたったの一名ですし、こちらとしては本当に優秀な人物を採用したいのです。あなたならいろいろ健闘してくれるでしょうけれど、とても競争の厳しい業界だけに、あなたの能力と資質ではこの任務に堪えられるかどうか……。正直なところ、あなたが本物の逸材とまでは思えないのです」

気配りしつつも、穏やかな口調は使わない。実際にやってみると驚くが、きわめて多くの人間がここでがっくりと肩を落とす。こちらが内心は完璧な人材だと思っていても、資質が足りないと思うと告げたとたん、急に「そうですね。本日はどうもありがとうございました」となる。もしそうであれば、素直に見送るほかない。

本当に大器なら、引き下がったりしないはずだ。自分の力を信じ、できない仕事など存在しないと考える。あなたが「資質がない」と宣告するのは、反発の気持ちを引き起こして「くそっ、この節穴め」などと苛立たせるためだ。ときには、さらにけしかける必要があるかもしれない。「私がいま言ったことを、どう思いますか?」と。

あえて厳しい調子ではねつけよう。「あなたが逸材かどうかまだ納得できませんねえ」といった物腰では足りない。その程度だと、たいがいの応募者が平気で売り込みを続ける。きつい一撃を与えてこそ、真価を問うことができるのだ。

逸材への報酬

トップレベルの人材を雇ううえでの最終段階は、雇用条件を決めること。基本給ゼロまたはほぼゼロ、能力給のみ、という形態をとるべきだ。工夫の余地はいくらでもある。一例を挙げよう。私の知るある会社は、当初、時給九ドルに加えて歩合給を営業担当者に支払っていた。求人広告の記載も「時給九ドル＋歩合給」。さて社内の実態はと見ると、時給は低いものの歩合の率がよいため、営業成績トップの者は年間九万二〇〇〇ドルも稼いでいた。しかしそれほどの給料を出せるのなら、初めから求人広告にそう書けば、さらに超一流の人材を雇えたはずだ。トップクラスの従業員を雇いたいなら、最大でどれだけの報酬を払う用意があるかを明示しなければいけない。この会社からコンサルティングの依頼を受けた私は、まずこう問いかけた。「トップレベルの働きをする人間を雇いたいのか、時給九ドルの人間を雇いたいのか、どっちなんです？」。そして新しい広告には「能力があれば一〇万ドル稼ぐことも可能」と記した。すると予想どおり、応募者の質が劇的に変わった。

トップの働き手には、それなりに大枚を投じてしかるべきだ。かなり昔の話だが、私が上司の執務室に行って、退社の意思を告げたとき、その上司（社のＣＥＯ）は机の上に飛び乗り、私を指さして叫んだ。「おまえが辞めることは許さん。神の命令だ」。思わず私は大笑いした。机から下りた上司が、すぐさま経理係を呼びつけ、残留の見返りとして五〇〇〇ドルの小切手を書いた。私は晴れがましい気分になって、辞意を撤回した。

私がコンサルタントを引き受けた会社には、必ず、給与体系が一目でわかる表をつくらせている。順調な営業成績を収めればいくら稼げるかを、できれば複数年の見通しも含めて、具体的な例で示す。たとえば、賃貸マンションを販売するある業者の場合、給与プランを表にまとめたところ、四年で三四万ドル稼ぐことが可能とわかった。そこでこの表を使いつつ、大学の新卒者を募集した。基本給はわずか月二〇〇〇ドルだったので、新入社員には、仕事が軌道に乗るまでのあいだ奨励金を支給した。

さて、あなたの娘が、この業者の求人広告を持って帰宅したと想像してほしい。四年で三四万ドル稼げるしくみが書いてある（一六五ページのサンプル参照）。どうだろう？　娘がこの仕事に応募するのを、喜んで後押しする気になったのではないか。広告どおりにいけば、娘の生活費を補助する必要はもうなくなるだろう。

別の保険会社の例。保険の勧誘員は、収入が安定するまでしばらく時間がかかるものの、顧客をたくさん獲得できれば、相当な見返りを得られる。しかもこの会社は、継続歩合システム、つまり、過去に取った契約に関しても継続的に歩合を支払うという制度を採用していた。ただ、勧誘員にはやはり、新規契約を軸に働いてもらわないと困る。コンサルタントの私は、継続歩合が段階的に下がっていくかたちに改めた。つまりたとえば、一年目は、どの契約についても歩合率は三〇パーセント。二年目は、新たに取った契約に関しては同じく三〇パーセントだが、前年から引きつづいての契約は二〇パーセント。三年目以降は、新規契約分は三〇パーセントのままだが、既存の契約分は一〇パーセント。こうすると、大きな儲けにつながるのは新規契約ということになり、営業担当者はつねに新たな顧客の開拓をめざして精を出す。

個人事業者でも最高の人材を雇える

私がおこなったセミナーの参加者の中に、人を雇った経験のないグラフィックデザイナーがいた。営業業務をみずからこなしているせいで、収入にずいぶん波があった。仕事がないときは、売り込みの努力をする。ただ、依頼が来ると、本業に腰を据えなければならず、次の仕事を探すほうには手がまわらない。作品が完成してからようやく新たな注文を探す。私のカウンセリングは、こんな調子だった。

私：あなたにとって理想的な依頼とは？
彼：将来有望で資本金豊かなベンチャー企業や急成長企業から、社のイメージを確立するグラフィックデザインを発注されることです。
私：そういう仕事は、一件いくらくらいの収入につながりますか。
彼：まともな仕事なら、二万五〇〇〇ドル。
私：じゃあ、そういった仕事を獲得できるなら、営業担当者に一日あたりいくらくらい報酬を払えるでしょう？
彼：二〇パーセント払ってもかまいません。
私：とすると五〇〇〇ドルですね。
彼：はい。
私：一カ月に何件こなせますか。

給与体系の一例

	問合せ	面談	交渉	成約	契約額平均	契約額合計	当人の収入額
1 年目							
営業成績	124	93	55	23	$34,044	$783,012	$156,602 (20%)
							＊注：初年度は月 2000 ドルずつ天引き。
2 年目							
営業成績	124	93	55	23	$34,044	$783,012	$195,753 (25%)
3 年目							
営業成績	124	93	55	23	$34,044	$783,012	$234,903 (30%)
継続歩合（前年度分）						$100,000	$10,000 (10%)
計							$244,903
4 年目							
営業成績	124	93	55	23	$34,044	$783,012	$313,205 (40%)
継続歩合（前年度分）						$200,000	$20,000 (10%)
継続歩合（前々年度分）						$100,000	$10,000 (10%)
計							$343,205
5 年目							
営業成績	124	93	55	23	$34,044	$783,012	$313,205 (40%)
継続歩合（前年度分）						$300,000	$30,000 (10%)
継続歩合（前々年度分）						$200,000	$20,000 (10%)
計							$363,205

＊ただし、歩合給の合計の 10%は投資に回すことが義務づけられており、
会社の投資勘定を通じて不動産物件に投資するかたちになる。

彼：四件ぐらいかな。
私：じゃあ、五〇〇〇ドルの四倍、月に二万ドル出せる。その条件を新聞広告に出して、どんな応募者が来るか見てごらんなさい。

こうして条件を詰めていけば、代わりに仕事を取ってきてくれるフルタイムの営業担当者を雇うことができて、いつも依頼を絶やさずにいられるわけだ。のちほど、業種にかかわらず、新しい大口顧客をコンスタントに獲得しつづける方法を説明したい。しかしそれはあとのお楽しみとしよう。

たとえばあなたが指圧療法師で、現在、週に一〇〇人を診療しているとする。これよりも増えたぶんについては二〇パーセントの歩合を払うという条件をつけて、営業担当をひとり雇ってみたらどうだろうか。地元周辺（スポーツジム、地域団体、会社など）をくまなくまわらせ、親密な関係を築くことができる。いかなる業種であれ、本書のアドバイスにきちんと従えば、さまざまな手段を使って、独力で営業するより仕事を増やせるはずだ。この章では、ハイレベルな戦略面だけを解説してきたが、以降の章では、対応しきれないほどの顧客を集める方法をさらに細かく説明したい。

相応の報酬を払う気があれば、たとえ歩合給のみの契約でも理想的な人材が見つかることに、きっと驚くにちがいない。富を分かち合いさえすれば、業務拡大に必ず役立ってくれる。

優秀な人材の管理術

すぐれた人材を雇ったあとは、策をめぐらせて、その人物を組織内に確保しつづけなければいけない。トップレベルの生産性を誇る人間は、特性からいって、並大抵の会社には安住できない。独創的で、知的で、自信に満ちているからだ。たいがい不満を覚え、結局、自分で会社を興す道を選んでしまう。

きわだって優秀な者を確保しつづけるコツは、その人物の意見をけっして否定しないことだ。代わりに、過剰なエネルギーをほかへ向けてやったり、目標到達までにいくつか乗り越えるべき障害を与えてやったりすればいい。たとえば、こうなる。

有能な営業マン：あの、ちょっといいですか。部署間の意思疎通をもっとスムーズにすれば、売上げが伸びると思うんです。なんなら、計画を僕がまとめましょうか？

あなた：名案だ。そうだな、今後三カ月、月あたり三件ずつ多く契約を取ってきてくれたら、その計画を君に任すとしよう。

こちらがやや無理難題を押しつけると、ふつうの人間ならいやな顔をする。が、強烈な自我を持つ逸材は、かえって乗ってくる。あなたがつくった何かを非難してきた場合も、こんなふうに対処するといい。

有能な営業マン：この宣伝資料はひどい代物ですね。つくり直したほうがいいですよ。
あなた：そいつは私がデザインしたんだが、まあ結構！ ここはひとつ、君がやってみてくれないか。

腹を立てたり弁解したりする必要はない。彼らのエネルギーを有益な方向へ導き、課題を与え、できあがったものを眺めよう。優秀な管理職者は、自我の強さを利用するすべを知っているものだ。

有能な営業マン：僕なら、ぜったいにもっと売上げを伸ばしてみせますよ。
あなた：実証してくれたら信じよう。口先だけなら簡単だ。

この手合いは、こちらが挑発すればするほど意欲を燃やす。ただし、与えた課題をクリアしたり、ノルマ以上の実績を残したりしたら、賞賛を惜しまないことだ。

人事採用全般についての注意

本章はおもに営業担当者の採用に話の的を絞った。大多数の会社では、営業が業績を牽引し、成功の主要素になるからだ。だが、記述のほとんどはほかの部署にも応用できる。どんな職を募集するにしろ、その任務に要する技能を残らず細分化して、それぞれを応募者に自己評価させればいい。緊張をほぐす、尋問する、揺さぶるの三段階方式は同じく有効だが、営業以外の職種は「揺さぶる」を少し穏やかなかたちにする。たとえばこんな具合だ。「あなたのことは非常に気に入りました。募集人員が複数ならよかったのですが……。あいにく、ひとつしか空きがないので、あなたが最適任者かどうか迷っています」

すべての応募者に改めて多少の試練を与えよう。職種が受付係であっても、一時間に一〇〇件電話がかかってくるかもしれないし、経理幹部であれば、苦しい財政に立ち向かわなければいけないかもしれない。苦しい場面をいかにして切り抜けられるかをテストするわけだ。若干の揺さぶりをかけると、目の前の応募者がどういった種類の人間かよくわかる。

この章で述べたほかの内容も、報酬の与え方その他、営業以外の職種にもあてはめられる。たとえば私が、額縁を扱う大手業者のコンサルティングをした際は、作業員が一日にいくつ失敗なく額縁をつくれるかに応じて給与体系をまとめるようアドバイスした。最も優秀な者の作業量を基準に定め、それと同じくらいの働きをすれば誰もが現在より稼げるように工夫したわけだ。そんなふうに、あらゆる職種について、生産性に応じた報酬システムをつくることができる。あなたもやってみてもらいたい。

実践トレーニング

最初につくった、優秀な人材が必要な理由や仕事のリストをもういちど眺めてみよう。会社や部署を成長させ改善させていくうえで、ほかの人間の手を借りたい、優秀な人材ならあなたを上まわる働きができる、と判断した項目が並んでいるはずだ。それぞれがどんな意義を持ち、収支にどれだけ好影響を与えるか、自分のコメントを読み直してほしい。その点を踏まえて、優秀な者にどんな働きをしてほしいか考え、仕事の内容をうまく文章にまとめる。続いて、報酬をいくら与えるか検討する。前述のとおり、営業業務なら、その人物がもたらした利益の何パーセントを対価にするか考える。ほかの業務なら、時給ではなく能力給のかたちで報酬を上積みできないか。

準備が整ったら、新聞かインターネットに求人広告を出す。「優秀であれば○○（＝金額）稼げます」。前記の手順に従い、超一流の働き手を引き寄せる。

参考のため、私がコンサルティングした会社が実際に出した広告の全文を載せておく。

▼**営業のスーパースター求む　五～三〇万ドル**

並外れた能力を持ち、証明できる方のみご応募ください。報酬は、普通なら五万ドル、優秀なら一五万ドル、超一流なら三〇万ドル以上。当方、ＸＹＺ業界ですが、経歴に頼った雇用はいたしません。雇うのはトップレベルの働き手のみ。こちらで能力ありと判断すれば年齢不問。必要な資質がそろっている人には、後日、研修をおこないます。基本給は低めですが、歩合給が高く、毎年三〇万ドル以上の収入が可能。電話営業に秀でていることが必須条件。やる気に満ち、プレゼンやコミュニケーションが得意、高確率で契約が取れる者であること。進歩的な優良企業の中で、一大帝国を築きませんか。定評あるわが社は、最高の顧客を取り込む最高の従業員を募集しています。履歴書の送付先メールアドレスは×××。

書かれている条件を吟味してほしい。トップレベルの営業担当者にとっては夢のような広告だろう。

まとめ

「究極のセールスマシン」をつくりあげるには、究極の営業スタッフを揃えることが大切だ。本章に記した指針をもとに、あなたの会社や部署にふわさしい雇用手順をまとめてほしい。ただし、やるからには断固とした態度で方針を貫くこと。スーパースター・チームをつくりあげるには時間と粘り強さが必要だ。最初のひとり、あるいは数人が期待どおりではなかったからといって、安易にあきらめてはいけない。私が以前経営していた会社では、八名雇って一名が「当たり」という状況が続いた。もっとも、それは想定の範囲内だったから、雇用のサイクルを速めて「はずれ」を解雇する手順まで定めることにした。優秀でない人間は燃え尽きるのが早い。

会社や部署に合わせた雇用手順を決めるためには、例によってワークショップが役に立つだろう。根気よく討議を重ねてほしい。超一流の営業担当者を見いだし、雇い、維持管理するということの単純な戦略だけで、私はいままで数多くの企業の売上げを倍増してきた。あなたの会社にもぜひトップレベルの人材を置き、業績の成長を楽しみに見守ってほしい。

第6章

優良な顧客を獲得するテクニック

売上げを安く素早く劇的に増やす方法

本章で取りあげる戦略は、どんな策にも増して即効性があり、業界を問わず会社の売上げを倍加するのに役立つ。ポイントをひとことで言えば、「市場にはいつも、ある程度の数の〝優良な顧客〟がいる」。購買層全体に売り込むより、そういう上客を相手に売り込むほうが安上がりなのだ。無作為に一万通のダイレクトメールを送るよりも、優良な購買者一〇〇人に絞って送ったほうがコストが安いことは言うまでもない。ただ、実際に契約までこぎつけられるかどうかは、マーケティングや販売のやり方にかかっている。

その昔、私がチャーリー・マンガーからある雑誌の広告販売を任された当初、用意された見込客リストには二二〇〇社の企業名が並んでいた。しかし私のデータ分析の結果、うち一六七社が有力四誌の広告の九五パーセントを占めていると判明した。にもかかわらず、私が任された雑誌はこれら一六七社からまったく広告をもらっておらず、業界一五位に甘んじていた。

私はこの一六七社に狙いを定め、一年のあいだに三〇社から広告を取ることに成功した。従来いっさい接触していなかった企業幹部たちにあらゆる角度から熱心にアプローチを試み、最初の半年だけで二八社を獲得できた。これだけで広告収入が二倍になった。大きな広告主だけあって、目立つ場所（見開きカラーページ、見返しページ、裏表紙など）に派手な広告を出す。それまでその雑誌は小さなサイズ（四分の一ページ、三分の一ページ、たまに二分の一ページ）の広告を積み重ねて収入にしていたのだが、状況が一変したわけだ。翌年、三〇社の優良広告主を維持したまま、さらに三〇社から契約を取りつけ、収入はさらに二倍。次の年にはとうとう一六七社の残りすべてを引き込んで、広告収入はまたもや倍増した。

三年連続で倍々ゲームになったのを見て、チャーリー・マンガーは目を疑った。「数字をごまかしているんじゃあるまいな？　三年たてつづけに売上げを倍にした従業員なんて、過去に聞いたためしがないぞ」

もちろん、数字の不正はいっさいない。どんな競合他社よりもうまく立ちまわってマーケティング販売したまでだ。と同時に、営業スタッフ全員が従うべき販売業務の手順や規定をまとめあげ、まさしく「究極のセールスマシン」を構築した。このとき使った手法は、本書の後半にかけて一つひとつ明らかにしていく。

優良な顧客とは、ほかの顧客にくらべて多く、素早く、頻繁に購入してくれる、理想的な購買者をさす。何か別のマーケティング努力をしているあいだも、並行して、こうした優良な顧客を追いつづけなくてはいけない。私はこの戦略を「ドリーム一〇〇」と名づけている。理想の顧客一〇〇社（数は適宜、調節してかまわない）が製品やサービスを購入してくれるまで、ひたすら標的にしつづけるのだ。目標は、相手の反応を「こんな会社、知らないな」から「しょっちゅう売り込みに来るけど、どんな会社だろう?」に変え、さらに「たしか、この会社には聞き覚えがある」「ああ、この会社なら知っている」、そして「よし、この会社と契約しよう」と変化させていくことだ。

本章では、理想の顧客をつかまえるための戦略を学ぶ。また、そういう顧客の関心をとらえる創造的なアイデアを数多く紹介したい。どうすれば理想の顧客に(一般消費者向けの商売なら、理想の地域に)営業努力を絞り込めるのか、絞り込んだ努力をどうすれば断固たる姿勢で長期的に続けられるのか。それらを理解してこの戦略を習得できれば、収益は一気に急上昇する。どんな会社であれ、業績を最も速く伸ばす方法は、理想の顧客にターゲットを絞って狙い撃ちすることなのである。

法人向けの売り込み

私が顧問を務めるある会社は、法律事務所向けに調査補助ツールを提供している。アメリカの大手法律事務所は、一般の大企業に似た組織構造を持つ。マネージングパートナーと呼ばれる最上位の人間がCEOの役割を果たし、執行委員会が経営判断をくだす。その下には、専門分野(知的所有権、一般訴訟、倒産など)ごとのシニアパートナーが控え、さらにその下に、弁護士、弁護士補助員、司書、情報システム部員らがいる。

さて、その調査ツール会社は従来、製品を実際に使うのは司書だからと、司書に売り込みをしていた。たしかに、製品の出来がよければ、会う約束をとりつけ、司書を感心させることができるかもしれない。だが、司書が上層部に影響力を持っている可能性は小さい。いくら司書を相手に一時間ついやして売り込んでも、その司書は上役の弁護士に五分か一〇分、聞いた説明をざっと報告するだけで終わるだろう。

だからこのツール会社の場合、司書を飛ばして経営幹部と直接交渉できるように業務手順を修正することが課題だった。かといって、法律事務所の上級パートナーにいきなり電話して「素晴らしい調査補助ツールをご用意しています。業務が効率化しますよ」と言ったところで、司書に話をまわされてしまうのがおちだ。

そこで例の「スタジアムでのセールストーク」の手法を使い、「法律事務所が直面する五つの危険な兆候」というレクチャーを用意した。代表的な法律事務所五〇社の上級幹部に電話して、こんなせりふで無料レクチャーの誘いをかけた。

「当社についてはすでにお聞きおよびかと思います。五〇年以上にわたり、さまざまな法律事務所を成功に導いてまいりました。さて、つい最近、法曹界の現状に関する調査依頼を受けて分析したところ、これからの新時代に弁護士の方々が直面するたいへん深刻な問題点をいくつかあぶり出すことができました。弁護士業界のゆくえは私どもの会社にとっても死活問題ですので、是が非でもこの情報をご覧になっていただき、難局に前もって対処していただきたいのです。この情報は上級幹部の皆様にふさわしく非常に簡潔にまとめてあり、現在、あらゆる有名法律事務所にレクチャーしている最中です。じつはすでに○○や××（よその有名事務所の名前をいくつか列挙）にもご連絡差し上げて、目下、日程を調整しております。おたくさまもこの重大情報をお見逃しないよう、手配させていただきたいのですが」

このアプローチが成功する理由はいくつかある。まず、恐怖感で関心をあおっていること。「あなたが気づいていないお得な情報をお教えします」よりも「危険な兆候をお教えします」のほうが、ずっと簡単に相手の気持ちをつかめる。また、専門用語で「社会的な証拠」と呼ばれる現象を利用している。すなわち、人間は「ほかの人たちがやっているなら、自分もやったほうが適切」と判断しやすい。

この行動現象は社会の形成に大きな影響をおよぼしている。わかりやすい例を挙げよう。みなさんはもう世代が違うかもしれないが、かつての社会常識では、正式な結婚を経ずに同棲するのは後ろめたいこととされていた。その状態で子どもを持つなど論外だった。だが昨今は、よほど信心深い家庭は別として、入籍前に同居生活を始めるのはごくありふれた話だろう。ハリウッドスターがいち早く禁忌を破り、それを見て、社会全体があとに続いたのだ。

ビジネスの世界にあてはめれば、「優良な顧客が買いはじめると、ほかの優良な顧客もあとに続きやすい」。前記のせりふの中で「現在、あらゆる有名法律事務所にレクチャーしている最中です。じつはすでに○○や××（よその有名事務所の名前をいくつか列挙）にもご連絡差し上げて、目下、日程を調整しております」という部分に注目してほしい。「○○や××にレクチャーしました」とは言っていない。「ご連絡差し上げて」「日程を調整」している。ここまではけっして嘘ではない。

モノを売る際、私は「ぜったいに嘘をつかない」と心に決めている。あなたも、真実のみ話すように留意してほしい。先ほどのせりふは、口にする言葉を慎重に選ぶことで、真実を語りつつ、まるでもう起きている出来事のような印象を与えている。よその一流法律事務所の名を挙げて、ライバル意識をあおり、手早く興味を呼び起こしたが、事実にしかもとづいていない。実際、大手の事務所すべてに連絡をとった。なにしろ一日のうちに全部に電話をかけたのだ。もし誰かがよその事務所に確認したら、「ええ、たしかに連絡を受けましたよ。まだ実際には何も見ていませんが」といった返事がかえってくるだろう。大事なのは、大手すべてに同時に「ご連絡差し上げて」いる点だ。

私のアドバイスでこの戦略を実行する前、この調査ツール会社は、上級パートナーに一人も面会できないありさまだった。実行後、あちこちの経営メンバー全員の前でプレゼンテーションできるようになり、効果のほうも文句なしだった。たとえば、私が営業担当者一名を連れて、大都市にある最大手の法律事務所へ行き、幹部たちにレクチャーをおこなったときなどは、こちらの説明が終わるや、営業担当者がオファーした諸々の契約をほとんど手当たりしだいに結んでくれた。

この手の売り込み方をするのなら、構成を組み立てるうえで、「最大の目的は顧客に誠心誠意サービスすることである」と肝に銘じておかなければいけない。私が当時まとめた「スタジアムでのセールストーク」は会心の出来映えで、法律事務所やその課題について有益なデータが満載だった。「貴重な情報をお教えします」と大見得を切っておきながら、もし期待はずれのレクチャーだったら、結果は目も当てられない。部屋じゅうの参加者が、時間を無駄にさせられたと怒りに身を震わせるだろう。

しかし私たちの場合は、完成度の高い内容だった。ユーモアまで交えてあった。たとえばこんな具合だ。

米国弁護士協会のデータを引き合いに出して、人口と弁護士の比率を示す。三〇年前は人口七〇〇人につき弁護士一名だったのに、今日では三〇〇人につき一名と増加している。また、サンフランシスコでは弁護士が六六人に一人、ワシントンDCでは二三人に一人。「この割合で増加しつづけると、二〇五二年には」と、パネルをめくる。「アメリカ人の半数が弁護士になります」。笑い。

しかしデータには、弁護士の数が増えているのに請求金額はここ数年横ばいであるという、笑えない現実も含まれていた。つまり、弁護士が増えるほど、ひとりあたりの収入は減るわけだ。続いて、弁護士はいまや訴訟を起こす側とはかぎらないことを教える。依頼側の企業が法律事務所を訴えるケースが、ただならぬ勢いで急増中。おもな法律事務所のうち四〇パーセントが、大企業から深刻な訴訟を起こされている。

どの情報も新発見ではなく、すでにいたるところで取りあげられていた。けれども、私たちが手際よくまとめてひとつのプレゼンテーションに仕上げた結果、参加者は驚くほど有意義な経験ができ、法曹界を高い次元から一望できたわけだ。

そしていよいよレクチャーのしめくくりとして、弁護士にとって調査研究が急速に難しくなっている点にスポットを当てた。弁護士向けのデータベースにはすでに三〇〇万件を超える事例が登録されている。情報検索は複雑になるばかりだ。このあたりはプレゼンテーションの順序を工夫して、法律事務所が告訴される事例の多さを取りあげた直後に、「じつは最近、重大な判例を見落としがちなのです」と警告を加えた。これにより、そのあと紹介する調査補助ツールの存在意義がぐっと増すわけだ。実際、こうやって「啓発」し終えると、参加した弁護士全員が調査補助ツールを欲しがった。自分自身では使わないがスタッフに使わせたい、という声もあった。第四章「長期戦略の視点に立つ」で述べたトレーニング方法を使い、本章で述べるやり方を組み合わせれば、理想の顧客を手に入れる大きな原動力になるだろう。

以前、企業向けにオフィス機器を売る業者から、「広告や営業の成果が出ない」と相談を受けたことがある。それまでは、自分の地域内で顧客になりそうな企業に手当たり次第、ダイレクトメールを送るという戦術を使っていた。調べたところ、地域には二万の会社があったので、二万通のダイレクトメールを送った。が、一件も反応がない。まったくのゼロ。今日では企業が受け取るダイレクトメールがあまりにも多いため、このような戦術の効果は大幅に薄れてしまったのだ。

第四章で触れた新聞社のレクチャーを用意しているとき、ダイレクトメールの量の変化を調べたら、ここ一〇年で二倍になっていた。受け取る側とすれば二倍の宣伝が届くわけだ。その新聞社はカナダにあったのだが、カナダでは、マンションの集合郵便箱のそばにゴミ箱が置かれ、毎日届くダイレクトメールを読まずにその場で捨てられるようになっていたほどだ。したがってこのオフィス機器会社は、ダイレクトメールの大量投下によって問い合わせが殺到することを夢見ていたものの、じつのところ、たいへんなコストの無駄づかいだった。次章で、もっと効果的なダイレクトメールの送り方を指南したい。しかしここでは、その会社がやがて「ドリーム一〇〇」をつかむまでの経緯をつづっておこう。

私はまず、前年の販売実績を調べた。あちこちの企業にコンピュータシステムを取りつけて、一万ドルから二万八〇〇〇ドルずつ売り上げていた。ところが一回だけ、一六万ドルという数字が交じっていた。なぜこのときだけ額が大きいのかたずねると、「大企業だったせいです」と返事がかえってきた。つまり、法人向けにコンピュータシステムを販売する場合、従業員の数だけパソコンがいる。一台につき約一六〇〇ドル（ハードウェア、ソフトウェア、OSなどすべて込み）。このオフィス機器会社は、もっぱら中小企業に力を入れ、ごくたまに大企業から契約を取りつけていたのだ。私はごく自然な疑問を持った。「大企業だけ追いかけたらどうなのか？」

もういちど強調しておこう。ほかにいろいろなマーケティングをやっているとしても、並行して、理想の顧客に向けた特別の努力をすべきだ。私の指導のもと、このオフィス機器業者は大口契約をめざすことになった。フォーチュン五〇〇に入るような巨大企業は無理としても、従業員一〇〇人から三〇〇人ぐらいの企業であれば標的にでき、じゅうぶん健闘できるはずだった。

さっそく、地域内の大きな企業を洗いだした。インターネットを使えばいたって簡単だ。米国企業なら、www.zapdata.com にアクセスすれば、地域、業種、規模などを指定して、該当する企業をたちどころにもれなくリストアップできる。このオフィス機器業者の場合、理想の顧客といえる企業が地域内に二〇〇〇社あった。

私は「企業が新しいコンピュータシステムの導入に踏み切る目安は何だろう？」とたずねた。

「そうですねえ……既存のシステムがだいぶ古いとしても、一〇倍以上高速な最新型をリースであらたに導入するより、手持ちのくたびれたシステムのメインテナンスにお金をかけたがるかもしれません」。私は四人のスタッフに命じて、リストアップした二〇〇〇社の実態を探らせた。一社ずつ電話をかけ、受付担当者に聞くだけでいい。「こんにちは。ただいま、年一回のアンケート調査をおこなっています。質問はふたつだけ。現在どんなコンピュータシステムをお使いでしょう？　使用年数はどのくらいですか？」。九九・九パーセントの相手が回答してくれた。

この作業は二日で終わった。結果、五年以上前に導入した古いシステムを使いつづけているという理想の顧客が、地域内に五〇八社あることが判明した。うち多くは、システムのメーカーがすでにつぶれてしまっている。となると、一部が故障した場合や端末を増設したい場合、新品はもう入手不可能だから中古を購入しているわけだ。いっそ全面的に入れ替えれば日々の仕事がどれだけ楽になるか、ろくに考えていないらしい。コスト的にも、全体としてみればかえって安上がりになるだろうに……。

第四章で学んだとおり、「いますぐ買いたい」と考えている購買層がそもそもおよそ三パーセント存在する。ただ、じっとしていては、むこうがわざわざ来てくれるわけではない。たとえダイレクトメールを送ったところで、まともに読まれないまま捨られてしまう恐れが大きい。事実、この会社は二万通もダイレクトメールを送ったにもかかわらず、一件の返事ももらえなかった。そのうちひと握りの会社はいますぐ買う気があるはずなのに、問い合わせをしてこなかった。つまり、ダイレクトメールを一回送っただけでは効果がないのだ。もっと本格的に関心を引く必要がある。

私はまず、五〇八社すべてにルービックキューブを一個ずつ送り、添えた手紙にこう記した。「従業員の生産性を二倍、三倍にするという難問パズルに頭を悩ませていませんか？　私どもが、コスト削減や生産性向上の方法を一二通り、必ず見つけてさしあげます。万が一見つけられなかった場合は、お手間をわずらわせたお詫びに、五〇〇〇ドルの贈り物を進呈いたします」。反応は一件だけだった。が、その会社は三五五人の従業員を抱えており、後日結んだ契約は、それまでで最高の販売額を記録した。

続いて私は、見込み客フォローの電話をかけさせ、一五社と会う約束をとりつけた。こうして、わずか六週間で前年の売上げを上まわった。いずれも大型契約だ。この戦略を使う前は、営業担当者ひとりにつき週一件のアポイントをとれるかどうかだった。担当者は四人だから、合わせて週に平均三件ほど。ところがこの戦略(詳細は第九章参照)によって、多いときでは四人で週三〇件とれるようになった。じつに一〇倍に増えたわけだ。

私がコンサルタントを務めた五カ月のあいだ、理想の顧客には二週間に一回の割合で、ちょっとした品物と、それにちなむ気の利いた手紙を送りつづけた。この五カ月で、売上げは前年一年間の九倍に達した。よほどおつむが悪くないかぎり、私が去ったあとも引き続き、五〇八社にアタックしつづけたにちがいない。すぐには反応しない会社も、いずれコンピュータシステムを入れ替えたくなったとき、最初にどこの業者に電話するだろうか。あなたにも想像がつくはずだ。

多大な熱意をもって売り込みを続ければ、むこうはまちがいなく「どんな会社だろう?」と知りたくなってくる。何回断られてもまだ売り込みつづけると、むこうの心理はこう変化する。「知らない会社だな」↓「あの会社か」↓「まだあきらめないとは、しつこいなあ」↓「たいしたもんだよ。ここまで熱心な会社は初めてだ」↓「いいかげん、何か買ってやらないと悪い気がするな」。

そう、義理を感じてしまうのだ。何度も何度も何度もアタックされると、興味のない相手でも、何かしてやらないといけない気分になってくる。

私はこのやり方を何百回となく使ってきた。とくに、私自身を売り込むために。いまお勧めしているとおり、不屈の精神で扉を叩きつづけて、これまでにフォーチュン五〇〇企業のうち六〇社とコンサルティング契約を結んだ。もっとも、正直なところ、大半はさほど苦労しなかった。固い決意さえあるなら、見込み客フォローを何度も何度もこつこつ繰り返すうちに、たいていの会社の壁を突破できる。

私が非常に手こずった相手といえば、ジェイ・エイブラハム（『お金をかけずにお金を稼ぐ方法』の著者）だ。私と同様、ジェイは、ビジネスオーナー向けにトレーニングプログラムを提供している。おたがいが抱える大量の顧客リストを共有できれば、売り込みの対象がぐっと広がるにちがいない。そこで私は、彼と手を組みたいと考え、二週間にいちどずつ、電話や手紙で説得を試みた。じつに丸二年、粘り強く続けた。二年後とうとう、彼の当時のビジネスマネジャーから吉報が届いた。「ジェイが、いっしょに昼食をどうかと言っているんだが」。私は飛行機でロサンゼルスまで行き、ジェイと昼食をとって、第一歩を踏み出した。いま振り返ると、あの昼食がやがて私に膨大な利益をもたらしたわけだ。長年の総額はゆうに一五〇〇万ドルを超えると思う。ジェイは素晴らしいパートナーになった。独創的な発想についてもたくさんのことを教えてくれた。

ほかの大半のケースでは、はるかにあっさりと契約までこぎつけられた。たいがい三カ月から六カ月ですんだ。一回の電話で目的を遂げた例もある。たとえば、一〇〇〇億ドル企業の会長を電話一本で口説き落とした。こんな経緯だ。

次なる標的をウェルズ・ファーゴ銀行に決めた私は、会長兼CEOを務める人物に連絡を試みた。すると思いがけず、ものの一〇分後に本人から電話がかかってきた。「直接話ができるまで、いつもどおり三カ月から半年は骨を折らなければ」と覚悟していただけに、拍子抜けだった。さっそく、会う約束をとりつけるべく交渉した。四、五回断られたものの、なおも粘ると彼が折れた。「明日の三時でどうかね?」。私はふたつ返事でオーケーした。面会に行く途中に同銀行の三つの支店に立ち寄って、業務用の当座預金口座を開設し、その体験談を彼に報告しながら、改善すべき点を指摘した。めでたく、契約成立。

この例でわかるように、あなたもきっと、理想の顧客の九九パーセントはあっけないほど簡単に獲得できるはずだ。残り一パーセントは相当な努力を強いられるが、それでも、くじけない気持ちがあれば必ずや金的を射とめられる。

ハリウッドの壁を突破

しばらく前、私は『エミリーズ・ソング』というタイトルの映画脚本を執筆した。ひとりの女性歌手を主人公に、貧しい境遇から身を立てて脚光を浴びるまでを描いた壮大な感動ドラマだ。さいわい各方面から非常に高い評価を得たため、この脚本をハリウッドに売り込むことにした。当時の私はエンタテインメント業界には無知で、俳優も知らなければ製作進行のしくみも知らなかった。

ひとまず映画雑誌「プレミア」を買い、「ハリウッドの有力者一〇〇人」なるリストを眺めた。

おやまあ、これが私の映画版「ドリーム一〇〇」か。ごていねいに誰かさんがリストをつくってくれてある。次に、「Hollywood Creative Directory」というオンラインサービスに申し込んだ。ハリウッドに多少ともかかわりのある人物の連絡先なら一切合切載っている。秘書に頼んで「ドリーム一〇〇」の連絡先を索引カードにまとめてもらい、いよいよ私の腕の見せどころとなった。

パラマウント、ディズニー、ワーナー・ブラザース、ユニバーサル、ソニー・ピクチャーズなど、あらゆる大手スタジオのCEOに電話をかけた。第九章で説明するテクニックを使いながら、ハリウッドの大物CEO一一人のうち七人を電話口に呼び出すことに成功。続いて、大手の所属事務所をしらみつぶしに当たり、私の映画の目玉になりそうなアーティストを探して、その代理人に連絡をとった。結果的にいえば、あれやこれやと理由をつけて三八回断られた。いちばん多かったのは「あいにくですが。でも、ご提案には感謝します」。

しばらく経ったある日。ハリウッドでもトップクラスの音楽エージェントから電話がかかってきた。そのエージェントは、シャナイア・トゥエイン、セリーヌ・ディオン、フェイス・ヒルら、そうそうたる大物歌手を手がけていて、いずれかが映画の主役であるエミリー・エバーズを演じてくれれば、たいへんなセールスポイントになるはずだった。彼は電話口でこう言った。「脚本を読みました。出色の出来だと思います。いやじつのところ、読みながら泣きました」。予想を上まわる賞賛。「主人公エミリーを演じるのにうってつけの人がいますよ。リアン・ライムスです」

いまから数年前、リアンが音楽チャートを独占していたころの話だ。彼女は絶頂期を迎え、熱狂的な人気を誇っていた。

私は息をのんで、言葉を失った。「リアン・ライムス、ですか……」

驚きのあまり呆然としたのだが、むこうは、私が乗り気でないと思ったのだろう。リアンがいかに適役かを熱弁しはじめた。ハリウッドで成功しているだけあって、なるほど売り込み上手だ。しめくくりにこうつけ加えた。「それに、ワーナー・ブラザースがリアンの主演で映画をつくりたがっているんです。あそこと契約を結べるかもしれません。リアンに脚本を読ませていいでしょうか？」

リアンに脚本を……？　ええと、それは……。「もちろん、もちろん。もちろんですとも！」。交渉前進。リアンが目を通し終わるまで一カ月かかった。その間、ありとあらゆる授賞式に彼女の姿があった。私は中継にことごとく目を光らせながら、心の中でつぶやいた。「この子がいま、私の脚本を読んでいる最中とは。こりゃすごい！」

結果として、リアンは脚本が気に入った。私はワーナー・ブラザースへ出向き、脚本を買ってもらうことができた。当初から万全の計画を立て、ハリウッドの有力者に脚本をゆだねられたからこそ、ここまで事が運んだわけだ。有力者リストが私の「ドリーム一〇〇」だった。初めに何度か断られた時点でくじけてあきらめるのは簡単だったが、過去の経験からいって、力のある見込み客に断固たる姿勢でアタックしつづければ、映画の契約を結べるはずだとわかっていた。「ドリーム一〇〇」の作戦がまたもや功を奏したわけだ。みなさんも、リストをつくり、組織だててアプローチし、けっして弱音を吐かないでほしい。

何を売り込むのであれ、理想の見込み客というものが存在する。あきらめず食いついて離れなければ、驚くほど容易に願いがかなう。嘘ではない。私がコンサルティングしている企業の中には、世界的なビッグネームが少なくない。二〇〇〇億ドル企業も複数ある。が、いちばん苦労したケースでも、攻略にかかったのはおよそ六カ月。第九章で、あなたにとって完璧な「ドリーム一〇〇」作戦を立てる手順をていねいに説明したい。まあ、それはあとのお楽しみだ。

個人消費者向けの売り込み

あなたが一般消費者を相手に製品やサービスを売っているのなら、優良な地域を標的にする方法を学ぶ必要がある。たとえば歯医者、会計士、宝石商、指圧師などの場合、新聞広告を出せば、隅々にまで情報が行きわたる（次章で、広告をなるべく効果的にする秀逸なアイデアを紹介する）。だが、と同時に、もっと安上がりな手も併用するといい。優良な顧客がいる優良な地域だけに向けてダイレクトメールを送るのだ。継続してその努力をおこなえば、優良な顧客の意識の中に、あなたの存在を焼きつけることができる。

ある不動産業者はこのアドバイスに従い、私が一六年間住む付近を優良な地域とみて、力を注ごうと決めた。この地域には高所得者の家が二二〇〇軒ある。毎月、この地域における売り家と販売価格の情報を表にまとめ、簡潔な郵便広告を送りつづけた。さて、受け手がそういった広告チラシを見るのはいつか。家を売ろうかと検討中のときだけだろう。

しかし私が家を売る準備に入った際、真っ先に電話したのはやはりその業者だった。最初に意識にのぼったからだ。この女性業者は、地域内の二二〇〇軒に名前を浸透させようと精魂を傾けた。

かかったコストは？　ごくシンプルな三つ折りチラシだから、おそらく一通六〇セント。月に一三二〇ドルほどだろう。この地域の家の価格は一〇〇万から五〇〇万ドルなので、年にひとり顧客を獲得できれば努力がじゅうぶん報われる。一〇〇万ドルの家の売買で得られる手数料は五から六パーセント、つまり五万から六万ドルであり、経費の約一万五〇〇〇ドルをゆうに上まわる。もっとも彼女の場合、年に一人ずつ新規顧客を開拓するまでもなかったようだ。この地域の販売実績を記録したバインダーを見せてもらったところ、地域内のほぼすべての家を手がけていたうえ、多くの住所の横に「売却二回目」「三回目」とメモしてあった。

個人消費者向けに販売するなら、はっきりと一貫して最良の地域にターゲットを絞るべきだ。ほかの一般客より力を入れて引き寄せよう。何かを無料進呈するといい。たくさんの魅力的なオファーで誘い込む。いったん顧客になったあとどう引き留めるべきかは、ほかの章で詳しく述べたい。

理想的な業務提携

「理想的な業務提携（ドリーム・アフィリエート）」もまた、効果の高い戦略だ。あなたの会社にいま、業務を拡大するパートナーはいるだろうか。あなたがめざすのと同じ顧客層を相手にしていて、しかも、あなたと同じ種類の製品やサービスは販売していない、という会社はないだろうか。そんな相手を見つけて業務提携するといい。私自身これまで、このマーケティング手段で大量の顧客をまとめて手に入れてきた。

たとえば、ハーブ・エッカー（『ミリオネア・マインド　大金持ちになれる人』の著者）が提供する各種のトレーニングプログラムは、私の会社のプログラムと相補う内容になっており、競合はしない。ならばとばかり契約を結び、わが社のプログラムを購入した顧客に、おまけとしてハーブのプログラムのひとつを提供することにした。うちの顧客はほとんどがビジネスオーナーだから、宣伝を肩代わりしてくれるとあって、ハーブのほうも諸手を挙げて大歓迎だった。セミナーやウェブセミナーのしめくくりに入るところで、私は三枚のパネルを見せ、ハーブのプログラムが見事で有意義であると説く。たっぷり価値を高めたあと、購入コストを示す。続いて最後に、わが社のプログラムの価格を提示して、これを購入した場合はハーブのプログラムがおまけとして無料付属すると伝える。

双方が得をする、まさにウィン・ウィンだ。ハーブにしてみれば、まったく未知の顧客層に効果的な売り込みができ、うちの側としても、おまけを付加して売上げを促進できる。さらに、ハーブから提案を受けて、むこうの顧客にもわが社の製品を提供し、利益を分け合うことにした。

同様の業務提携が、ほかの著名トレーナーとのあいだでも実現している。たとえばトム・ホプキンス（『営業の魔術』の著者）、ブライアン・トレーシー（『ゴール』の著者）、ジェイ・レビンソン（『ゲリラ・マーケティング』シリーズをはじめ約五六冊の著者）。こうした業務提携により、文字どおりあっという間におおぜいの新規顧客を獲得できた。好印象を与えておけば、将来の見込み客も豊富に確保できる。おまけに、提携相手にも同じだけのメリットがある。

業務提携マーケティングとは、ひとことで言うなら、他社が築いた良好な顧客関係をそっくりそのまま借用することだ。みずから顧客を獲得するよりはるかにコストが安い。理想的な業務提携なら、突如、売上げを急増できる。よって、提携先に惜しげなく利益を分け与えてもかまわない。わが社の傘下のあるベンチャー企業は毎週ラジオ広告を流しているが、ビジネスオーナーからの問い合わせは六〇件ほどにとどまる。しかしジェイ・レビンソンが顧客に推薦文を送ってくれたところ、わずか一日で四五〇件の新たな問い合わせが来た。

ジェイ・エイブラハムが顧客に初めて私を推薦してくれた際も、三〇日間で二三〇万ドルの売上げにつながった。通常にくらべ、販売コストは一〇分の一。利益の相当部分をジェイに渡したので、たがいにとても満足だった。

さてあなたは、理想の顧客を抱える他社と交渉して、自分たちの製品の売れ行きを加速する契約を結べるだろうか。大手企業はどこも、この種の業務提携を活用している。ユナイテッド航空を利用すると、ヒルトン・ホテルのポイントが貯まる。ある新しいソフトウェア会社は、老舗のソフトウェア会社を説得して、自社製品のサンプルをもれなくおまけでつけてもらった。老舗のほうは一〇〇〇ドル相当のおまけを提供でき、一方の新進会社はたちどころに一〇〇〇人の顧客を手に入れた。

www.Pro2ProNetwork.com というネットワークサービスがある。指圧師、歯科医、検眼士、経理アドバイザーその他を結びつけるサービスだ。おたがい、同じ地域内の他分野の専門開業者と会って、情報を交換できる。たとえば指圧師が医者に連絡を取り、診療内容を説明する。また、交通事故を専門に扱う弁護士に会って、事故被害者のリハビリに役立つことを知らせる。経理アドバイザーなら、裕福な顧客を持つ会計士と相談できる。

要するに、業務提携マーケティングは、昔ながらの広告やダイレクトメールなどでまったくのゼロから新規顧客を掘り起こすよりもはるかに手っとり早い。そのような理想的な業務提携を結ぶには、いったいどのくらいの時間がかかるだろうか。私がジェイ・エイブラハムを説得するには二年かかったが、その間にかけたアプローチのさまざまな手間はすべて報われたと思う。

あなたも多少の時間を覚悟しなければいけないかもしれないが、強い決意を秘め、定期的かつ継続的に何かを提供する気持ちがあれば、どんな市場であっても必ずや割り込めるはずだ。私はキャリア全体を通じて、つねにこの手を使い続けている。ごく単純に、自分が望む見込み客を選び、たゆみないマーケティングで追い求めつづけるのだ。その相手を顧客にするといちど心に決めたら、獲得に成功するまであとを追う。

実践トレーニング

五分間かけて、自分の理想の顧客あるいは地域を思い浮かべて、条件を箇条書きしてみよう。収入のレベル、(法人相手なら)会社の大きさ、場所。どのくらい頻繁に、どのくらいの規模で売るか。

次に、理想の業務提携先、パートナー、クチコミにひと役買ってくれそうな相手などを列挙する。ニーズに応じて調整できるように、第九章であなたにふさわしい「ドリーム一〇〇」の選び方を説明する。

顧客の生涯価値

理想の顧客をいちどつかんだら、どうやって維持すればいいのか。顧客フォローはどのようにすべきか。特別な顧客にふさわしい特別なレベルのサービスとはどんなものだろうか。

高級レストランチェーンを経営するある企業は、私のアドバイスにより、高卒の若者たちを雇って、地域の高収入の家庭をくまなくまわらせ、こんな勧誘をさせた。「こんにちは。XYZレストランの者です。こちらのおたくのような方にぜひおいでいただきたく、現在、特別な努力をおこなっております。じつは、真摯《しんし》な取り組みといたしまして、私どものレストランでの夕食に無料ご招待させていただきたいのです」。そしてディナー一回無料券を差し出す。

他店の似たような手に「おひとりさまのご来店につき、お連れさま無料」というたぐいがあるが、こちらは全員無料のサービスだ。いざ無料券を持った客が現れたら、レストランのスタッフはこのうえなく丁重に扱う。店長がみずから出向いて自己紹介する。客に特別待遇の気分を味わってもらうのだ。自分を並みの客として扱うレストランと、王様のように扱ってくれるレストラン、あなたはどちらへ行くだろうか。

私個人を例にとって、ひとりの顧客の生涯価値を考えてみよう。私は週に四回から五回、夕食を外でとる。頻繁に行くレストランは三つあり、どこのスタッフも私をいかにも常連客らしく扱ってくれる(そのように私自身が仕向けた)。つねに最上のサービスを求めるぶん、チップをはずむ。クリスマスには毎年、お気に入りのレストランの店長に数百ドルのチップを渡す。もしあるレストランを週に一回利用し、いつも一〇〇ドル払うとしよう。五年間通えば、そのレストランにとって私はなんと二万五〇〇〇ドル以上の価値があるのだ。あなたがレストラン経営者なら、ウエイターにどんな教育をしたいだろうか。顧客を二万五〇〇〇ドルの価値ある存在として扱わせるか、それとも、その晩の夕食代二五ドルの価値と考えさせるか？

実践トレーニング

理想の顧客があなたから何かを買ってくれるとき、どのように扱うべきだろうか。ほかの客にはしないような特別待遇として、何ができるだろう？　私が長年、しめて一〇万ドル以上の買い物をした宝石店は、二五パーセントの割引をしてくれるうえ、年に一回、私のような得意客を集めてパーティを開く。あなたが理想の顧客に提供できるサービス、特別な気分を与えられるような事柄を三つ、書き出してもらいたい。

クチコミの威力

商品を一回のみ、あるいはごくたまにしか販売しないビジネスの場合は、どうだろう。たとえばヨット、車、家などだ。とりわけ自動車ディーラーは、ブランドへの信頼を維持する手段をいろいろと工夫しているようだ。私がよく利用する某ディーラーは、前払い式のメインテナンス契約を用意してある。契約すると大幅な割引があるので、オイルやタイヤを交換したいとき、どうしてもそこへ行きたくなる。また、私が家を購入した不動産業者は、対応が素晴らしかった。それでつい、知人を三人紹介した。その三人も満足していた。本書はクチコミそのものには章を割いていないが、当然、重要だ。まるまる一章ささげてもいいぐらいだが、とりあえず、クチコミを得るためには明確な戦略目標を持っていなければいけない、という点だけを強調しておく。紹介料制度を設けて、現在の顧客にクチコミで積極的にほかの客を誘導してもらうのもいい。

まとめ

「ドリーム一〇〇」は、私がコンサルティングした多くの会社の売上げを倍増させた。あなたにもきっと有効だろう。やり方はいたって簡単だ。断固たる決意で「ドリーム一〇〇」戦略を練りあげ、意地でもその戦略にしがみつく姿勢を持てばいい。

第7章

マーケティングの七つの武器

おもなマーケティング努力をことごとく急加速する方法

「究極のセールスマシン」を実現するには、業務のあらゆる側面を刃のように研ぎすませる必要がある。マーケティングももちろん例外ではない。マーケティング全体にわたって重大なポイントを頭に入れ、と同時に実践していくことが、「究極のセールスマシン」には不可欠であり、五〇〇〇万ドルを左右するほどの要諦なのだと肝に銘じよう。第四章で概説した「スタジアムでのセールストーク」を的確につくってあれば、いろいろなマーケティング手段がさらに威力を増し、相乗効果を発揮するだろう。私が「マーケティングの七つの武器」と呼ぶものは以下のとおり。業界ナンバーワンをめざす会社や個人は、必ずこの七つを実戦配備しておかなければならない。

①広告
②ダイレクトメール
③会社パンフレット（案内や宣伝）

④広報
⑤個人連絡先（営業および顧客サービス）
⑥市場啓発（業界展示会、講演セミナー、顧客啓発にもとづくマーケティング。第四章参照）
⑦インターネット（ホームページ、メール、業務提携マーケティング）

ほとんどの大企業は、すでにどの項目にも取り組んでいると思う。だが、やり方しだいで著しく効果が上がることも多い。小さな会社だと、七つ道具の全部を手がけるのは無理かもしれない。最小の費用で最大の効果がある武器をいくつか選ぶ必要がありそうだ。本章では、おのおのの武器の威力をいかに高めるかを個別に述べたあと、合わせて相乗効果を出す方法を説明していきたい。

現時点で七つすべてに身を入れている会社でも、たいてい、ひとつずつがばらばらになってしまっている。とくに巨大企業でそれがいえる。広告、パンフレット、展示会におけるテーマ、ダイレクトメール広告、広報活動、営業活動、インターネットなど、それぞれのあいだの結びつきが弱く、シナジー効果が生まれていない。「うちは大丈夫」「少なくともマーケティングを表面的には統一できているはず」と自信がある場合も、本章を読めばさらに強化を図れるだろう。

各社の広報スタッフはたいがい、あちこちの新聞や雑誌に掲載されたプレスリリースをもれなく集めて、すてきなアルバムに仕上げてあるものだ。そういう資料集を示しながら、誇らしげに過去の実績を語る。そんなとき、私はこう質問してみる。「ほう。素晴らしい記事ですね。あなたの会社とビジネスをするうえでの利点がたくさん指摘してあります。……ところで、おたくの営業担当者は、この資料集を営業まわりの武器にしていますか?」。広報スタッフの顔つきから察するところ、ほとんど例外なく、営業担当者はこんな資料集を見たためしすらないらしい。たぶん、私が帰ったあとあわてて連絡に行くのだろう。

さらに、このたぐいの資料集はダイレクトメールや展示会にも役立つはずだが、そういった部署間の連携があまりにも足りない。ほかの例でいえば、マーケティング部門は十中八九、営業担当者に相談せずにパンフレットをつくってしまう。本来、どんなセールスポイントを強調すれば効果的な仕上がりになるかをたずねるべきだ。このようにマーケティングのいろいろな武器がうまく嚙み合っていないせいで、戦略的、組織的な攻撃力が弱い。もっと連携を図れば、歯車が合って効果的に作用するだろう。私はこれを「多重型マーケティング」と名づけている。

武器ごとに異なるメッセージ、ときには矛盾するメッセージを発している現状をただして、すべてのマーケティングの武器をバランスよく結びつけるべきだ。多重型マーケティングをしっかりと念頭に置くと、あらゆるマーケティング努力が一貫したメッセージ、イメージ、テーマ、スローガンを帯びてくる。

また、「スタジアムでのセールストーク」に含まれる各種データが、マーケティングの武器を補強するうえで有効だ。前に挙げたカーペット清掃会社の例でいえば、政府当局の衛生データを、パンフレット、ラジオ広告、テレビ広告など、機会あるごとに細大漏らさず利用した。市場データは、商品データより消費者の心に訴えるだけに、マーケティングの武器すべてで中心的な役割を果たす。「マーケティングの七つの武器」をひとつずつ強化するかたわら、「スタジアムでのセールストーク」に盛り込んだ市場データやコンセプトをどう生かすかもつねに考えてほしい。

マーケティングの第一の武器：広告

予算さえ許すなら、広告はきわめて有効な手段だ。非常に広範囲に行きわたるうえ、人々の意識にイメージを強く焼きつけることができる。チャーリー・マンガーのもとで働いていたころ、私は四年間かけて、どんな広告が最も反応があるのかを詳しく研究した。同じ雑誌に似たような製品の広告が出ていても、読者の反応には一〇倍も差があったりする。きわめて反響の大きい広告は、例外なく、ある種のルールにのっとっている。それを採り入れたおかげで、私がコンサルタントを務める会社の広告ははるかに大きな効果を得られるようになった。私は長年、五〇〇以上の広告キャンペーンを企画してきたが、この研究のかいあって、読者の反響度上位を維持しつづけている。

反響の大きな広告をつくるためには、四つのルールがある。

【ルール①特徴的であれ】

広告でまず大切なのは、見る人の注意を引けるかどうか。話題になる広告は、視線をとらえ、そして離さない。何かしら特徴的な要素があり、非常にきわだっている。私の印象に残っているのが、機内雑誌のある広告だ。カメラをのぞき込む男性の背後から、肉食恐竜ベロキラプトルが二頭、いまにも飛びかかろうとしている。広告を見る側は、思わずハッとなる。ほかに印象的だったのは、あるグラフィックデザイン会社の広告。白黒のシマウマの群れに、一頭だけ、カラフルな縞模様の変わり者が交じっている。キャプションいわく「企業社会というジャングルの中では、個性がすべてです」。ユニークで、しゃれている。ただ、キャプションの話はあとまわしにしよう。もとの課題に戻って、本当に目立つためにはどうすればいいのか。

テレビCMの場合。大半の視聴者は、コマーシャルになると音を消したり、録画なら早送りしてしまったりする。テレビの広告主としては、そうさせないための創造性を発揮する必要がある。視聴者がつい音を消すのを忘れ、意表を突く映像に釘づけになるような、そんなコマーシャルをめざさなければいけない。あるいは、早送りの途中で、おやっと思って巻き戻して再生したくなるようなコマーシャル。

この原稿を書いている時点でいえば、衣料メーカーのGAPが、オードリー・ヘップバーンを起用した抜群の広告キャンペーンを展開中だ。真っ黒なパンツスタイルのオードリーが、映画『パリの恋人』のシーンから飛び出し、AC／DCの曲に合わせてスレンダーなからだで踊りまわる。すこぶる新鮮なCMだ。女性下着メーカー、ヴィクトリアズ・シークレットの広告も素晴らしい。引き締まった肉体を持つ長身の美女たちが、さまざまな挑発的なポーズをとり、同社がつくりあげたいロマンティックさやセクシーさといったイメージを強調している。

とはいえ、録画の早送りを思わず止めて見入ってしまうCMはごくわずかに限られる。見入るどころか、興味を覚えるCMさえ多くない。テレビ広告を手がけている企業は、ふと冷静に、厳しい疑問を自分に投げかけるべきだろう。どうすれば目立つのか。何をやれば人が思わず見てしまう広告をつくれるのか。

【ルール②刺激的なキャプションで注意を引け】

印刷広告の話題に戻ろう。効果的な広告の見出しは、「三・二秒で伝えたいことを伝える」という大切なルールにもとづいている。見出しでは「私たち」などと広告主側を前面に出さず、「あなた」「あなたの」と見込み客に焦点を当てて、なんらかのメリットを提示するといい。即座にメッセージを伝えたあと、相手がもっと情報を知りたくて読み進みたくなるようにする。一〇万ドルはたいて有力雑誌に広告を出しておきながら、いったい何を売る広告なのか読者側が首をひねるケースが多いのには、まったく驚かざるをえない。

ある会社の実例。「フォーブス」や「フォーチュン」などの著名なビジネス誌に一〇〇万ドル以上かけて広告を出していたが、どんな広告かといえば、企業の重役がひとり、なにやら考え込んでいる写真に、「思考は物である」と意味不明の見出しがついているだけ。いったい何が言いたいのか？　読者はわけがわからない。見出しを読んでも、ちっとも理解の足しにならない。じつは先端技術システムを販売している会社なのだが、この広告からそれを理解するのは至難の業だ。

では、キャプションをこう変えたらどうだろう。「この大事なお知らせを読まないと、あなたの将来は危険です」。まだずいぶんあいまいだが、少しはましだ。実際にはもっと具体的であるべきだろう。「インターネットが世界を変えているいま、波の先端にいなければあなたは絶体絶命です」。ここに、何か多少とも役立つ情報を加えれば、さらに魅力的になる。「インターネットは、あなたが思いもかけない方法で顧客をとらえ、明日の業界をリードする企業を生みだしているのです」

輪をかけて強力にするなら、こうだ。「いままでの三倍の顧客を獲得して、がっちりとあなたに引きつけたまま誰にも奪われない方法を知りたくありませんか?」。このくらいであれば、対応しきれないほどの問い合わせが来るだろう。なのに、いま挙げた会社は「イメージ広告」とやらに一〇〇万ドルを無駄づかいしていた。

そこで私の出番となった。営業スタッフをさらなる顧客のもとに送り込むべく、コンサルティングを頼まれた。なんのメッセージも発さず一件の問い合わせも呼び起こさない広告に一〇〇万ドル浪費していたのだから、当然の流れだろう。悩める営業スタッフに大量の見込み客をもたらすため、私は、その会社の広告ディレクターと話し合った。「あの広告で、かなりの問い合わせがありましたか?」とたずねると、広告ディレクターは「問い合わせを増やそうと狙った広告ではありません」と言う。「じゃあ、あの広告を支えるポリシーはなんです?」と問うと、「認知度を高めるのが目的」とのこと。「では、その目的は達したんですか?」とたたみかけたところ、「わからない」との返事だった。

この種の無駄は、私には耐えがたい。出来のいい広告であれば、いやというほど「引き」があるはずだ。いやおうなしに反響を呼び起こす。広告とは、ほかの業務すべてに活力を与える手段でなければいけない。私はよく「広告は長距離爆撃である」とたとえる。営業部隊を送り込む前に、いわば、市場の抵抗力を弱める役割をする。

もちろん、ブランドイメージを維持し、浸透させるための企業広告というものも存在する。たとえば、コカ・コーラやペプシのＣＭは、直接の問い合わせを期待してつくられているのではあるまい。第一のルールである「特徴的であれ」に留意して、ブランドを売り込んでいる。ただ、前記の会社は明らかに種類が違う。広告で直接の反応を呼び起こさなければ意味がない。

【ルール③見出しで引きつけたあと、さらに引き込む本文を書け】

そもそもの心得として、広告の本文はあなたではなく見込み客に照準を合わせていなければいけない。かなりの数の広告主が、自分たちを中心にすえるという大きなミスを犯している。私がいま指導中のとある企業は、大量の広告を流している。しかし、広告担当者が「これでいかがですか?」と私に送ってくる原稿は、ことごとく見込み客が脇役、自分たちが主役になってしまっている。ことごとく、だ。毎回、その欠点を指摘して、見込み客を主役にするやり方を教える。すると毎回、そこの幹部は「いやあ、ごもっとも。このほうが力強い」と感心する。ところが一カ月後、新しい広告の草案を見ると、また逆戻りして自分たちを主役にしている。

第二の心得として、あなたが語りたいストーリーを各文で少しずつ展開し、見込み客に読み進みたい気持ちを起こさせるべきだ。見出しと同様、本文も、有益な情報を軸にする必要がある。製品やサービスそのものを語るのではなく、なぜそれが価値あるものなのか、理由を述べてほしい。

【ルール④行動を呼びかけよ】

広告にふれた人がただちに行動したくなるような要素を入れておくといい。「いますぐお電話で無料レポートをご請求ください（一〇〇部限定）」「お申し込み先着一〇〇名様のみ、×××ドル割引いたします」など。私の研究でわかった意外な事実として、広告の右下隅に資料請求券をつけると、確実に反応が増える。

請求券にはたとえば「はい、資料を請求します」という一文のあと、連絡先を書き込むための空欄を数行入れておく。まったく不思議な話だが、そうすると多くの企業幹部が、雑誌のそのページを破って秘書に渡し、「ここに記入して送っておいてくれ」と命じる。だから、請求券つきの印刷広告は反応率が高い。おそらく、請求券だと軽い気持ちで反応しやすいのだろう。問い合わせの電話をかけるとなると、営業担当者と話さなくてはいけない。まだそこまでの興味はない。が、請求券に記入するだけなら気が楽。たぶんそんな理由で、請求券なしの広告よりきまって手応えが大きい。

景気が厳しく競争が激化するなか、各社はあの手この手で趣向を凝らし、既存の客にリピート購入を促すと同時に、新規顧客を引きつける必要がある。テレビ、新聞、ラジオ、雑誌の広告効果は年々落ちる一方だから、予算の限られている会社はもっと大幅に安上がりな方法で広い顧客にメッセージを送りたいだろう。そのためのアイデアを本書には数多く紹介してあるので参考にしてほしい。「ドリーム一〇〇」「顧客啓発にもとづくマーケティング」もそのひとつだ。

【広告に関するその他の考察】

もし予算がきついなら、広告を一回だけ出して、それをほかの売り込み場面で何度も利用し、信頼性を高めるというやり方もある。私の会社も以前、掲載号を一〇〇部無料で送ってもらうという条件で「フォーブス」誌に一回かぎりの全面広告を出した。続いて、その一〇〇部に手紙を添えて「ドリーム一〇〇」の見込み客に送付。全面広告の出ているページには付箋をつけておいた。また、営業担当者にもその号を持たせ、見込み客の前ですかさず広げて全面広告を見せるよう指示した。さらに、同じ広告を業界展示会のブースでも使い、横断幕の右端に「『フォーブス』でおなじみ」と入れた。

私の会社は現在、ラジオキャンペーンをおこなっている。ラジオのスポット広告には安定した数の問い合わせがある。ただ、次の段階に進むには、あとで折り返し電話をかけたりと手間がかかる。週単位で眺めると割に合わないため、私はキャンペーン中止も考えた。だが、同じラジオ局で同じ聴取層に繰り返し訴えることで、以前問い合わせてきた客がまた反応する可能性もある、と思い直した。

ラジオについて掘り下げるとしよう。ラジオ広告の権威であるダン・オウデイによれば、「ラジオは持ち時間が六〇秒しかないので、大事なメッセージひとつに絞るべきだ」という。なるほど、ほとんどの場合はそのとおりだろう。ふつうの会話の速度でしゃべると、六〇秒には一八七から二〇〇単語しか収まらない。

最近実際に流して好評だったスポット広告を再現してみたい。

> こんにちは。チェット・ホームズです。ビジネスオーナーのみなさん、私が一二カ月きっか

りであなたの売上げを二倍にするお手伝いをいたします。売上げ倍増の実績なら、よそにけっして負けません。一二のコンセプトをお教えして、一二カ月で二倍にしてみせます。では、コンセプトをひとつだけここでご紹介しましょう。一般消費者向けの製品・サービスの場合、理想的な地域だけに絞り込んで売り込めば、マーケティングのコストを抑えつつ、購入者の質を大幅に上げることができます。法人向けの場合なら、売上げを倍増するのはもっと簡単。実際、私は、とある有名な資産家のもとで働いていたとき、一六七社の理想的な顧客にだけ専念して、三年連続で業績を二倍にしつづけました。いろいろな努力をするかたわら、理想の顧客を獲得する努力に熱を入れるべきなのです。相手がどんな大きな会社で、あなたがどんな小さな会社であれ、二週間に一回ずつアタックしつづければ、必ず理想の顧客を獲得できます。いますぐお電話ください。一二のコンセプトのうち三つを学べる無料ホームページのアドレスをお教えします。電話番号は212―555―1234。業績を二倍にしたければ、212―555―1234にお電話を。212―555―1234まで、ぜひどうぞ。

この原稿は英文では一八五単語あり、効果は上々だった。別の機会には、三八七単語の広告を試したことがある。全部を一分間でしゃべりきろうと、ナレーターも懸命だった。息もつかせぬスピードで、メリットをまくしたてた。さてその結果わかったのは、英語の標準的な話し言葉は一分間に一二五単語だが、聞いて脳が理解できる速度は平均四〇〇から五〇〇単語に達するということ。この三八七単語の広告がいい証拠だ。猛烈な早口で、宣伝したいサービスの利点を二〇個並べたて、客からの賞賛の声もいくつか織りまぜた。すると、たいへんな反響があった。ただし断っておかなければいけないが、以後、そのときほどの大成功は再現できていない。いま流している広告の大部分は二〇〇単語以下にとどめてある。

一部の業界の場合は、効果実証済みのパターンだけを踏襲すべきだ。たとえば映画会社。娯楽業界にとってはテレビが最良の広告メディアといえる。音と映像を組み合わせ、短時間に情報を詰め込める。視聴者側も、番組のあいだに無料のミニ映画を見られるわけで、じゅうぶん楽しめる。とはいうものの、いつも驚かされるのが、目の飛び出るような広告費を払って宣伝しておきながら、いったいなんの映画なのか説明しない映画会社が多いことだ。三〇秒や六〇秒の劇場映画CMを見たあと、私は一〇回に九回、「いまのはどんな映画なのか知ってるかい?」と、かたわらの妻にたずねる。映画のテレビスポット広告は、ストーリーを明確に語る短編映画であるべきだ。ストーリーで虜《とりこ》にすればするほど、視聴者は興味を持つ。

広告でストーリーを語ることの重要性は、映画の宣伝だけにかぎらない。最近、衣料品のコマーシャルで、映画の予告編仕立てのものがあって感心した。創造力を刺激するストーリーを伝えれば、視聴者が見つめてくれる可能性が高い。

やがてつくられるであろう私の劇場映画『エミリーズ・ソング』の六〇秒テレビ広告なら、こんなふうになる。この広告を目にしたあと、みなさんは映画本編を見たくなるだろうか。残念ながら活字なので、読みながら頭の中で映像化してほしい。登場人物、すてきなBGM、魅力あふれるドラマを想像してもらいたい(現時点では、ここに名前を挙げた俳優が出演するとは決まっていない。あくまで、想像を膨らませてもらうための例だ)。

場面1:父親(トム・ハンクス)と娘(ダコタ・ファニング)がピアノの前にすわっている。きらめきを放つその姿から、愛情あふれる完璧な父娘関係が見てとれる。父親が、美しい娘にこの映画の主題歌「エミリーズ・ソング」を教える。笑いながら歌うふたり。〈ここまでで六〇秒中一二秒〉

ナレーション:エミリー・エバーズの子ども時代は、幸せそのものだった。愛情に包まれ、音楽を愛する父親に育てられた。だがそんなある日、悲劇が襲う。

場面2:父親が強盗に遭っている。首筋にナイフが光り、彼は地面の血だまりに倒れる。〈六秒〉

ナレーション:エミリーはひとり残された。

場面3:がらんとなった家の中。ソーシャルワーカーが、泣き叫ぶエミリーを連れ去る。〈三秒〉

ナレーション:孤独を生きるエミリー。子どものころのただひとつの思い出は、音楽だった。

場面4:おとなになったエミリー(キルスティン・ダンスト)が登場。ベネチアの海辺にある家で、歌いながらピアノを弾いている。〈六秒〉

場面5:音楽事務所の重役に断られるようすが、たてつづけに短く三回。エミリーが壁にぶつかっていることがわかる。しかし……〈九秒〉

ナレーション:エミリー・エバーズと世界のつながりは、音楽しかなかった。

場面6:舞台に立つエミリー。観客は感動の面もち。ファンが口々にエミリーの名を叫び、あら

ゆる角度からカメラのフラッシュが光る。エミリーは大スターになった。〈六秒〉
場面7：エミリーが友人の前で泣いている。苦悩があらわ。友人が慰めようとするものの、なすすべがない。〈四秒〉
ナレーション：幼い日の悲劇が、脳裏から離れない。けれども、失意のどん底で……
場面8：ピアノバーにいるエミリーが、パパラッチから身を隠している。突然、部屋の暗い隅から「エミリーズ・ソング」のメロディが流れてくる。はっとしたエミリーがピアノに近寄ると、そこには父親がいた。父親も呆然と娘を見つめる。いまや成長したエミリーが、信じられないようにつぶやく。「お父さん？」。見開いた目の前に父親がいる――生きている。〈一〇秒〉
場面9：画面が暗転。さらに四つの場面が、ほんの一瞬ずつ映し出される。ロックスターとして歌うエミリーの姿、彼女が飛び降り自殺の寸前のシーンなど。しめくくりの映像は、ロックスターのエミリーと、熱狂的に叫ぶファンたち。〈四秒〉

しめて六〇秒のミニ映画だ。美しい音楽を入れ、センスよく編集すれば、宣伝価値のある予告編ができあがるだろう。見る者全員を引き込めるとはかぎらないが、六〇秒のうちに情報がぎっしり詰め込まれているだけに、もっと深く知りたくなるにちがいない。貧しい境遇から裕福になるサクセスストーリーと、父娘の力強いストーリーを合わせて示してある。さじ加減がうまくいけば、父親がまだ生きていたことがわかる場面で衝撃を与えられるはずだ。

言っておくが、これが物語の全貌ではない。ごくごく一端だ。六〇秒ですべてを伝えられるはずがない。ただ、たった六〇秒のミニ映画であっても、情緒をかもしだし、想像力をかき立てることができる。六〇秒の動画のインパクトの大きさは奇跡に近い。

そこで、低予算で出せるケーブルテレビ広告について考えてみよう。

【ケーブルテレビCMの利点】

ケーブルテレビも、一般消費者向けに広告するうえで効果が高い。最近は広告料が安くなり、ほとんど誰でも利用できるほどになった。テレビ局によっては、特定の地区だけに流す割安な契約もできる。私が住む周辺のケーブルテレビは、バイクショップがある地区のみ、パン屋がある地区のみ、といった具合に絞り込んでCMを流せる。

テレビ広告の威力は驚異的といっていい。私の知るある起業家は、各種のエンターテインメント家電を設置するだけというシンプルなサービスをおこなっている。多忙な人間にとっては、その程度でもありがたいらしい。DVDプレーヤー、デジタルレコーダー、最新のプラズマ画面テレビなどの接続や設定を自分の頭で考える代わりに、このサービスを頼んでやってもらう。料金は一時間あたり八五ドル。その名も「Mr. Tim's Home TV, Music and DVD Service」という会社だった。

彼は、サービス内容を矢継ぎ早に紹介するテンポのいい広告を用意して、地元のケーブルテレビ局に行った。スポット広告を週に約四〇回流して、料金はたった二〇〇ドル。破格の安さなのは、二万世帯にしか放映されないせいだが、その二万世帯は非常に裕福な地域にあり、彼にしてみればうってつけだった。人気ドラマ『フレンズ』の再放送のあいまに、彼のCMが放映された。全米向けの放送ならコカコーラやパラマウントのような巨大企業が広告を出す枠だ。

すでに説明したとおり、すぐれたテレビ広告をつくるカギは、できるだけ視覚的に仕上げること。電話番号にしろ、ナレーターが口で言うだけでなく、画面にも数字を表示する。彼の広告は、テレビ、ビデオ、DVDプレーヤーのまわりに散らばる大量の接続ケーブルの中で、身動きできなくなっている男を描いていた。男は困りきった顔をしてテレビカメラを見つめる。そこでタイミングよく画面に「あなたに代わって、ケーブル接続のあらゆる悩みを解決します」と字幕スーパーが出る。ストーリーを視覚的に語りつつ、ナレーターがサービス内容を説明する構成だった。

効果的なスポット広告の例をもうひとつ。コマーシャルが流れはじめ、あなたはテレビの音を消したと想像してほしい。女がひとり、車をとめて、野球バットを手に降り立つ。すぐわきにとまった別の車につかつかと歩み寄るや、バットでたたき壊しはじめる。きっとあなたは、なにごとかと気になるだろう。そこへ、そっくりの車がもう一台やってきて、とまる。運転席の男が、女にひとこと、ふたこと。女は男を見やり……壊す車をまちがえたことに気づく。とそのとき、壊された車の持ち主が現れて、目をまるくする。

ここで、画面に会社のロゴ。地元の自動車修理工場だ。しゃれていて、視覚的で、音も必要ない。もっとも私は、このCMを何回目かに見たとき、思わず音をオンにして、車をとめた男がどんなせりふをしゃべるのか聞きたくなった。つまり、このコマーシャルはあらゆる意味で成功している。参考までに書いておくと、そっくりの車に乗った男は、女の恋人か夫らしく、女にひどい仕打ちをしたらしい。車をとめて、いやみったらしく言う。「ハニー、どうしたっていうんだよ?」

そんなせりふなど聞かなくても広告の趣旨は明らかだが、つい聞きたい気分になるほどだった。というわけで、最近は、いたって低料金で広告を出せる。ケーブル接続を代行する起業家は四〇〇ドル払っただけで、あとはケーブルテレビ局が一切を引き受けてくれた。ほかにも、一〇〇〇ドル以下の予算でとても出来のいいスポット広告を流した地域会社を、私はいくつも知っている。

【看板広告の向き不向き】

最後にもう一種類、看板広告についてふれよう。すでに述べてきた留意点が、どうやらここにもすべて当てはまる。やはり、非常に目を引くものでなければ、まるきりコストの無駄づかいだ。また、じかに問い合わせをもらいたいケースには、看板広告は向かない。私が車でよく通る道路に、近所の住宅ローン業者の看板広告がある。反応のほどはどうかとその業者に聞いてみたら、「ある」と言っていたが、どのくらいあるのかは口を濁した。たぶんさほどではないのだろう。それでも彼は、たくさんの契約に役立っているし、ターゲットとする不動産業者のあいだで「ブランドを構築する」のに役立っている、と胸を張っていた。ということは、すでに彼を知っている人間に名前をすり込むのが目的か。自分の街の道路沿いに平凡な看板を出して事足れりとなると、よほど有名人なのだろう。

道路のもう少し先へ行くと、別の不動産業者が同じような看板を出している。ただ、こちらははるかに派手で、テレビＣＭを凝縮して看板に仕立てたような感じだ。看板広告というものは、メッセージをひとつに絞り、視覚的に伝えなければいけない。ニューヨークやロサンゼルスのいたるところにある看板広告は、どうやらファッション業界にほぼ独占されていて、それぞれ特定のデザイナーブランドを宣伝している。したがって、センスのいい絵柄にブランド名だけ、というシンプルさだ。

私に最近アドバイスを頼んできた会社は、サウスカロライナ州で『The Carolina Opry』というステージショーを開催している。二〇年以上の歴史を誇り、マートルビーチに行く人なら知らない人はいないほど。田舎くさいダンスパーティのたぐいだろうと思いきや、実際に見るとわかるが、盛りだくさんの趣向で心温まる催し物だ。ただし、これを看板広告で宣伝する場合、ほんの数秒で特徴を伝えなければいけない。そこで私は上のような看板デザインを提案した。

	カントリーっぽさ 20 パーセント
＋	その他いろいろ 80 パーセント
	楽しさ抜群 100 パーセント

地方色が豊かなだけのイベントではなく、胸おどる楽しいショーだというイメージを伝えている。加えて、四〇人の出演者がノリにノッているようすを絵で入れた。また、マートルビーチの観光客は六〇パーセントほどがリピーターであることを踏まえ、またショーを見たくなるように、「これを見ないと、マートルビーチに来た気がしません」とつけ足した。全体として、単刀直入で、わずか数秒あれば伝わる内容になっている。

早い話、広告にはいろいろあれど、どれも工夫次第なのだ。

マーケティングの第二の武器：ダイレクトメール

顧客啓発にもとづくマーケティング（第四章参照）がうまくできていれば、その内容を生かしてダイレクトメールを見違えるほどパワーアップできる。カーペット清掃会社の例に戻ろう。この会社がつくったダイレクトメールは、家ダニのイラストを背景に、こんな宣伝文句。「プロの手で清掃しないかぎり、あなたの居間にはこいつが五〇〇万匹棲んでいる恐れがあります」。家ダニの姿は見るからに気味が悪い。映画『エイリアン』に出てきた化けものに似ている。さて、あなたが集めて「スタジアムでのセールストーク」に入れた市場データのうち、ダイレクトメールにふさわしい衝撃的な事実はどれだろうか。

ダイレクトメール戦術が成功するか否かは、どれだけ定期的に徹底して送るかにかかっている。第九章で、理想の見込み客にダイレクトメールを送る手順を細かく指南するが、ここでは、私自身の経験をもとに、ダイレクトメールの目立たせ方の基本ルールを挙げておきたい。

第一に、色をなるべく多く使うこと。封筒そのものや、封筒に印刷する文字も、カラフルにしたほうがいい。

第二に、封筒にメッセージを入れよう。なにしろ、封を切ってもらわなければ始まらない。手っとり早い策として、外側になんらかの魅力的なメッセージを、前項で述べた広告見出しのつくり方を参考に記しておくといいだろう。客側を主体に置き、役立つ情報を織り込んだメッセージにしてもらいたい。

第三に、届いた郵便を自分がどうやって選別するか思い浮かべてみよう。どんな手紙を最初に開くだろうか。グリーティングカードらしきものと、電話会社の請求書らしいもの、どちらを先に開封したくなるか。できるかぎり受け取り側の気を引くため、グリーティングカードや招待状、さらには結婚式の通知状を模したダイレクトメールなど、いろいろと工夫する会社も数多い。

ダイレクトメールに関しては、巻にいやというほど手引書が出まわっているので、そちらを参照してもらいたい。私からは「理想の顧客にアタックする武器として使うべきだ」と助言するにとどめておこう。ダイレクトメールは、ほかの武器と組み合わせてこそ大きな力を発揮する。実際、私が指導するある会社の場合、ふだん広告の対象にしているのと同じ顧客層にダイレクトメールも送付してみたところ、広告の反応が三五パーセント増えた。米国の雑誌ならふつう、掲載された広告を見て資料請求してきた購読者にダイレクトメールで応える、というシステムがあるから、業界紙に広告を出している会社は、広告キャンペーンと購読者向けのダイレクトメール戦術とを上手に連動させてほしい。

マーケティングの第三の武器：会社パンフレット

繰り返しになるが、マーケティングの武器の力を最大限に発揮させるには、見かけや中身をほかの武器とバランスよく調和することがカギになる。だから、パンフレットもダイレクトメールと同様、「顧客啓発にもとづくマーケティング」のデータその他を引用し、「スタジアムでのセールストーク」の簡略版といえる内容に仕上げるべきだ。つまり、相手を強く引き込むデータを並べて、購入基準をあなたに都合のいい方向へ傾ける。多方面にわたるマーケティング努力のつながりを強化するため、プレゼンテーション、広告、ダイレクトメールなどに使ったのと同じ画像を流用しよう。

パンフレットがおおいに役立つのは、たとえばこんな場面だ。あなたが、見込み客を相手に顧客啓発のレクチャーをおこなう。相応の市場データを織り込んで、手際よく進めていく。すると終了時、見込み客が「いまの内容を、上司や役員会にもぜひ伝えたい。コピーをもらえないか」と言いだす。しかし、レクチャーの出来が本当に素晴らしいなら、あなたはたぶんコピーをそっくりそのまま渡したくはないだろう。見込み客を通じて、ライバル会社の手に渡りかねないからだ。ただ、重要箇所だけ抜粋したパンフレットをつくってあれば、不安なく渡せる。こちらの身代わりとなって上司らを説得してくれるわけだから、見込み客に売り込みツールを渡しておくことは大切だ。

私は現在、住居ビルを販売するユナイテッド・マルチ・ファミリー（www.umf.com）という業者のコンサルタントを務めている。この業者が用意したレクチャーは、情報がよくまとまっており見事だ。オーナーに建物の売却をあおりつつ、他社ではなくこの業者を選ぶべき理由を数多く挙げてある。おかげで、このレクチャー後の契約成約率はなんと八〇パーセント。同社のパンフレットは、レクチャーの内容を要約したもので、おもなデータは共通だ。したがって、営業担当者が住居ビルのオーナーに会ってレクチャーしたあと、そのオーナーが配偶者なり経営パートナーなりに相談したいと言いはじめた場合は、レクチャーの短縮版として、パンフレットを置いていけばいい。あるいは、時間の制約その他で手短に切り上げなくてはいけないときも、パンフレットを広げながら話を進めれば、要領よくレクチャーができる。

さらに深く考えてみよう。正直なところ、ほとんどのパンフレットはお金の浪費だ。顧客ではなく売る側の立場にばかり焦点を当ててしまっている。エゴの悪い見本だろう。たとえばあなたが住居ビルのオーナーだとする。オーナー向けの業界展示会に行くと、テーブルにたくさんのパンフレットが並べてある。しかしほとんどは「キンバリー&ウエイン社――わが社がすぐれている理由」などと表紙にうたっている。そんなパンフレットに手に伸ばすのは、すでにその会社を知っていて、連絡を検討中の人間だけだろう。ところがひとつだけ、「住居ビルのオーナーの方々が直面している五つの危険、および、ビル資産の活用法」と書いてある。こんどは、興味を覚えるのは誰だろうか。当然、この展示会を訪れたオーナー全員が、このパンフレットを読んでみたいと思うのではないか。あなたの身に置き換えてみて、さてどうだろう?

きちんと顧客の立場に立ってつくれば、パンフレットは売り込みツールとして大きな役割を果たす。似たようなたぐいに「無料レポート」や「販促チラシ」がある。私の会社は、充実した無料レポートを十数種類とりそろえ、インターネット経由のマーケティングツールとして活用している。わが社のメーリングリストに申し込むと、数日ごとにメールで無料レポートが届くというしくみだ。レポートにはまちがいなく有益な情報が含まれているが、末尾に目立たないかたちで、私たちがじつは売り込みたいサービスへのリンクが入っている。たとえば「売上げ向上についてさらに詳しくは www.howtodoublesales.com へどうぞ」。控えめながらも、非常に効果が高い。現時点までの統計では、レポートを受け取った読者のうち三〇パーセントが、記事の最後にあるリンクをクリックした。見込み客を引き込むうえで有効な手段といえよう。

私が広告の販売をしていたころは、一ページきりの販促チラシを何種類もつくり、効果的な広告を出すコツをそれぞれにひとつずつ記した。営業スタッフは、見込み客めいめいの事情に合わせて、ふさわしい一枚を差し出すのだ。たとえば、広告を一回だけ出したがっている客には、頻繁に広告したほうがいかに効果的かを記したチラシを見せる。モノクロ広告しか出そうとしない顧客には、カラー広告の威力をまざまざと感じさせるデータを載せたチラシを渡す。

実践トレーニング

あなたのおもなセールスポイントを五項目から一〇項目書き出してみよう。他社ではなくあなたの会社の製品を買いたい気持ちにさせる誘因は何だろうか。見込み客を引きつけて、最初の心づもりより深く踏み込ませるような引き金はないか。ひととおり書き終えたら、項目ごとに一枚ずつ販促チラシをつくろう。ここでもやはり、あなたではなく顧客側が主体になるように留意し、「どうやって」ではなく「なぜ」を中心にする。色づかいはカラフルに。できれば、どのチラシにもイラストか写真を入れる。イラストや写真が適さない内容なら、見出しを大きくして、印象的に仕上げる。本文に関しては、以下のサンプルを参考にするといい。このサンプルは、私を講師に迎えた会社による、テレビ会議セミナーの宣伝だ。

▼わずか一二カ月であなたの業績を倍増する四つの方法

著名な業績飛躍アドバイザー、チェット・ホームズ氏を講師に迎えた実況中継セミナーに、あなたも参加してみませんか。わずか一二カ月で業績を倍増する方法を、四種類も学べます。そう、どのひとつをとっても、たった一二カ月のあいだに業績を二倍にできるのです！　セミナーの所要時間は七〇分。あっという間に過ぎるでしょう。お出かけの必要はありません。通信回線経由で受講できます。

［講師紹介］チェット・ホームズ氏は、個人のトレーナーとしては世界でただひとり、フォーチュン五〇〇企業のうち六〇社以上でコンサルタントを務めた経験の持ち主です。これまで指導した企業は、エスティ・ローダー、ワーナー・ブラザース、アメリカン・エキスプレス、シティバンクなど。世界二三カ国で六五種類のトレーニング製品を販売しており、雑誌「サクセス」では「チェット・ホームズ氏は行く先々で売上げ記録を塗り替える」と評されました。www.chetholmes.com にアクセスしていただければ、本人による二分間のイントロダクションをご覧になれます。

きたる火曜日、この実況中継セミナーで取りあげるテーマを、ほんの少しだけお教えすると……

①理想的な顧客を絞り込んで、マーケティングのコストを減らし、売上げを驚異的に伸ばすには？
②理想的な顧客を一堂に集め、いっぺんにプレゼンテーションしてみせる奥の手とは？

――「スタジアムでのセールストーク」なる魔法のコンセプトを伝授します。

③驚異の業績アップ戦略とは?――どんなに小さな会社や個人でも、歩合制で営業スタッフを雇って、一気に業績を飛躍させる方法をお教えします。

④ゼロから一億ドルへ――会社を一億ドル企業に成長させるために必要な特性や技能について解説します。一億ドルまではめざしていないとしても、状況を一変させる秘訣を学べるはずです。大半の会社は、ある段階でどうしても行きづまるもの。本セミナーが、壁を打破する原動力となり、急成長を呼び込みます。

ぜひこの機会に、著名な業績飛躍アドバイザー、チェット・ホームズ氏のセミナーをどうぞ。一〇月一〇日火曜日、午前一一時ちょうど(東部標準時)からです。わずか一時間あまりで、あなたの毎日は順風満帆になるでしょう。参加者は一〇〇〇名様限定。前回の中継セミナーでは、定員オーバーのため一〇〇〇人以上の方々をお断りせざるをえませんでした。お申し込みはくれぐれもお早めに。(申し込み用のホームページのアドレス)

好奇心をあおる上出来の見出しで始まり、あれこれと「じらし」を交えながら、読む側をもっと知りたい気にさせる。この例の場合、講師である私に焦点を当てているが、それは私が「著名なアドバイザー」だからだ。見出しのほうは、はっきりと相手を主役にして、客側にたくさんのメリットがあることを示している。

このたぐいのチラシを一〇種類以上、用意しておきたいものだ。見出しを工夫し、見込み客側のメリットを前面に出し、行動を呼びかけることを忘れずに。

マーケティングの第四の武器：広報

広報、すなわちPRとは何か。たとえば、業界展示会の折に顧客向けのパーティや慈善イベントを開くなど、華やかな催しで宣伝活動をおこなう。また、プレスリリースを発行し、マスコミとの緊密な関係を築き、自社にまつわる記事を出稿し、社の利益に役立つ団体（業界団体、市民団体ほか）に加盟したり提携したりする。たいがいの会社は、広報活動に一貫性が足りないせいで、効果がいまひとつ薄い。しかし本来、広報は、非常に小さな会社を一躍有名にすることもできるほど有効といえる。インターネットの台頭が著しい昨今なら、なおさらだ。

前記のとおり、わが社は十数種類の無料レポートを用意して、メーリングリストにより販売促進に役立てている。それと並行して、このレポートを原稿として生かし、傘下の広報会社を通じて各方面に流している。おかげで毎月、私が書いた記事がインターネット上の一〇〇カ所以上にあらたに掲載される。毎月そのペースだ。グーグルで私の名前を検索してもらえば、関連記事が大量のサイトで見つかるだろう。この原稿の執筆時点でみると、五万六〇〇〇サイトに私の書いた記事や私に関する記事が掲載されている。さて、あなたが書いた記事が掲載されそうなサイトはどこだろうか。

実践トレーニング

雑誌、業界紙、ホームページなどに掲載されそうな記事のアイデアをいくつか書き出してみよう。記事はそのまま、無料レポートのかたちで、見込み客へのマーケティングに使うこともできる。ライバルをお金ではなく頭脳で打ち負かすわけだ。

「スタジアムでのセールストーク」にもとづくレクチャーが万全なら、こちらの準備もスムーズにいく。私は目下、果物の皮に画像を描く新たな方法を開発したふたりの女性をコンサルティングしている。たとえば、リンゴにスポンジ・ボブの絵をつけられるわけだ。このふたりの「スタジアムでのセールストーク」は、アメリカ人の健康にまつわる話題や、果物を食べる量を増やすと寿命が延びるというデータなどを含む。以下に、プレスリリースの一枚を挙げておこう。興味深い情報が満載だ。情報豊かに仕上げると、読みたがる人間がおのずと増える。

▼プレスリリース：アメリカ人児童の肥満率が四倍に――悪いのは本当にファーストフード店？

一九六三年から一九七〇年にかけておこなわれた調査によれば、六歳から一一歳の児童の肥満率は、約四パーセントにすぎませんでした。ところが、一九九九年から二〇〇二年におこなわれた同様の調査では、肥満率がなんと一六パーセントに急増しています。

さまざまな時代の流れが、肥満の増加を引き起こす要因になっています。大企業が子ども向けのマーケティングにたいへんな力を入れ始めたこともそのひとつ。しかし無理もありません。一九六〇年の時点では、子どもたちはおよそ五〇億ドルの消費に影響を与える程度でしたが、今日では、その数字が五〇〇〇億ドルと、とてつもなく膨れあがっています。

アメリカ企業社会が子どもたちに直接売り込む商品の数は、一九九四年には五二製品だったのに、現在では五〇〇製品を超えています。アンケート調査したところ、小学校児童の九六パーセントがマクドナルドの「ドナルドおじさん」を知っていました。この認識率の高さに並ぶキャラクターはただひとり、サンタクロースだけです。さらに、マクドナルドの黄色いロゴマークは、キリスト教の十字架より認識率が高い、という統計結果が出ています。

このような食文化の変化に対して、疑問を感じはじめた人たちもいます。ワシントン州バーリントンで「AMFファームズ」という小さな農園を営むふたりの女性は、果物にイラストを入れれば子どもたちの食べる量が増えるのではないかと考え、アメリカ農務省から助成金を受けて、実験に乗りだしました。

このAMFファームズの製品第一号は、ミニカボチャに漫画キャラクターを描いたもの。好評につき、ウォルマート、クローガー、セーフウェイ、アルバートソンズなどの大手スーパーマーケットチェーンで販売されました。カボチャで大量生産技術を確立したあと、次の段階としていよいよ、果物に人体無害なペインティング加工をほどこしはじめました。どんな絵柄でも自由自在。とくにリンゴとナシが適しています。同農園のミッシェル・

ユーンキストはこう話しています。『『ドーラといっしょに大冒険』や『スポンジ・ボブ』の絵柄が入ったリンゴなら、おたくのお子さんも大喜びで食べたがると思いませんか」

ＡＭＦファームズは現在、大手のいくつかの果樹園と協力し、漫画キャラクター入りの果物をさらに増やそうとしています。ほかにも、有名スポーツチームのロゴ、企業のロゴなどを入れることができ、果物の需要増を望むスポンサーを募集中です。

『Journal of Agriculture and Chemistry』によれば、農務省の推奨どおり果物や野菜を一日五個以上食べた場合、癌にかかる恐れが五〇パーセント、心臓疾患にかかる恐れが二〇パーセント減少するそうです（この二つがアメリカ人の死因の最上位を占めています）。

「小さな会社ですので、私たちができるのはささやかなことにすぎません」と、ＡＭＦファームズの設立者のひとり、リズ・ミッチェルは言います。「ただ、子どもたちをもっと健康にするために、自分たちの役割を果たしたいのです。この試みによって、子どもたちがリンゴを毎日一個食べてくれるなら、苦労のしがいがあるというものです」

詳しくは www.fruitdeco.com をごらんください。

効果的な広報チラシだ。最初に、耳の痛いニュースを入れてある。肥満をめぐるニュースは毎日のように流れており、とりわけ子どもの肥満は社会問題になっている。このチラシのもうひとつうまいところは、権威があり信頼性の高いデータを使っている点だと思う。ほとんどこのままニュース記事として読める。良心的な活動をしている会社を取りあげ、子どもの食生活を改善するための努力を紹介する。ＡＭＦファームズそのものよりも、読む側の関心事に焦点をあてているぶん、マスメディアに取りあげられる可能性が非常に高い。

【マスメディアへの露出を図る】

マスコミ各社の関係者も、あなたが心をつかみたい見込み客と基本的になんら違いはない。一見不可能に思える相手も「ドリーム一〇〇」戦法で攻略できるのと同じように、大きなマスメディアの壁も、努力を傾ければ必ずや突破できる。たとえ大人気トーク番組『オプラ・ウィンフリー・ショー』のプロデューサーであれ、毎月欠かさずあなたから次々と提案を受けつづければ、あなたの存在をはっきりと認識するだろう。どんな新聞や雑誌も同様だ。国内全域を視野に入れているのなら、全米向けの出版物をターゲットにすえて、相手にこちらの存在を意識してもらうまで粘り強くアタックしつづけよう。

実践トレーニング

あなたの会社を取りあげてほしい、あなたの記事を出してほしいと感じる、理想のマスメディアの名前を書き出してみよう。地元をターゲットにした会社なら、興味深いアイデアや題材を地方新聞社に送りつづけるといい。「スタジアムでのセールストーク」に詰まったたくさんのデータを活用すれば、マスメディアの編集者や関係者の気を引く素材をいろいろと用意できるだろう。

みなさんも気づいているかもしれないが、エンタテインメント業界の話題を扱うメディアは、どれもいっせいに同じ番組や映画を特集する。取りあげるべき素材は無数にあるはずなのに、どのメディアもこぞって同じ一〇作品前後の番組や映画のことばかり報道する。なぜか。じつは、テレビショーや雑誌記事でどの素材を扱うか決める担当者が、売り込み側の広報スタッフと親密なつながりを持っているからだ。あなたも、自分の業界を扱うマスメディアの有力者と、近しい関係を築くといい。

実際のところ、『ゲリラ・マーケティング』シリーズが掲げるデータによれば、ニュースとして報道される記事の七〇パーセントは「流用記事」、つまりプレスリリースのたぐいをそっくり拝借してつくられたものだという。多くのメディア発信源には、さまざまな会社からプレスリリースが殺到している。賢い編集者は、あふれるプレスリリースの中から面白い題材を発見し、記者に文章を肉づけさせるのだ。

プレスリリースを送ったあとは必ず、フォローの電話をかけよう。そうすれば、しだいに緊密な関係を築ける。たとえば、電話口でこんなふうに言う。「当社のプレスリリースをお受け取りになりましたか？　家庭内に有害物質が驚くほどあふれていることを浮き彫りにしたプレスリリースです。あれを記事にお使いになるうえで、何かお手伝いできることがないかと思いまして」。かなりの率で、そのプレスリリースを送り直してくれと頼まれる。あるいは「結構です」とすげなく断られるかもしれない。だが翌月、ふたたび電話して、どの家庭の居間にも家ダニが五〇〇万匹という話を始めると、相手の脳裏に記憶がよみがえるだろう。「たしか先月、室内の空気が汚れているとか言っていた、あの男だな」と。いずれ、関連する話題を記事にしたくなったとき、その編集者はまず誰に電話するだろうか。想像してみるといい。定期的に電話で記事のアイデアを提案してくれる人間は、まちがいなく重宝がられる。

前に、アメリカン・アート・リソーシズ（AAR）という、病院に飾る芸術作品を扱う業者の話をしたのを覚えているだろうか。あの業者がもし、病院向けのチラシに「AARはなぜ素晴らしいのか」「AARがまたも大手病院を顧客に」などと書きたてたとしたら、どれだけの効果が上がるだろうか。そんなチラシはたんなる自己満足にすぎず、社外の人間には興味がわかない。しかし実際のAARはもちろん違った。レクチャー用にまとめたデータを入れながら、魅力的なプレスリリースをつくった。おかげで全米向けの雑誌や医療業界誌にたびたび取りあげられた。

AARがまとめた「スタジアムでのセールストーク」には、一般的なデータのほか、病院を悩ます問題点――訴訟をはじめ、病院内での怪我、スタッフ不足、利益の減少など――が具体的に盛り込まれている。五〇〇〇ある病院のうち二〇〇〇ほどが赤字経営（「AHAニュース」より）。医療過誤による死亡事故は年間二〇万件以上にのぼる（「ジャーナル・オブ・アメリカン・メディスン」より）。その他、雑誌や新聞の編集者が興味を示すであろうデータが目白押しだ。広報を充実させるこの会社の努力には目を見はるものがある。

ただし、広報活動はプレスリリースだけではない。たとえば、業界イベントでスピーチができれば注目を浴びられる。自社の製品やサービスを語るだけではスピーチをさせてもらえないだろう。

が、強力な「スタジアムでのセールストーク」を用意してあれば、早晩、スピーチの機会を得られるにちがいない。情報満載の原稿を整えていたＡＡＲは、大きなカンファレンスで何度か基調講演の機会をつかみ、「ドリーム一〇〇」が集まった会場でレクチャーすることができた。あるスピーチの際などは、三〇〇を超す理想的な顧客が「もっと詳しい話を聞かせてくれ」と申し出た。

こういったマーケティング努力に加えて、ＡＡＲは、中身の濃いパンフレットも作成した。レクチャーに使ったデータを入れ、病院に飾る美術作品を写真で例示した。できるかぎり最高のやり方で、断固たる決意と一貫性を示し、自社のビジョンを結実させようとしているわけだ。

実践トレーニング

あなたの売り込みの核となる「スタジアムでのセールストーク」を眺めて、標的とする出版物の読者がおおいに興味を示しそうなデータを抜きだそう。

あなたが特定の垂直市場でビジネスをしているなら、マスメディアへの露出はいたって簡単だろう。歯科医だろうと指圧師だろうと、はたまた製造業者だろうと、どの市場分野にも、専門の業界誌が存在する。ごく絞られた市場なら、出版元もひと握りしかないので、毎月連絡をしていれば編集者とすぐ知り合いになれる。

いったんしかるべき誌面に掲載されると、ひとつの記事がそのあと何年も役立つ。先ほどのサンプルの文中にもあったように、私は以前、雑誌「サクセス」に「空手マスターのチェット・ホームズは、行く先々で売上げ記録を塗り替える」と取りあげてもらった。サンフランシスコのベイブリッジを見おろす執務室の机の上に立ち、私が空手キックのポーズをとっている写真つきだ。

もう少し実務的な情報を入れてほしかったとは思うものの、ありがたく、この記事をほかのメディアなどで一〇〇〇回は利用した。たとえば、理想の顧客向けのメール広告にも使ったし、私のホームページにアクセスすると、その記事を目立つ位置に載せてあるのがわかるだろう。私のキャリアの中でうれしいプラスアルファになってくれた記事だ。もっとも、さまざまなマーケティング努力で正しく使用してこそ意義がある。

実践トレーニング

将来的なケースも含め、あなたについて書かれた記事やあなた自身が書いた記事をどう活用できるか考えて、リストアップしてみよう。一例を挙げておく。

①販促チラシに使う。
②営業担当者に持たせて、見込み客に見せる。
③ダイレクトメールに使う。
④会社のパンフレットやレクチャーに使う。
⑤展示会で配布する。
⑥広告で引用する。

プレスリリースを書くなら、「PR Newswire」という見事なインターネットサービスを活用するといい（www.prnewswire.com）。数百ドル程度の割安な料金で、ありとあらゆるメディアにプレスリリースを配信してくれる。私は二回利用し、二回とも「ウォール・ストリート・ジャーナル」紙に掲載された。また、スタッフがマスメディアの着眼点に精通しており、プレスリリースの書き方にアドバイスをくれる。効果的なプレスリリースを書く秘訣のひとつは、文中でフォーチュン五〇〇企業を引き合いに出すことだ。虚偽の記述は訴訟につながりかねない（あくまであなたの責任だ）が、合法的な根拠で企業名を出すかぎり、メディアの注目を引くのにいい。

マーケティングの第五の武器：個人連絡先

広告するもよし、ダイレクトメールするもよし、雑誌記事を送るもよし。だが、電話で直接話すに越したことはない。マーケティングの手段としては最も強い力を宿している。営業担当者や顧客サービス担当者が直接、顧客に連絡をとるのが、なによりのマーケティングだ。あまりにも重要だから、複数の章を割いてじっくりと説明したい。と同時に、本書全体にわたって、いろいろな活用ヒントを散りばめてある。そんなわけで、ここでは先を急ごう。

マーケティングの第六の武器：業界展示会と市場啓発

うまく利用すれば、たった一回の業界展示会が、あなたを無名の存在から市場で最も注目すべき存在にまで押し上げてくれる可能性もある。頭角を現して脚光を浴びる絶好の機会なのだ。ただ逆に、下手なやり方だと展示会への出展はお金の無駄づかいにしかならない。「出展したものの、収穫がなかった」という感想をうんざりするほど耳にする。そういう失敗の体験者には、以下のルールを教え込む。すると、見違えるように変化が現れる。

展示会への参加を有意義にするためのルールは三つだけだ（この三つを補強する方法はたくさんあるが）。大切な順に並べると、こうなる。

①注目を引く。
②客を誘い込む。
③連絡先を入手する。

順に説明しよう。

【ルール①注目を引く】

おおぜいの中で本当に目立つにはどうすればいいのか。周囲に注目してもらえなければ、製品や販売方法が素晴らしくても無意味だ。業界展示会はたいていが退屈きわまりない。似たり寄ったりのブースが並び、どこも自社製品をただ声高に売り込むばかり。したがって、あなたの会社はぜひとも、楽しいブースにしなくてはいけない。どのブースよりも面白そうで、活気に満ちている場所にすべきだ。

私が指導したある会社は、「ハワイアン」をテーマに選ぶことにした。まず、スタッフが全員おそろいのハワイアン・シャツを着て、他社との違いを際だたせた。来場者の視点から考えてみるといい。五人ないし一〇人が、ハワイアン・シャツを着て声を張りあげている。どうしても注目せざるをえないだろう。「あの連中はなんだ?」とうわさしたくなる。

【ルール②客を誘い込む】

この戦術にはまだまだ続きがある。第一に、ハワイアン・シャツを着用。第二に、ブースの背景にハワイの海岸を描き、大きな文字で「抽選でハワイ旅行ご招待」と書いた。第三に、終日トロピカルドリンクを無料配布した。人目を引くには服装だけでじゅうぶんだが、さらに来場者を自分のブースに呼び込まなければいけない。ハワイ旅行とトロピカルドリンクはそのためのしかけだ。

【ルール③連絡先を入手する】

さて、ハワイ旅行の抽選に申し込もうと人が集まってきた。来場者はいやおうなしにあなたに名刺を渡し、短いアンケートに答えることになる。ここでひとつアドバイス。アンケートで正確なデータを収集するコツを教えよう。「あなたの会社の規模は?」とたずねて、空欄に記入させようとすると、回答者はいい加減な答えを書いたり無記入ですませたりする。ところが同じ質問でも、回答を選択式にすると、まともな情報が多く集まる。つまり、こんなふうにする。

お勤めの会社の規模（ひとつ選んでください）
Ⓐ一〇〇万ドル以下
Ⓑ一〇〇万～五〇〇万ドル
Ⓒ五〇〇万～一〇〇〇万ドル
Ⓓ一〇〇〇万ドル以上

おもに小さな会社がビジネス対象なら、Ⓐを一〇万ドル以下としてもいい。ほかの質問なら、たとえばこうなる。

年に〇〇をいくつ購入しますか？
Ⓐ五個以下
Ⓑ六～一〇個
Ⓒ一一～一五個

だいたい要領はつかめただろう。

この調子で二、三の質問に答えてもらう。どれも、印をつければいいだけの選択式にする。これで、商談のきっかけを得られたばかりか、見込み客フォローをする際に優先順位をつける手がかりまでそろった。当然、ドリンクを渡してアンケートを書いてもらうあいだにも、相手と会話をして、脈があるかどうかをみる。業務拡大のビッグチャンスだ。

来場者のさらなる関心を引くため、美形のモデルを雇った例もある。彼女がトレイにドリンクを載せて会場を歩きまわり、客をブースに連れてきて、ハワイ旅行の抽選に登録させるわけだ。大都市ならどこでもモデル事務所がある。インターネット上でモデルを選んで、展示会ブースで働いてもらえる。一日ひとり三〇〇ドルほどだから、魅力的なモデルを一名か二名雇うといいだろう（男性と女性をひとりずつ雇うのもお勧め）。それで客を呼び込めるなら安いものだ。

会場近くの人気クラブを借りて、夜、ハワイ料理をふるまう宴会を開くことができればなお上等。雇ったモデルにこう予告させる。「みなさん。今夜、ハワイ式のパーティがあります。きっとすてきな夜になりますよ。招待制ですので、ブース番号二三七二でご登録ください。すぐあちらのブースです」

夜のパーティは、業界展示会の大きなお楽しみだ。が、せっかくやるなら、抜かりなくやろう。以前働いていたある業界では、パーティが理由で私たちの会社は一躍有名になった。なにしろ、会場のどこのブースでも、私たちのパーティの話題で持ちきりだった。顧客が招待券を欲しがって営業スタッフを追いまわしていた。

パーティを成功させるコツは、人気のクラブを予約することだ。その際、出費をとことん抑える裏技を教えよう。展示会の一、二週間前に、宿泊するホテルの案内係に問い合わせて、会場周辺で人気のクラブをいくつか教えてもらう。日中にそのクラブに電話し、支配人を呼びだして言う。「そちらの街で二週間後にパーティをやりたいんです。二〇〇人連れて行きますよ。ひと晩飲み放題で、勘定はすべて私が払います。どこのクラブを会場にするか考えている最中なんですが、おたくの店はどんな案配です?」

まともな支配人なら、この団体客を逃してなるものかと思うだろう。展示会は平日におこなわれることが多く、火曜の夜あたりはクラブが暇だから、二〇〇人連れて行ってもまず大丈夫。事前に交渉すべき点がふたつある。ひとつは、入場料を取らないこと。いままでの経験では、どのクラブも喜んで入場料を放棄した。クラブによっては入場料がひとり二〇ドルかかるから、これでかなりの節約になる。もうひとつ、了解をとっておきたいのが、客を列に並べて待たせないこと。来たらすぐに入れてもらう。これで客は、高級店に並ばずに入る有名スターのような気分を味わえる。

次に、ドリンク引換券を印刷し、営業スタッフ(やモデル)に会場で配らせる。あなたの営業スタッフはたちまち人気者になれるだろう。招待時に二枚ずつ渡しておき、追加が欲しい場合はあなたのところへ取りに来るという決まりにしておく。こうすると、経費をコントロールできるうえ、無関係の客がまぎれてバーテンダーに「XYZ社のパーティ客だ」と名乗って注文するのを防げる。パーティ終了時、店側に券の枚数を数えさせ、あなたは合計額を払うだけでいい。私はふつう、ドリンクを均一料金(一杯六ドルなど)にしてくれるように交渉する。スコッチをたしなむ客もいるが、水やクラブソーダを飲む客も多い。本当に高い飲み物にはそう手を出さないだろう。支配人も事情をくんで、たいてい、均一料金で同意してくれる。計算してみよう。二〇〇人が平均三杯飲むとすると六〇〇杯、一杯六ドルならしめて四〇〇〇ドルにも満たない。「あの展示会で最高のパーティだった」と喜ばれる代償としては、そう高くないはずだ。

注意点をもういくつか。展示会には往々にして、運営者主催のパーティやイベントがおこなわれる日が一夜ある。それとスケジュールがぶつからないように配慮したい。また、同じ夜に、あなたの会社よりずっと大きな会社がディズニーランドを借り切っていたら、とうていかなわない。パーティの日どりを決める前に、他社の動向をチェックしよう。

もちろん、パーティの中身も魅力的にしたいものだ。参加するならあの会社のパーティ、といわれたい。招待客の数を少しだけ絞り込み、みんなに「今回の展示会でいちばんホットなパーティになりますよ」とささやいておこう。

この種のパーティを私が最初に開いたのは、カナダのトロントだ。先ほど説明したような条件を提示して、街のシンボル、CNタワーの最上階にあるクラブを予約した。パーティにはうってつけの場所だろう。切れ者の営業スタッフ五人に命じて、展示会場内を歩きまわらせ、「とびきりのパーティになりそうです」と宣伝させた。最高にチャーミングなモデルもひとり雇って、宣伝に加わってもらった。結果、市場で無名だった私たちの会社は、このたった一回の展示会で、みんなが口々に話題にする存在にまで飛躍した。

とにかく、展示会のときのパーティは、楽しいことが何より大切なのだ。その点、クラブでパーティを開けば、すでに環境は整っている。ダンスのパートナーが初めから用意されている。あなたは、参加者全員が踊って楽しんでいるかどうか気を配ればいい。雇ったモデルをここにも連れてくると、華やかさが増す。たいてい、一〇〇ドルほど追加するだけで、パーティにも参加してくれる。面白そうだからと、報酬は二の次になるらしい。モデルが花を添えてくれれば、雰囲気が盛り上がるし、みんなますますダンスに夢中になる。

もっとも、あなた自身の振る舞いが、パーティ全体の成功に大きくかかわる。愛想のよい物腰を心がけよう。客には積極的に歩み寄って、握手する。また、ほかの客に紹介する役も買って出る。所在なげに突っ立っている客がいないか注意する。目標は、翌日の展示会場でみんながあなたのパーティを話題にすることだ。

ハワイアン以外に、過去に使って好評だったアイデアを挙げると、ブースにカジノを設置する、マジシャンを雇う、占い師を雇う、ジャズを流して一九二〇年代ふうの熱気ある空間をつくる、など。工夫のしようはいくらでもあるものの、あなたが販売する製品やサービスに結びついたテーマが最も効果的だ。楽しく盛り上がるのはおおいに結構だが、肝心のメッセージが埋没して、トロピカルドリンクや運勢占いの陰に消えてしまわないように気をつけよう。

私がコンサルティングしたある会社は、『スター・トレック』をテーマに選んだ。全員が本物と見まがうような『スター・トレック』の衣装を身にまとい、胸には発信器をつけて、「転送してくれ、スコッティ」とお決まりのせりふを言うとビープ音が鳴るようにした。来場者に大ウケだった。総督に扮したCEOは、ひときわ目立っていた。SF仕立てにすることで、業界の未来を担う会社であるとアピールしたわけだ。

続いて、イングランドで不動産投資物件を売買するある業者の例。さまざまな種類の投資会社が集う展示会に参加する際、ジェームズ・ボンドをテーマにした。キャッチコピーは「殺しのライセンス」ならぬ「儲けのライセンス」。男性はタキシード、女性はイブニングドレスといういでたちだった。会場でおもちゃの鉄砲を配ったほか、夜はクルーザー上でのボンドふうパーティを企画し、雇ったモデルたちに招待券を配らせた。限定チケットだったせいもあり、パーティはおおいに盛り上がった。その展示会を通じて、平均的なブースだと、見込み客の連絡先を一五件ほど手に入れただけだったが、この業者は五五〇件という圧倒的な数を獲得した。

また別の会社を例にとろう。この会社は、農作物の生産性を上げる土壌添加剤を販売していた。これを使うと、面積あたりの収穫量を増やし、土地が痩せるのを防ぎ、病気や害虫に強くて栄養価の高い穀物を育てることができる。展示会に向けてコンサルタントを頼まれた私は、医者をテーマにすえ、土を改善するという意味を込めて「泥んこドクター」と名乗ってはどうか、と提案した。スタッフは渋い顔をした。ＣＥＯも含めて全員、「農業関係者が集まる展示会で、医者の衣装を着るなんて……」といやがった。だが、私に背中を押されていざやってみると、見事なまでの大成功だった。その後、別の会社にも同様のアイデアを提案したとき、会社側がやはり尻込みしたため、「泥んこドクター」の社長に頼んで、当時の成功談を手紙にしたためてもらった。こんな文面だった。

> うちにこのアイデアを提案したとき、チェット・ホームズ氏は「私を信頼して、とにかくやってみてほしい」と言いました。そこでしぶしぶ従ったわけです。その展示会には七年前から

毎年参加していました。結果をいえば、なんと、過去七年間を合計したよりも多くの問い合わせを受けることができたのです。会場でも、へんに浮いた感じにはなりませんでした。むしろ人気者でした。やるからにはとことんやるぞと覚悟を決めたら、大評判を博しました。

ホームズ氏から聞いたと思いますが、うちは土壌添加剤を販売する会社です。私と副社長は白衣をはおり、首から聴診器をぶら下げました。私の名札は「ドクター・泥《ダート》」、副社長は「ドクター・土《ソイル》」でした。女性のマッサージ師をひとり雇い、ブースで首と背中を無料マッサージすることにしました。金髪の可愛い「ナース」に会場をまわらせ、「リラックスのための処方箋」を配布しました。その処方箋を持ってうちのブースに来れば、無料でリラックスマッサージを受けられるほか、抽選でマウイ島へのリラックス旅行が当たるというしくみです。ブースに控える「医者」が処方箋にサインするだけで特典が得られます。

すると、来場者が大挙して押し寄せ、マッサージの行列待ちができました。「処方箋」にサインがいるので、必然的に全員、われわれスタッフと言葉を交わすことになります。おかげで、マッサージの待ち時間のあいだ、かなり実りのある会話ができました。なんといっても、ブースにやってくる人々は誰もかれも非常に上機嫌で、私たちが会場全体の主役という感じでした。

心地よい気分を満喫できたというだけで、来場者はすでに私たちの味方でした。こちらがひたすら楽しさに力を入れると、見込み客はさかんに、私たちの会社や製品について知りたがりました。とりわけ、マッサージを受け終わった来場者は、親しみ（と感謝）にあふれていて、すぐには立ち去ろうとせず、わが社の製品について質問してきました。また、マッサージ師にも製品の情報を詳しく教え込んでおいたので、施術中に宣伝を吹き込むことができました。あのときの思い出話はまだまだきりがありません。何かご質問があれば喜んでお答えします。

結局、私が学んだのは、ホームズ氏が「私を信頼してください」と言ったときは、信頼するにかぎるということです。あなたもそうなさるといいでしょう。

アリゲイター社社長　ティム・オルダーソン
www.agrigator.com

ごくふつうの服装で展示ブースに立って、誰かやってきたら落ち着いて製品やサービスを説明する、というありきたりな姿勢でも、もちろん悪くはない。しかし、展示会のブースを「客からの問い合わせ製造マシン」に変えたいのなら、思いきった趣向を凝らす必要があるだろう。

右の手紙を書いたオルダーソン社長は、文面のとおり、展示会の成功のルールにのっとって、もののみごとに成果を出した。あなたもぜひ特別な努力を積んで、注目を引き、誘い込み、見込み客のデータを集めてもらいたい。スタッフだけでなく、マッサージ師や手相見、モデルなどを雇って、来場者の誰もが思わず引きつけられるようなブースをつくってほしい。オルダーソン社長の会社は、過去七年間の合計よりも多くの見込み客を得ることができた。入念な計画と若干の創造性が必要だが、努力するだけの価値がある。

実践トレーニング

どんな企画を立てるべきか、スタッフとワークショップを開いてみよう。展示会を大きな好機にすべく、自社の製品やサービスに似つかわしいテーマやアイデアを全員が考える。本書に挙げた数多くのアイデアを候補にしてもかまわない。が、新鮮な着想を探す試みもお忘れなく。

【慈善イベント】

慈善イベントは、広報の大事な牽引力になる。展示会中のパーティを慈善イベントのかたちにしてもいいし、別個のイベントとしておこなってもいい。あなたの会社に多大なチャンスをもたらす理由が、おもに二つある。

①慈善イベントは、大々的に報道される可能性が高い。たんなる宣伝行為よりも、善意にもとづく行為のほうが、マスコミの気を引くのははるかに簡単だ。また、報道のトーンもあなたの会社にいたって好意的になる。

②たいていの場合、いっさい経費がかからずにすむ。経費をすべて差し引いて、黒字のぶんだけを寄付にまわすのだ。レストラン、旅行会社、展示会のほかの出展社などに頼んで、賞品やお楽しみサービスを無料提供してもらい、参加者がたんに善意で寄付金を出しておしまいでは

なく、出した金額以上に喜べるようなイベントにする。このような慈善イベントは、「ドリーム一〇〇」との絆を深め、知名度を高めるうえで、途方もない効果がある。しかもあなたは善行が積める。

慈善イベントのアイデアをいくつか紹介しよう。たとえば、地元の映画館でチャリティー試写会をおこなう。私が以前、指圧師六八〇人のコンサルタントとして、業績向上のコツを一年半ほど教えていたころ、この種のイベントを企画した。指圧師本人にもうまみがあるし、めいめいが指定した地元の慈善団体にも利益が渡る。まず、配給会社ソニー・ピクチャーズの社長に電話して、「全米各地の指圧師を六八〇人使って、おたくの映画の宣伝をすることができるのですが。いかがでしょう?」とたずねた。もちろん返事はオーケー。指圧師それぞれの地元二〇〇都市以上で試写会が実現する運びとなった。

ダラスに住む指圧師は、機転を利かせ、アメリカンフットボールチームの「ダラス・カウボーイズ」に連絡してこの件を伝えた。「われらの街でハリウッド映画の試写会をやりますよ」と。「それはいいですね。うちから、チアリーダーを派遣しましょう」との返事がかえってきた。そんなわけで、映画『ダンス・ウィズ・ミー』の上映に先立ち、有名アメフトチームのチアリーダーたちが駐車場で無料で踊ってくれた。あなたも、そういったイベントを企画して「ドリーム一〇〇」を呼び集められないか、知恵を絞ってみてほしい。この指圧師は鮮やかにやってのけた。そのうえ、理想の顧客たちがお金を払ってイベントに参加してくれたのだ。

「ドリーム一〇〇」とやや共通点のあるコンセプトとして、もうひとつ知っておきたいものがある。「インフルエンサー・マーケティング」だ。インフルエンサーとは、特定の市場分野に影響を与える人物をさす。たとえば地域の名士、大会社の社長、有名芸能人などだ。その人物が製品やサービスに興味を示すと、ほかの消費者からの関心が増す。

私の友人が骨董品店を営み、手づくりのランプを売っていたときのこと。ベテラン歌手のバーブラ・ストライザンドがこの種のランプを収集しはじめたところ、相場が急に三倍に跳ね上がったという。指圧師なら、一般の医師が大切なインフルエンサーになる。その発言が、受診者に大きな重みを持つからだ。前記の試写会イベントの際、指圧師の多くは、地域内にいる医師すべてに誘いをかけた。大統領候補を呼び寄せた者もいる。大物政治家をインフルエンサーに持つその指圧師は、さらにほかの要人たちも試写会に招くことができた。

慈善イベントに有名人が参加してくれれば、主催した指圧師の評判が高まる。しかも実際、みんなが楽しめる素晴らしいチャリティーショーだったので、多額の寄付金が集まった。その後何週間も街じゅうの話題になった指圧師もいた。地域で有名になりたいなら、あなたも慈善イベントを開いて、「ドリーム一〇〇」やインフルエンサーを集めるといい。

実践トレーニング

あなたの市場のインフルエンサーは誰だろう？　自社の製品やサービスに対して宣伝効果の高い有力者や著名人をリストアップし、通常のマーケティングの標的に加えよう。

いちばん簡単でオーソドックスな形式は、昔ながらのカクテルパーティ、ダンス、ディナーダンスのたぐいだろう。準備も難しくない。場所を予約して、ＤＪを雇い、各社から賞品を募り、影響力の大きな人間を招待する。参加費はひとり五〇ドルかそれ以上。これで、じゅうぶん立派なパーティが開けるだろう。

なんらかの賞を設立して、表彰式をとりおこなうのも素晴らしい思いつきだ。私が経営していたある会社では、広告マーケティングで功績のあった個人や会社に「ラミーズ賞」と名づけた賞を授与していた。できるだけ多くのゲストを表彰できるように、考えうるかぎりさまざまな部門賞をつくった。審査員、受賞者、観客の中には、わが社の「ドリーム一〇〇」がずらりと顔を並べていた。とはいえ、選考の段階でエントリー料を取り、表彰式でも参加費を徴収したので、フォーマルな服装で集まるぜいたくなイベントを開催しても、私たちの懐は少しも痛まなかった。夕食を味わい、ダンスをして、授賞式をおこなったあと、またダンスをした。終了後もかなりの参加者が余韻を引きずり、おおぜいでホテルのジャグジーに入ったりと、深夜までパーティ気分を満喫した。人々の心をつかむ極上のイベントだった。

賞の部門は、最優秀広告賞、ユニーク広告賞、最優秀展示会ブース賞、最優秀新製品賞、年間個人敢闘賞、年間最優秀ＣＥＯ賞などなど。審査委員には、代表的な広告代理店の著名人たちを迎えたほか、もちろん、わが社のスタッフ数名が加わった。スタッフに気の利いた原稿を持たせて、ノミネートされた個人や会社を洗いざらい紹介し、賞の授与にあたっては最高の賛辞を送った。

当時の記憶は、一五年経ったいまでも色あせていない。まったく比類のないマーケティングだったと思う。業界向けに表彰式を開くからには、そもそもかなりの有力企業でないといけないが、しかし、うまく取り仕切れば、本当に楽しめてかつ見返りが大きい。

実践トレーニング
年一回の業界展示会に合わせてあなたが開催できそうな表彰式のアイデアを書き出してみよう。あなたの地域、あるいは業界を授賞の対象にする。地域で最も影響力のある人物は誰か。その人物に与えるのにふさわしい賞は何か。賞の部門が多ければ多いほどいい。

【業界団体の設立】

業界展示会は絶好機だが、ほかにも、啓発を通じて高いマインドシェアを得る方法がある。たとえば、自分の業界の利益になる同業者団体をみずから設立するのだ。ライバル会社とのパイプを持てるという利点もある。あなたの業界団体が開くイベントには、共通の理想の顧客が集まるのだから、競合各社も出展したがるだろう。「ドリーム一〇〇」に働きかけて、委員や小委員会長、顧問になってもらう。有意義な目的がきちんとあれば、同業者団体は実効性をともなう。あなたの業界に、会社の枠を超えて対処すべき問題はないだろうか。もし重大な課題に向けて業界団体を組織することができたら、あなたは業界の指導的な立場をつかめるはずだ。

【その他の市場啓発アイデア】

私はいちど、自分がコンサルタントを務める全企業を対象に、大規模なセミナーを開いたことがある。参加は有料だったが、みんな快く払ってくれた。私の「ドリーム一〇〇」に含まれる人物を中心に、総勢五四人の講師を招いた。分科会など二七のプログラムを組み、著名なふたりに基調講演を依頼した。ひとりは『ゲリラ・マーケティング』シリーズの著者、ジェイ・レビンソンだ。

広域の見込み客向けに、テレビ会議セミナーを開く手もある。私が指導する企業ではほとんど必ず試みる戦術だ。アメリカでも最大規模のアヒル飼育場を持つある会社は、従来おもに中華料理店が顧客だったが、あらゆるジャンルのレストランに市場を拡大したいと考えた。そこで、広い地域をカバーしたテレビ会議セミナーを開いた。各地のレストランオーナーに向けて、客の人気を集める秘訣を数多く教えたあと、しめくくりに、アヒルが前菜として人気になりつつあることをさりげなく指摘した。

一方、あるカーペット清掃会社は、インテリアデザイナーとの結びつきを強化しようと思いたった。家の改装をアドバイスする立場、つまりインフルエンサーだからだ。そこで、インテリアデザイナーを対象にした広域テレビ会議セミナーを実施し、新規顧客を増やすと同時に既存の顧客を生かして収益を上げる方法をレクチャーした。たとえば、客にカーペット清掃会社を紹介し、見返りとして紹介料をもらってはどうか、と。

また、このカーペット清掃業者は、家具やカーペットに汚れがつくのを防ぐ製品を販売していたので、テレビ会議セミナーの最後に、オプションで汚れ防止加工サービスを提供すれば売上げを増やせることや、半年ごとに定期的なクリーニングを受けられる「ゴールド会員」サービスを設けるアイデアがあることなどをつけ加えた。

実践トレーニング

どんなテレビ会議セミナーを開けば、あなたの顧客が喜んで参加するだろうか。おおぜいの参加を促す講演者は誰か。もっとも、その講演者には一時間ほどしゃべってもらえばじゅうぶんだ。多くの参加者が集まるセミナーなら、報酬がごくわずかでも、依頼を断る講演者はまずいない。

マーケティングの第七の武器：インターネット

一九九五年、インターネットというマーケティングの武器の利用者は五〇〇万人だけだった。わずか四年後、その数字は一億五〇〇〇万人まで跳ね上がった。今日ではもはやほとんど誰もが使っている。アマゾン・ドット・コムは創業当初こそ苦労したかもしれないが、それでもほかの書籍小売業者から一〇億ドルの市場シェアを奪った。インターネットとともに成長し、たった四年で売上げが一〇億ドルに達したのだ。インターネットの普及以前、ほかの書籍小売業者（書店チェーン）は年間一〇億ドルを達成するまでに五〇年かかった。インターネットはすさまじい可能性に満ちているものの、反面、ライバル会社がさらにうまい活用法を編みだした場合は、一夜にして悪夢に変わりかねない。

このテーマに関しては大量の本が出まわっているが、インターネットをほかのマーケティング努力全体と結び合わせるうえで、次の五つのアプローチを念頭に置いてほしい。

①問い合わせを促す。
②緊密な関係を築く。
③頻繁に双方向のコミュニケーションをとる。
④ウェブセミナーをおこなう。
⑤人を集めて売上げに変える。

顧客データベースを一気に膨らませる秘策として、私が非常に素晴らしいと思うのは、アレックス・マンドシアンが提唱した「シャイ・イエス（shy yes）」というウェブサイト構築のコンセプトだ。たとえば、私のメイン・ホームページ（www.chetholmes.com）は、無料で入手できる情報が大量に詰まっており、毎月五万二〇〇〇の訪問者数（ユニークアクセス）を誇る。アクセスする人間はたいがい、私の講演を聞いたか、記事を読んだか、誰かからうわさを聞いたか、あるいは私がしかけたマーケティングによって名前を知ったかだろう。どのページにも、有益な記事の結びに、無料ニューズレター、無料テレビ会議セミナー、無料イベントなどの申し込みリンクがある。なんらかの申し込みをしてくれるのは、訪問者全体の一ないし三パーセント。すなわち、五万二〇〇〇人のうち五二〇から一五六〇人にとどまる。

もっとも、申し込み率が低くてもそう問題ない。このサイトは、申し込み者を獲得することだけが目的ではなく、私の活動にまだなじみがない人々に内容を知ってもらい、ブランドイメージを高めることをめざしているからだ。しかし、たとえばもしラジオでこのサイトを宣伝するとしたら、費用対効果比がいかに悪いか考えてほしい。せっかく大枚を叩《はた》いてサイトへ誘導しても、宣伝の入ったメールを受け取る登録をしてくれる訪問者はほんのわずかな割合しかいない。しかも、そのメールを読んでもらえる保証はない。

そこで私は、「シャイ・イエス」のコンセプトを採用し、別のサイトを開設することにした。提唱者のアレックス・マンドシアンによると「ウェブサイトはデートの約束をとりつける努力に似ている」という。つまり、初対面でいきなり結婚を申し込んでも、まず色よい返事はもらえまい。だが、「コーヒーでも一杯どう?」という誘いなら、答えがイエスの可能性はじゅうぶんにある。相手が恋愛を求めている人間ならなおさらだ。軽い誘いであれば、気軽にオーケーしやすい。

ウェブサイトに置き換えてみよう。私のメイン・ホームページには、あらゆる角度からの情報やオファーが提示してある。それはけっして悪くないのだが、選択肢が多いぶん、サイトの作成者と利用者の関係はさまざまな方向へ向かって伸びている。訪問者はこのホームページで何をしたいのか自分で決める必要があり、作成者側が選択をコントロールすることはできない。私はトップページにいきなり、ウェブセミナーへの参加の誘いを載せてあるが、ここからさっそく参加を申し込むのは、訪問者五万二〇〇〇のうち、まあ一名ぐらいだろう。

このように、www.chetholmes.com は、私の記事やインタビューを通じてここへ誘導し、大量の選択肢の中からやりたいことを選んでもらうしくみだ。しかし、新たにつくったwww.howtodouble-sales.comは違う。訪問者にとって選択肢はひとつしかない。メールアドレスを登録するか、しないか。登録すれば、四分間のビデオを視聴できる。トップページには、ごく短い紹介と、私の声でようこそと挨拶する機能、それに、ファーストネームとメールアドレスを入力する欄だけ。サイトの中身を見たいなら、ここの欄に記入する。単純明快だ。

じつのところ、三七パーセントの訪問者がサイトの中身を見ている。おかげで私は、ごく短期間に大量の見込み客データベースをつくることができた。中身を見た訪問者のうち、二から六パーセントが、さらに次の段階、すなわちウェブセミナーへの参加申し込みに進む。つまり、ユニークアクセスが一万あれば、三七〇〇人がメールアドレスを登録し、うち七四から二二二人がウェブセミナーを受講する計算になる。

もとのサイトでは五万二〇〇〇人のうちたったひとりしかウェブセミナーに誘導できなかったのに対し、新しい「シャイ・イエス」サイトでは一万人のうち七四から二二二人も、望ましい次の段階へ誘導できた。アクセス数は五分の一だが、成果は少なく見積もって七四倍。たいへんな違いだ。進行方向の選択肢をひとつしか示さないソフトな「シャイ・イエス」サイトが、顧客を誘い入れるのに非常に効果的な手段であることを実証している。みなさんの会社も、このように誘い込み専用のホームページをつくるといい。事情が許さない場合は、メインのホームページを改良し、利用者を誘導する部分にいちばん目立つ画像を使うなど、工夫をこらす必要があるだろう。

【ウェブサイトの賢い活用法】

多くの企業ウェブサイトは、パンフレットと同じ欠点を抱えている。自分たちの偉大さを吹聴するだけの、自己満足な内容に終始しているのだ。これに対し、見込み客に価値ある情報を提供するウェブサイトは、見込み客が集う場、つまり一種のコミュニティに進化する。たびたびサイトを訪れて、新しい情報を眺めたり、役立つノウハウを知ったり、あなたと連絡をとり合ったり、あなたをさらに深く知ったりするのに使う。したがって、サイトには、無料の記事、無料の役立ち情報、無料の動画クリップ、無料のコラムなどを充実させるべきだ。「シャイ・イエス」サイトで登録してくれた見込み客には、フォローのメールを送ったり、奥のページにリンクを張ったりして、あなたの業務の全貌を見せる。くれぐれも忘れては困るが、最終的な目標は、すべてのマーケティング努力をうまく噛み合わせて調整万全の「セールスマシン」をつくりあげることだ。ウェブサイトには、パンフレットやダイレクトメールと統一感を持たせ、「スタジアムでのセールストーク」にもとづく同じ画像、同じキャッチコピー、同じ市場データを盛り込もう。

第四章で学んだとおり、あなたがどんな製品やサービスを提供しているのであれ、見込み客にとって価値があり、なおかつあなたのブランド力を高めるのに役立つような情報が、必ず何かしら存在する。そういった有用な情報をウェブサイトに載せれば、グーグルなどの検索エンジンにも転載されて、さらなる見込み客を誘い込める。役立つ情報を目当てにアクセスしてきた訪問者に対し、こんどはあなたが一歩踏み込んで、「成功のコツをさらにお教えします」と、ウェブセミナーやテレビ会議セミナーを告知する。こうして、見込み客との関係がだんだんに深まっていく。だから、ウェブサイトは、「アクセスすると得をするコミュニティ」になるよう心がけてほしい。

私が広告業界にいたころは、広告主たちのもとへ出向いて、よりよい広告のつくり方を教える無料セミナーをおこなっていた（その内容が本章に相当する）。あの当時（といってもそう昔ではないのだが）と違い、いまはインターネットが急速に普及している。私がまだ広告業界にいたら、同様のセミナーをインターネット上でおこなうにちがいない。そうすれば交通費が省ける。昔はセミナーをやるのにいちいち飛行機に乗り、各地を訪ね歩いたものだ。インターネットのほうが、相手とのスケジュールの調節もたやすい。

このように、第四章で学んだ「顧客啓発にもとづくマーケティング」のコンセプトは、インターネットの便利さと組み合わせて活用できる。私ならこんなふれこみをするだろう。「あなたの広告の効果を一〇倍にする方法を知りたくありませんか？　ふだんどおりお気に入りのオフィスの椅子に腰かけたまま、秘訣を学ぶことができます」。こんなうれしいオファーを断る気にはなれないはずだ。

あなたのウェブサイトをコミュニティに変身させるアイデアは、いくらでもある。以下に掲げる例はいたって単純で、中には単純すぎるものもあるが、ここで説明したコンセプトをどこまで推し進めることができるか、見込み客をとらえブランド力を高めるうえでどう役立てられるのか、それぞれ参考になる点があると思う。

まず、もしミネラルウォーターを売るならどうか。「水について誰もが知りたかったあれこれ」「水についての深い雑学」といった情報をサイトに掲載できる。水は人体にどんな作用をするのか、なぜ水が必要なのか、どのくらいの量を飲めばいいのか、地球の水資源の現状はどうか、飲料水の添加物にはどんなものがあるか、最近の水道水はどうなっているか。記事をまとめ終わったら、こんどは、自社のミネラルウォーターの広告に「ウェブサイトで『水について誰もが知っておきたい五つの危険』を公開中」と入れる。ミネラルウォーターのボトルのふた、そのほか広告すべてにその告知をつけよう。さらに、サイトの画面上に「あなたの友達を健康にしたくありませんか？　このサイトのアドレスを友達に送ると、抽選で新車が当たります」と記しておく。年に一台ずつ車をプレゼントするだけで、おおぜいの人々が友達にあなたのウェブサイトのアドレスを送りたがる。ブランドの宣伝になるのはもちろん、その友達のメールアドレスも入手でき、集まったアドレスを活用すれば、また新たな宣伝ができる。

あなたがシェービングクリームを販売しているとしたら、ウェブサイト内にこんな見出しのページをつくってはどうだろうか。「シェービングについて知っておきたい五つの情報と、シェービングがからだに及ぼすさまざまな影響」。加えて、ひげの剃り方のコツ、上手な剃り方、若者はいつひげを剃るべきか、などの情報も載せる。各種のシェービングクリームの成分や、そのクリームが肌に与える効果も取りあげよう。ひげ剃りの歴史を語ってもいい。いつごろ、どのように、誰が最初にひげを剃りはじめたのか？

要するに、こうやってウェブサイトにたくさんの情報を掲載するとともに、広告その他のあらゆるマーケティング努力と結びつけることで、あなたのサイトは貴重な情報源となり、アクセスした人々からクチコミが広がるようになる。情報をもとにしたマーケティングは、クチコミによる宣伝を促して、より広い範囲に効果を及ぼすのだ。泣いても笑っても、いまや情報時代。できるかぎりの備えをしよう。

当然、あなたの製品やサービスが本当に興味深ければ、いっそう興味深いウェブサイトになるだろう。しかしどんな製品やサービスであれ、コミュニティをつくることが可能だ。ミネラルウォーターだろうと、シェービングクリームだろうと……。このコンセプトを膨らませるアイデアならいくらでも書き並べられるものの、いったん軌道に乗りはじめたら、みなさん自身で考えだせるだろう。とにかく、ウェブサイトをコミュニティとして考えること。これに尽きる。自分の会社ではなく、この点を中心にして、できあがったコミュニティに対し、ことあるごとに手を加え、利用者に貢献していこう。

ウェブサイトでコミュニティをみごとに構築したお手本が、ストーニーフィールド・ファームズという有機酪農製品メーカーだ（ヨーグルト、牛乳などを生産している）。この会社のサイトは非常によくできている。有機食品に関するうんちくのほか、有機農業が地球の環境保護にどう役立っているかなど、情報が盛りだくさんだ。さらに、料理のレシピをはじめ、健康情報がこれでもかとばかりに掲載されている。

一点だけ改善の余地があるとすれば、メーリングリスト関連の宣伝をもう少し目立たせたほうがいい。この原稿の時点では、消費者との絆を深めるツール（ニューズレターなど）の申し込み方法がきわめてわかりにくい。メールで記事を消費者に直接届けると、それを友人や家族に転送してもらえる可能性もあり、インターネットを媒体としたクチコミによるマーケティングを大幅に強化できる。

ここまで説明してもなお、まちがいを犯すケースがきっとちらほら出てくるだろう。つまり、このコンセプトをひどく気に入ったまではいいが、実行段階で本来の道筋を見失い、「わが社の製品が他社よりすぐれている五つの理由」といった内容でウェブサイトを埋め尽くしてしまうのだ。

その情報はいったい誰に焦点を当てているだろう？　会社にまつわる五つの理由など、なぜ赤の他人が知る必要があるのか？　利用者が重視するのは、自分に役立つ情報だ。しかも、なるほど役に立つという情報であるべきだ。そうした情報を説明する途中どこかで、あなたの製品やサービスをあくまで一例として入れ、そこで宣伝をする。しかしつねに、「顧客にとってどんな有益な情報が入っているか」という角度で考えなければいけない。

まとめ

以上のマーケティングの武器は、すべてをうまく嚙み合わせられるかどうかがカギになる。月に一回、ミーティングを開いて、七つの武器のそれぞれを点検し、全体をもっと上手に組み合わせてさらに効果的に活用する方法がないか検討しよう。ウェブサイトに自分たちの紹介記事を載せているか？　記事を営業スタッフが活用しているか？　広告には、ウェブサイト（コミュニティ）への誘導を入れてあるか。営業スタッフは、無料の顧客啓発セミナーをやっているか。見落としがないかをよく点検したうえで、全体をさらに緻密に統合してほしい。

第8章

百聞は一見にしかず

プレゼンテーションで誰もが犯す最大の誤り

ここまで学んだように、「究極のセールスマシン」を構築するためには、営業面を改善するだけでなく、業務のあらゆる側面を調整して的確に動かす必要がある。本章では、視覚的な要素を利用して驚くべき効果を上げる方法を伝授することにしよう。また、見込み客の前に立ったとき、より多くの人々を魅了し、そつなく影響力を行使して、たくさんの契約成立に結びつけるテクニックも明らかにする。

私たち人間は、耳から入った情報の二〇パーセント、目から入った情報の三〇パーセントを記憶する。しかし、耳と目の両方から入った情報は五〇パーセント記憶できるという。視覚的な補助を使えば、コミュニケーションの威力が、使わなかった場合の二・五倍にパワーアップするわけだ。イラストや図表を通じた情報は、脳に強い刺激を直接的に与える。

その昔、いつも社内でトップの業績を叩きだしていた私は、視覚的な補助を使うことにかなり抵抗を覚えた。「私には必要ない。だって実力があるんだから」と強がっていた。だが、上級向けのトレーニングプログラムを受講した際、視覚的な素材の力を見せつけられ、視覚に訴えれば売上げも契約率も伸びることを知った。たしかにそのとおり。ある製品を口頭だけで売り込むのと、同じ製品を視覚効果を使いながら売り込むのとでは、明らかに違う。やってみるとわかるが、視覚的に売り込めば、契約の成立率が高まるばかりか、同じ製品を高く売ることまでできる。で、私は降参。方向転換し、あらゆる営業努力に視覚効果を生かしはじめた。

いまではトレーナーの立場として、トレーニングプログラムには必ず視覚補助を使っている。使ったほうが、まちがいなく効果が高い。最近のセミナーでのこと。私は、一五〇〇人のCEOを前にして、要旨をまとめたスライドを数秒おきに次々と繰りながら、話を進めた。やがて「視覚効果はいかに威力があるか」という説明の箇所にさしかかったとき、私はわざと真っ白な画面を映しだし、「さて、たったいま、みなさんとのコミュニケーションはどうなりましたか?」と問いかけた。もちろん、集まった全員が、コミュニケーションの絆が急激に弱まったことを実感した。その瞬間、参加者もまた、これからは視覚的な資料を増やさなければ、と心に誓ったわけだ。

目は口よりものを言う

脳が受け取る情報の八五パーセントは、目から入ったものだという。脳には、視覚情報を処理するためだけの大きな領域が存在する。私はセミナーでよくこんなクイズを出す。「一瞬見ただけで、人間の目は何個の画像を処理できると思いますか?」。受講者が「二〇!」「二〇〇!」などと叫ぶ。すかさず私は次のスライドに切り替える。街並みの俯瞰写真。無数の画像がひしめいている。

どう考えても、ひと目で把握できる画像は二〇やそこらではない。コミュニケーションで目が重要な役割を果たす以上、ありとあらゆる機会に視覚効果を活用すべきだ。

営業やマーケティングに視覚的な要素を組み入れなければ、まるで暗闇の中で売り込みをしているようなもの。目を刺激しないと、脳の活動は低下する。前章のラジオ広告のくだりで述べたとおり、人間はふだんしゃべるとき一分間に英単語にして一二五単語ほどしか発しないのに対し、脳は一分間に四〇〇から五〇〇単語を処理する潜在能力を持つ。脳が活性化していれば、通常の会話や講演で発信される量よりもはるかに多くの情報を受け入れられるのだ。視覚効果が豊かなプレゼンテーションは、目に刺激を与えつづけるぶん、相手の脳の働きを活発にし、情報に対する関心を高める。

カラーも有効

コミュニケーションにおいては、モノクロよりカラーのほうが威力にまさる。この事実は、無数の研究で実証済みだ。カラーは目を引きつけ、プレゼンテーションに雰囲気を添える。また、色によって、見る者に及ぼす効果が異なる。いちばん注目を引ける色は赤だが、なんでも赤くすればいいというものではあるまい。赤は情熱を意味するが、と同時に、危険や血の色でもあり、決算の「赤字」も想起させる。青は信頼感をもたらす一方、冷淡さや爽快さのイメージにもなりうる。ミネラルウォーターのボトルがほとんど例外なく青いのは、母なる海の色だからだろう。オレンジは価値を連想させる。レストランチェーンとして有名なハワード・ジョンソンの屋根や、住宅リフォーム小売りチェーンとして知られるホーム・デポの外壁が、いずれも鮮やかなオレンジ一色に塗られているのは、商品の値打ちを訴える意図だ。緑は、アメリカ人にとってはドル札、つまりお金の色だが、ほかに、庭の新緑の色でもある。このように、色にはそれぞれの作用がある。あなたは何色を使いたいだろうか。会社のイメージカラーを決めるなら、当然、会社の主たるメッセージにふさわしい色を選ぶべきだ。

とりわけ効果が高いのが、人物のイラストや写真。われわれにとっては人間の姿がなんといってもなじみが深いので、魅力的なかたちに感じられるらしい。手、肩、顔——人体のどの一部分でも、注目を引くのに役立つ。リゾート地の美しい風景写真を眺める場合でさえ、風景を観賞するより先に、映っている人間にまず視線が行きがちだ。

私のプレゼンテーションでは、すべてのパネルに画像を入れ、それぞれを「絵コンテ」と呼んでいる。たとえば、「人間の目は何に最も引きつけられるか」をテーマにプレゼンテーションするなら、まず、体格のいい男性がひとり海辺を走っている写真を見せる。次に、プールで泳いでいる女性の写真。そのあとスライドを消して、「いまの二枚の背景は何でしたか?」と質問する。たいてい、参加者の記憶はあいまいだ。にもかかわらず、女性が何を身につけていたか、男性の水着の色は何だったか、といった問いには正しく答えられる。要するに、視線は人体に引き寄せられる。プレゼンテーションにはできるかぎり人の姿を使おう。

パワーポイント、絵コンテ、フリップチャート、図表などの視覚効果を生かせば、観衆を飽きさせることなくプレゼンテーションを続けられる。電話で売り込むときも、何か視覚的な要素を組み

米国の弁護士数

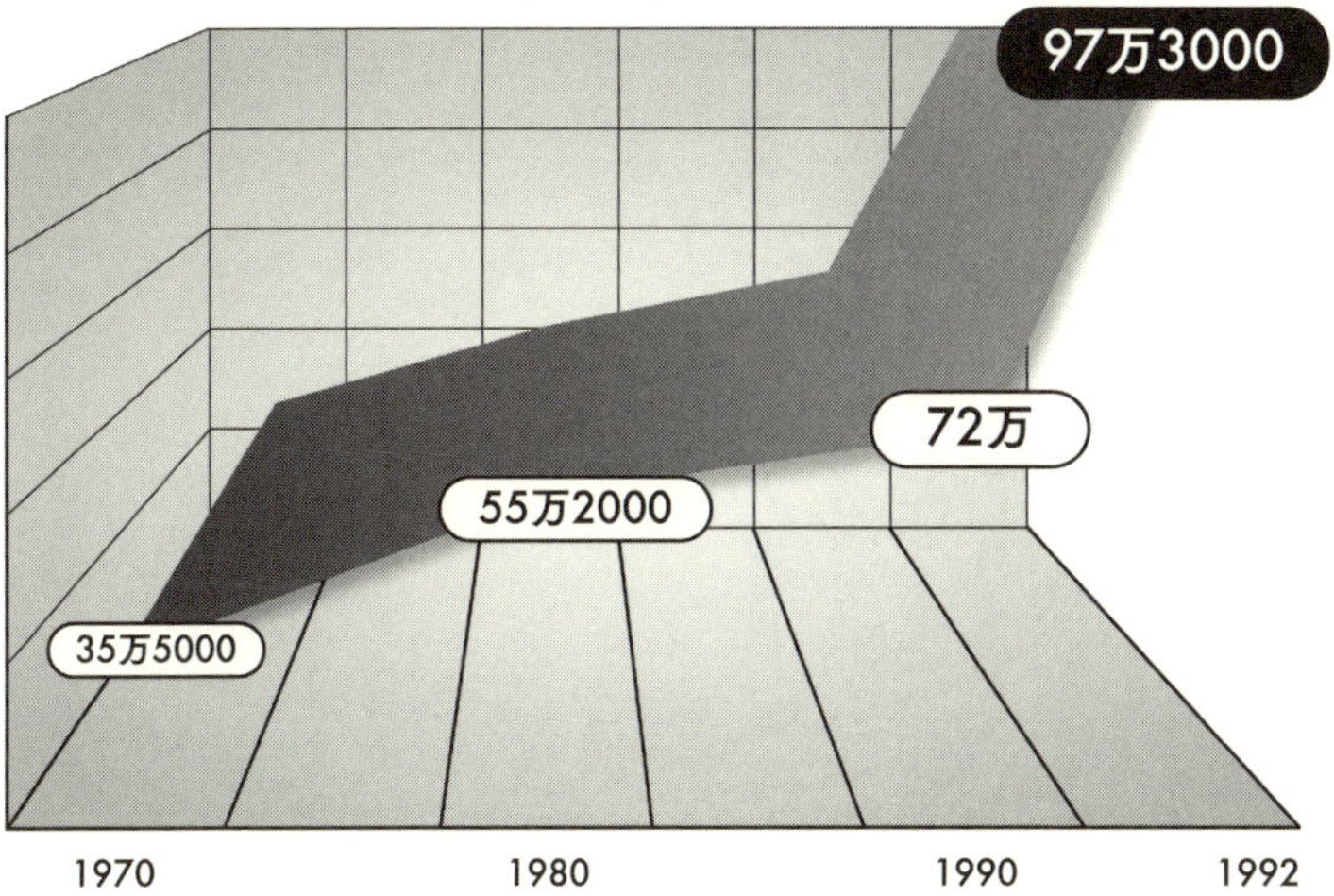

込みたいものだ。たとえば、相手に図を一つか二つ書いてもらい、それを使って話の要点をきわだたせる。第四章で「スタジアムでのセールストーク」を取りあげた際、ピラミッド型の図で聴衆の構成を示したが、あれなどは非常にわかりやすい例だろう。電話ごしに説明するとしたら、こんなふうに言う。「三角形を一つ描いてもらえますか？いちばん上の三パーセントで横に区切ってみましょう。その隣に『いますぐ購入したい』と書いてください」。この調子で続けていく。

弁護士向けのサービスを販売する会社は、レクチャー用に上のような図をつくった。

一九七〇年から八〇年までの一〇年間、米国の弁護士の数はおよそ二〇万人増えた。一九八〇年から九〇年は、一六万八〇〇〇人。ところが、一九九〇年から九二年のたった二年間で、なんと二五万三〇〇〇人も増加している。わずか二年で、過去の一〇年分を上まわる増加数だ。ちなみに、なぜだかご存じだろうか。一部の推測によれば、テレビドラマ『L.A.ロー　七人の弁護士』の人気のあおりで、法律の専門家がかつてなく魅力的に感じられるせいではないかという。

さてあらためて、図の細部を見てみよう。数字が増えるにつれ、数字のフォントが大きくなっている点に着目してほしい。べつにサイズを変えなくてもよかったはずだ。同じサイズで図表をつくることもできた。しかし、しだいに大きくすることによって、視覚的な効果がはるかに力強くなっているのがわかると思う。細かい隅々が、違いを生む。実際のスライドでは、いちばん大きな数字「97万3000」の部分を赤くした。重要であると知らせるとともに、警鐘を鳴らすためだ。プレゼンテーションの聴衆である弁護士たちにとって、同業者の急増は危険な知らせといえるだろう。国内の弁護士の数が増える一方で、請求額の合計が通常どおりの伸びにとどまるとすれば、全般にいって、弁護士ひとりあたりの収入はかつてなく低水準となる。

視覚効果があると、同じ時間内に多くのことがらを伝えられる。情報の量もインパクトも増し、プレゼンテーションに磨きがかかってプロらしさが高まる。たちどころに観衆の期待感をあおることができる。素材を入念に準備しておけば、見込み客の興味や期待の度合いをたちまち上げられるのだ。そんなふうに関心が高まっていれば、契約まで持ち込める可能性も大きくアップするだろう。プレゼンテーション終了時、見込み客が眠たげに首をかしげるケースと比較してほしい。

実践トレーニング
さっそく、あなたのセールスポイントのうち、視覚効果を使って伝えられる事柄をいくつか考えてほしい。たとえば、製品やサービスの質。他社製品より高速とか、使いやすいとかいった特長を、視覚的に表現できないか。どう表現すればわかりやすいだろうか。あるいは、生産性の高さを、棒グラフか何かを利用して、各社と比較できないものか。あなたがぜひ伝えたいセールスポイントを五つ選んで、言葉ではなく画像で表現する方法を工夫してみるといい。簡単な図形を使ってはどうだろう。もし電話で売り込むなら、「ピラミッド形の最上部だけ思い浮かべてください」といった具合に説明できるのではないか。聞き手に実際に描いてもらってもいいかもしれない。ワークショップの題材にもってこいだ。スタッフと知恵を絞り合おう。

効果的なプレゼンテーションの心得

【ルール① 一に〝シンプル〟】

プレゼンテーションは、話の筋がつかみやすく、内容も理解しやすくなければいけない。一枚のパネルの中に文字や画像をたくさん詰め込みすぎないこと。どのパネルも、大見出しは一つのみ、箇条書きは三ないし四項目までにとどめたい。

【ルール② 二に〝テンポ〟】

一枚の説明に時間をかけすぎると、聞き手は退屈してしまう。一分間にパネルを二枚から三枚進めていこう。一枚を表示したまま一〇分も話し込むのは禁物。流れのあるプレゼンテーションを心がけたい。約一五秒おきに新しいポイントを視覚的に示していくべきだ。パネルに箇条書きが三項目あるなら、ひとつずつ順に表示していこう。はなから三つとも見せると、聴衆が先に読み終えてしまい、進行をコントロールできなくなる。やり方さえまちがえなければ、視覚効果によって、あらゆる面で意思疎通をコントロールしやすくなる。ウェブセミナーの場合なら、画面を次々と更新しつづけることが重要になる。同じ空間にいないだけに、油断すると、相手はメールのチェックなどにとりかかり、「ながら聞き」を始めてしまう。新しいデータなり画像なりを数秒おきに提示して、ほかの作業に手を出せないようにしよう。

【ルール③三に〝驚くべきデータ〟】

プレゼンテーションをやるからには、聞き手に「へえ！　それは知らなかった」と言わせたいものだ。第四章で述べたとおり、プレゼンテーションの出だしで事実調査にもとづくデータを提示すると、信頼感が形成され、売り込み口上までもが正当性を帯びてくる。しかしさらに踏み込んで、冒頭できわめて衝撃的なデータを突きつけると、大きな効果が生まれる。聴衆がしじゅう聞き耳を立て、情報を覚えて帰ろうとする。その日の夕食時、配偶者に話して聞かせるかもしれない。翌日には同僚に話し、同僚がまた誰かに話す。驚愕の事実をあぶりだしたおかげで、あなたの製品の購入基準が定まり、また、プレゼンテーションを聞いた誰もがあなたの「ミニ営業担当者」となってくれるわけだ。

二つ例を挙げよう。

ここに、驚くべき事実のパネルがある（次ページ上図参照）。

女性の乳ガン

乳ガンは、
40〜55 歳の女性の死亡原因第 1 位。

50 年前の発症率は、20 人に 1 人。

現在の発症率は、8 人に 1 人。

化学製品が普及しはじめた 1940 年以来、
米国内の乳ガンによる死亡率は
年 1 パーセントずつ増加中。
他の先進諸国でも、
同様の増加がみられる。

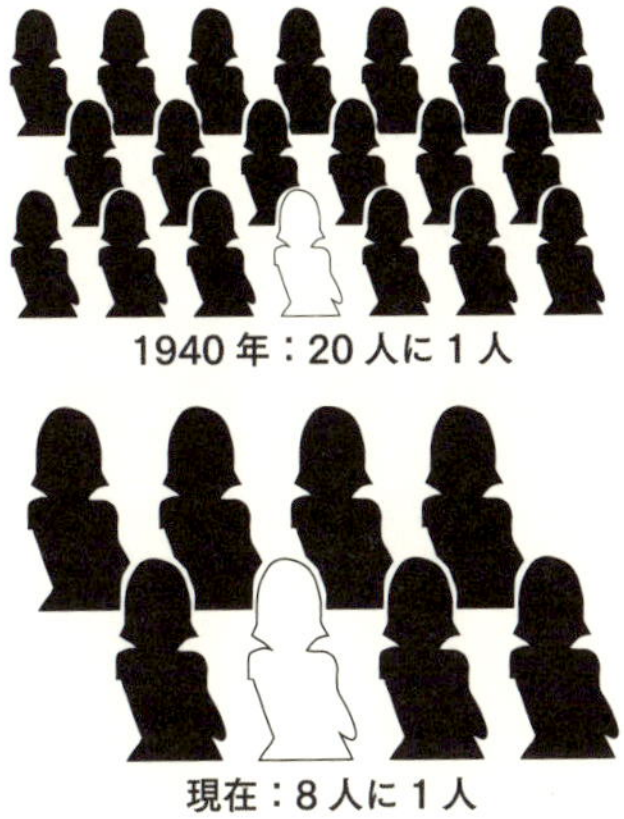

このパネルをつくった業者は、環境汚染物質への抵抗力を高めるサプリメントを販売している。練りあげたプレゼンテーション全体にわたって、聞き手に「へえ！」と言わせる目新しいデータが満載だ。

　男性向けには、こんな衝撃的データを用意した（次ページ上図参照）。

　このパネルをつくったときの調査によれば、一九二九年には男性の精子数は一ミリリットルあたり一億だった。だが一九八〇年には二〇〇〇万にまで下がった。じつのところ、現在ではわずか五〇〇万と、さらに低下している。受精には一個しか必要ないから、五〇〇万とだけ聞くと多いように思えるものの、こうして推移を追ってみると、かなり怖い数字であることがわかるだろう。精子数の減少や受精能力の低下は世界的に危惧されている問題だが、他国とくらべて米国は極端に深刻だ。

精子数の減少が危険域に。人類滅亡の危機？

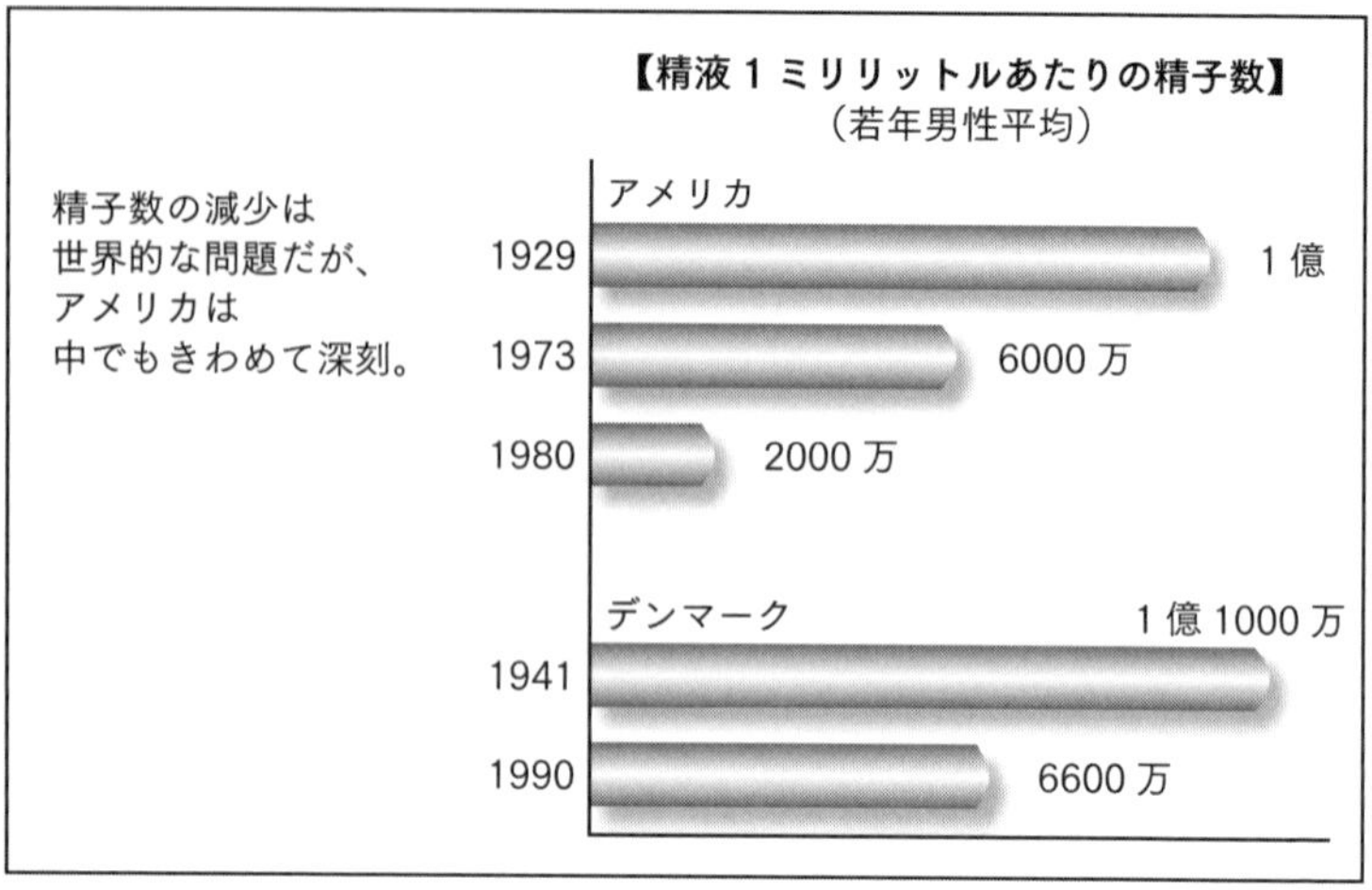

このような市場データは、商品データよりもずっと心の奥まで響く。このパネルをつくった会社（www.plimezyme.com）のように健康補助食品を販売する立場なら、なおのこと注目したくなるにちがいない。前にも書いたが、聞き手に「へえ！」と言わせるには、時間の推移と合わせて情報を眺めるべきだ。「われわれの精子の数は一ミリリットルあたり五〇〇〇万です」と語っても、何が悪いのやらさっぱりわからない。しかし、七〇数年前には一億だった事実と合わせると、大きな意味を帯びてくる。

どんなプレゼンテーションをやるにしろ、最初は、おおまかな業界動向の推移データを提示するといい。以前コンサルティングした中に、自動車ディーラーを相手に商売をしている会社があった。この会社の場合はまず、現在の自動車ディーラーの数と、ディーラーが販売する車の台数を調べた。聞かせる相手が自動車ディーラーとあれば、当然、こういう耳寄りなデータを話の中に入れておきたいものだ。が、現在の統計だけではもの足りない。一九五〇年以来のデータとまとめて提示して初めて、「へえ、そいつは知らなかったな！」という驚きの声が上がる。自動車ディーラーはたいへんな勢いで業務統合しつつある。これが重大なのかといえば、じつはさほどでもない。ただ、「へえ、これは知らなかった！」と言わせることができるかといえば、答えはイエスだ。さらに、聴衆よりあなたのほうがもの知りであるという前提でプレゼンテーションを次に進められるか？　これもイエス。したがって、レクチャーやプレゼンテーションは、驚くべきデータの提示から始めるといい。

実践トレーニング

あなたのプレゼンテーションの聞き手は誰だろうか。その人々にとって興味深いであろう全般的なデータを五つ書き出してほしい。次に、その情報を時系列で追ってみる。現在の数字は？　三〇年前の数字は？　この種の会社の倒産率はどのくらいか？　消費者向けのプレゼンテーションなら、消費者をとりまくさまざまな問題のうち、とくに関心を引けそうな統計は何か？　すでにウェブサイトに載せてある情報があれば、その情報をプレゼンテーションにも生かそう。

エステサロンにスキンケア製品を卸売りする業者のコンサルタントを頼まれた。私はひとまず、エステサロンの倒産率を調べさせた。エステサロンのオーナーの危機感をあおって、新しい製品・サービスに関心を持たせようという作戦だ。調べ終わったデータを見ると、倒産率は非常に低かった。が、時系列でデータを収集するように指示したのが功を奏して、過去の数字とくらべた場合、サロンの数が急増していることがわかった。米国内で一九八〇年には九〇だったのが、現在では一万六〇〇〇。そこで、倒産率に焦点を当てるのはあきらめて、このデータを活用して、オーナーに焦りを抱かせるような結論を導きだせばいいとひらめいた。「みなさん、業界は厳しい過当競争の時代に入りました」。このように、実際に調査してみると、自社の製品やサービスの重要性を高める意外なアイデアがいろいろと降ってわいてくるものだ。

【ルール④四に〝ストーリーで裏づけよ〟】

うまい具合にストーリー性を絡めた話は、印象に残りやすい。ストーリーなしに伝えた場合にくらべて、二六パーセント印象深いという。人間は、エピソードのたぐいが大好きなのだ。

雑誌広告を販売していたころ、私は、ある大きな広告主を獲得したいと考えた。そしてその会社のマーケティング部長に会うところまでこぎつけたものの、CEOには会わせてもらえなかった。ただ、部長が私の提案をいたく気に入ったようすだったので、契約成立まずまちがいなし、と確信して帰った。ところが、部長から説明を受けたCEOの決断は「ノー」。私は部長からねぎらいの言葉をかけられたものの、商談はふりだしに戻った。

そのあと、私はわざとフォローの電話をしなかった。したところで、部長がノーとしか言えないのはみえている。じつに六カ月間、私はひたすら待った。その部長が私のことをすっかり忘れてくれるのを……。

六カ月が過ぎたころ、こんどは部長を避け、CEOに直接会う約束をとりつけた。もし六カ月待たずにそんな手を使ったら、部長が憤慨するにちがいない。「私を無視するとはなにごとだ」と。しかし、じゅうぶん待ったかいあって、私の思惑どおりにことが進んだ。先方に到着したあと、CEOが部長を執務室に呼んだものの、部長は以前の経緯を忘れていて、「おや、たしかどこかで会いましたね」と言っただけだった。私は何食わぬ顔で握手を交わして、部長も同席するなか、CEOに資料をプレゼンテーションした。前回、部長は乗り気だったから、また賛同してくれるだろうと考えた。

プレゼンテーションが終了し、CEOが言った。「なるほど、納得したよ。ためしに一ページ広告を出してみよう」。「一ページじゃあ、試すには不足でしょう」と私。CEOは私の押しの強さに感心して、試験的に三ページの広告を出すと約束してくれた。その会社はトレーニングプログラムを販売していて、三ページの広告費の元をとるには二八件の契約を取る必要があった。だがCEOはこう言った。「すぐに元がとれなくてもかまわない。いちど顧客になってくれれば、その後も継続的に購入するはずだから、いずれ回収できる。よって、収支とんとんが今回の目標だ。もし達成できたら、また次も広告をお願いするよ」

しかし、この広告には六件しか問い合わせがなかった。高い広告料金にまるきり見合わない。私は大量のフォローをした。CEOに会いに行き、それまで広告を出した他社から成功の報告が続々と届いているのを見せた。あくまでも自分の雑誌に揺るがぬ信念を持ち、そのCEOに食らいついて離れなかった。目算がはずれた場合、並みの営業担当者ならあっさりあきらめるだろうが、私は正反対だった。よい結果が出ないと、たいがいの営業担当者は先方に電話するのを遠慮してしまう。現実に直面したくないのだろう。

ところが、次の広告は、さらに反応が鈍かった。わずか四件しか問い合わせがなかった。あまりにもひどい。三回目の広告は、なんと二件だった。毎回、私はフォローに力を入れ、よその広告主が驚異的な問い合わせ率を得ている事実を伝えた。とともに、「もしかすると、広告自体に難があるのではないか」と考えだした。三人の著者によるトレーニングプログラムを宣伝する内容だったが、写真にうつった三人とも、髪の毛が薄くなりつつある。生気のないモノクロ広告は、プロフェッショナルなトレーニングプログラムの宣伝というより、植毛の宣伝に見えなくもない。私は「もっと目立つ広告を」と提案した。効果絶大の広告をつくるテクニック（前章参照）をあまさずプレゼンテーションし、こう助言した。

「本当に注意を引きたいなら、見開き全面広告にして、真ん中に問い合わせハガキをはさむべきです。ハガキがやや厚いぶん、そのページで雑誌が開きやすくなりますから。ハガキで注文できるようにすれば注文数も増えます」

CEOはじっと耳を傾けたすえ、年一回の業界展示会特集号にカラー広告を四ページ出し、問い合わせハガキをはさむことに決めた。ハガキのデザインや内容も、私のアドバイスどおり。過去三回の広告よりもずっと高くつくので、いちかばちかの賭けだった。失敗してもめげない私の姿勢が多大な信頼につながって、CEOは「最後にもういちど、この男の言うとおりにしてみよう」と考えたわけだ。そして結果はというと、見開きと問い合わせハガキの広告費はしめて一万八〇〇〇ドル。この広告一回で、会社は六五万ドルを売り上げた。私の正しさが実証されたため、この会社は常連の広告主になり、二度と私の言葉を疑うことはなかった。

さて、このエピソードはいくつも重要点を含んでいる。もし私がただ「順調に行かなくても、見込み客に食いついて離れるな」と言った場合、それなりには効果があるかもしれない。が、こうしてエピソードを紹介したうえで同じことを言えば、説得力がはるかに増す。また、私のトレーニングプログラムでは顧客フォローに力を入れる重要性をさかんに説いており、このケースはそれを実証する好例といえるだろう。あなたは何を販売しているだろう？　あなたの製品やサービスの必要性をきわだたせるストーリーとは何だろうか。

【ルール⑤五に〝興味をあおれ〟】

プレゼンテーションを進める際は、聞き手の好奇心が持続するようなかたちで情報を積み重ねていくべきだ。まず要点を述べ、そのあと説明に入る。また、のちに取りあげる内容の予告を散りばめる。あなたの口から出る情報を待ちわびるような心理状態にするのだ。たとえば、弁護士の数が増えているとの情報を提示するなら、こんなふうに言う。「こうして眺めますと、みなさんは厳しい競争に置かれているわけです。しかし、次のポイントを見ていただくと、事態はさらに深刻であることがわかるでしょう」。思いをこらせば、どんな場面でも必ず、次のスライドが待ち遠しくなるうまい誘導のセリフが見つかるはずだ。

【ルール⑥六に〝見出しが肝《きも》と心得よ〟】

どの見出しも力強くなければいけない。聞き手を引き込み、パネルに気持ちを集中させる役割を果たすべきだ。そのためには、無駄な繰り返しを避け、明快さを心がけよう。パネルの最重要ポイントを要約するのが無難だと思う。よく、何枚ものパネルに連続で同じ見出し（たとえば「市場の現状」）をつけたプレゼンテーションを見かける。一枚目は「市場の現状」でもかまわないが、二枚目は、たとえば業界の成長率を扱っているなら「低迷する成長率」「気がかりな低成長」などとすべきだろう。手を抜いてはいけない。すべての見出しがしっかりと役割を果たすように、あなたもしっかりと頭を働かそう。

【ルール⑦七に〝自信を持ち、しかし驕《おご》らず〟】

聞き手が多人数であれ、ひとりであれ、コミュニケーションを図るべきだ。おおぜいいる場合、ひとつのやり方として、いっしょにストレッチをするのもいい。全員に立ち上がってもらい、頭の後ろに手を当てて右へからだを伸ばす。向かい合っているから、あなたは左だ。この要領で、みんな同じ方向へ何度かからだを傾ける。たったこれだけのことだが、聴衆とのあいだに見えない絆が生まれるはずだ。ほかの方法としては、たとえば、参加者めいめいにトラブルや困っている点などをしゃべってもらう。どの会社にも苦労がつきもの。苦労話を通じて連帯感が生まれる。

【ルール⑧八に〝お客さまに焦点を〟】

「成熟とはすなわち、あなたの持つすべての鏡を窓に変えることである」（作者不詳）

たいていの人間は、四方を鏡に囲まれて生きている。興味の中心はいつも自分だ。自分の気持ちを噛みしめて、自分のニーズに浸る。他人との力のバランスを勘案し、自分がほしいものを手に入れられるか考える。誰だったか有名な俳優のせりふで、私の好きな名言がある。「いやしかし、自分で自分の話をするのはもうたくさんだ。きみは、私をどう思っているんだね？」。人間みな、自分自身を会話の話題にすえたがる。そういった自意識の鏡を、窓に変えてみよう。たちまち、はるかに素晴らしいプレゼンターに、営業担当者に、トレーナーに、企業幹部に、リーダーになれる。

人間関係において、最も成熟した者とは、最もよく耳を傾ける者だ。他人のニーズを思いやり、どうすれば満足させられるかを考える。もしあなたがそんな人間になって、見込み客の前でプレゼンテーションし、相手のニーズに重点を置き、手助けする方法を模索しつづけるなら、必ずや超一流の営業成績を誇れるだろう。

どんなトレーニングを始める場合も、私はできるかぎり、聞き手が直面している難題を把握する作業からとりかかる。ある程度緊張をほぐしたあと、単刀直入にたずねてもいい。「さて、現在あなたの業界で感じる問題点をいくつか挙げてみてください」。意見を収集したら、こんなふうに前置きして、「スタジアムでのセールストーク」に入ろう。「みなさんがいま挙げてくださった難題は、ほかのクライアントの方々からもよく聞きます。そこで、みなさんの業界（市場、専門職）について調査をおこないました。たいへん意義深い発見がありましたので、上級幹部向けの概況報告としてまとめてました。さっそく、その一部をお目にかけましょう」。そう言って、おもむろにノートブックパソコンを広げ、「スタジアムでのセールストーク」を始める。

コミュニケーションの三種の神器

プレゼンテーションをやりながら同時に使えるコミュニケーション手段は三種類ある。言葉、声のトーン、ボディランゲージ。聞き手側は潜在意識でこの三つを合わせて処理する。セミナーでこのあたりの説明をする際は、私が実際に同じ言葉を違う声のトーンで言い、差を体感してもらう。意味は変わらなくても、印象が明らかに異なる。とくに電話なら、言葉そのもの以上に声のトーンが重要だ。自信がないままかしゃべっていると、せりふが完璧であっても、相手は不安を感じとり、それに応じて反応する。

電話で話すときに最も効果的なのは、貫禄のある声でしゃべることだ。さも重要そうに、これから話す事柄はとても大切だとばかり、重しをきかせた声を出す。そうすると、見込み客の潜在意識に大声で呼びかけることができる。私自身、大手映画会社の責任者や一〇〇〇億ドル企業のCEOと電話口で話す場合は、声の調子を通じて、私が重要人物であり、私の言葉もまた重要であるというメッセージを伝える。あなたもぜひ練習を積んで、容疑者を取り調べる刑事のように威厳のある声を出してほしい。そんな力強い声のトーンを操れれば、見込み客の意識を即座にわしづかみにできるだろう。

一方、面と向かって話す場合は、声のトーンも大切だが、むしろボディランゲージや顔の表情が大きな役割を果たす。ささいな表情や身ぶりが、あなたの本心をあらわにする。

「うーん」のひとことから、髪を耳にかけるしぐさ、指を鳴らしてみせる動作まで、一挙一動がなんらかのニュアンスを相手に伝える。しゃべっている言葉とは正反対の内容を伝達してしまう恐れさえある。したがって、どんな動作でどうしゃべるかによく気を配らなくてはいけない。からだ、顔、声すべてを自分の有利な方向に活用しよう。内面で自信を持てば、おのずと外側にも現れるはずだ。

話し合いの主導権を握るには、自分だけでなく相手の動作も利用できる。つい先ほど書いたとおり、おおぜいを前にしているなら、いっしょにストレッチ体操をすると有効だ。心の結びつきを強められるうえ、やるべきことを聴衆に堂々と命じれば、場の主導権を握れる。壇上に上がってさっそく「みなさん、立ち上がってください」と告げると、自信たっぷりの誘導ぶりが効き目を発揮し、聴衆は何かいい体験ができそうだと予感を抱く。この手段はとりわけ、あなたが多人数の前に立って緊張してしまったときに効果的だ。主導権が自分にあることがわかって安心できる。

話し手が威風堂々としていると、聴衆の側も落ち着く。聴衆が少人数だったり、一対一の売り込みだったりする場合も、やはりあなたが場を仕切ろう。とはいえ、あなたがヨガのインストラクターでもないかぎり、少人数やひとりを相手にストレッチをするのは気まずいだろう。だが、からだを動かすように提案するのはいいアイデアだ。相手との壁を取り払う意味も込めて、「ちょっと来ていただけますか」と、机のむこう側からこちらへ移動してもらう。私はいままで数えきれないほどのCEOにそう頼んだが、断られたことは一回しかない。

映画の脚本を売り込むため、大手映画会社の幹部にプレゼンテーションしてまわっていたころの話。ある重鎮との会談中、私は「資料が見やすいように、こちらに来ていただけませんか」と言った。付き添いで来ていたベテラン・プロデューサーが、驚いて椅子から落ちそうになった。しかし案の定、その重鎮は机をぐるりと迂回して私の隣にすわってくれた。おかげで親近感が深まったばかりか、私の主導権がぐっと強まった。一対一で話しているとき、あなたもさりげなくこう言えばいい。「ああ、そうだ。ここの説明は、並んですわったほうがやりやすいと思います」

プレゼンテーションの際に犯しがちな八つのまちがい

【まちがい①時間をとらせたことに対し、詫びたり感謝したりする】

「見込み客には『お時間をいただき、ありがとうございます』と感謝の意を表しなさい」と指導するトレーナーもいるが、私は賛成しない。あたかも、相手の時間が自分の時間より貴重であると認めているようなものだ。また、あなたの話を聞くことがほかの仕事よりはるかに重要度が低いかのような印象を与える。結果、あなたの発する言葉すべての価値が下がってしまう。相手に時間をとらせたことに対し、詫びたり感謝したりする必要はまったくない。あなたが立派に務めを果たしさえすれば、むしろむこうが感謝すべきなのだ。

以前、弁護士向けのサービスを売るある営業マンが、見込み客に向かって最初にこう切りだした。「まず何はともあれ、お時間をとらせてしまったことをお詫びいたします。時間単位で料金が発生するご商売ですので、貴重なお時間であることは重々承知しております」。そのあとの売り込みが困難をきわめたのは言うまでもない。弁護士側が「私の時間はたいへん貴重である」という前提に立ったため、以後、何もかもが大急ぎになってしまった。とんでもない失敗だ。

【まちがい②手をポケットに入れたまま話す】

ポケットに手を突っ込んでいると、投げやりな態度に見える。両手はつねに腰より上、前から見える位置に置こう。

【まちがい③すわったまま話す】

同じ製品であっても、高い位置でプレゼンテーションしたほうが、聞き手は高い価値を感じるものだ。よって、プレゼンテーションは立っておこなうこと。上から見おろす位置関係だと、威厳もともなう。一対一であっても、同様に力関係が変化する。「プレゼンテーションのあいだ、立ってもかまいませんか？　そのほうがやりやすいので」とひとこと断ればいい。「立たないでください」と言われた経験はいちどもない。

【まちがい④主導権を渡す】

プレゼンテーションの途中で見込み客が質問をはさんできた場合、話を打ち切ってすぐに返事をする者が非常に多いが、それはまちがいだ。見込み客が主導権を握ろうとしたら、素直に従ってはいけない。相手に服してはだめ。どんな売り込みのときも、あなたが流れを決めよう。もしあなたが小売店の店員だとしたら、客の後ろにくっついて店内をさまよっているだけでは何も売れない。

何を買いたいのかたずね、その売場へ連れて行くべきだ。客を後ろに従えてこそ、売り込みが実を結ぶ。場合によってはこちらから多くの質問を投げかけて、売買成立へ導かなくてはいけない。プレゼンテーションも原則は同じ。あくまでも、仕切るのはあなただ。

【まちがい⑤素材に主役をゆずる】

プレゼンテーションをこなすだけで汲々《きゅうきゅう》として、自分自身が脇役にまわってしまっている営業担当者をよく見かける。プレゼンテーションの素材が売り込みをしてくれるわけではない。売るのはあなただ。視覚効果はあくまで補助。あなたが座の中心であることをお忘れなく。

営業スタッフを雇う際の面接で、私はいつも「では、プレゼンテーションを実演してみせてください」と言う。「スタジアムでのセールストーク」に相当する一〇枚のパネルを渡し、いったん私は退席して、練習時間を数分間与える。そのあと部屋に戻り、実演を始めてもらう。パネルの箇条書きをひたすら読みあげるような応募者は、採用後ろくな働きをしない。優秀な者は、箇条書きの内容に命を吹き込み、いきいきと花開かせるものだ。

【まちがい⑥まじめ一本槍】

ユーモアは、聞き手の興味と記憶力を増長する。どんなセールストークやプレゼンテーションでも、パネルにはある程度のユーモアを入れるべきだ。人気の一コマ漫画や四コマ漫画（英語ならたとえば『The Far Side』など）のジョークを借用するのが手っとり早い。漫画入りの日めくりカレンダーを買って、ひととおり目を通し、自分のプレゼンテーションのどこかで使えるジョークがないか探すといい。たとえば私は、じかに講演セミナーで教える際、「世界一プレゼンが下手な男、サミー・シュレブ」なる人物を登場させて、プレゼンテーションを失敗してことごとくチャンスをふいにするようすを面白おかしく演じてみせる。

【まちがい⑦毎回のリハーサルを怠る】

扱う素材をよく知っていればいるほど、説得力が加わり、効果が高まる。プレゼンテーションを進行するだけであっぷあっぷで、原稿をただ読みあげるばかり、などという状態では、ろくな成果に結びつかない。また、練習時に原稿を黙読して済ませるのは大きなまちがいだ。観客がいるつもりで、声を出して予行演習する必要がある。実際に声を出しながら、スムーズな流れ、あとで触れる情報の予告、ちょっとしたジョークなどを工夫していく。

私がコンサルタントを務めるある会社が、以前、新人の営業担当者をひとり雇った。さっそくプレゼンテーションのトレーニング用ビデオと、フルカラーのよくできたプレゼンテーション素材を与えて、しばらく自分で練習させ、やがて本人なりに準備万端と感じた時点で、社のCEOと私の前で実演してもらった。ところが、だらだらとテンポが悪く、箇条書きを一語一句読みあげるだけのぶざまな出来だった。私はただちに再トレーニングに入り、次のような重要な心得を教え込んだ。

●躍動感を持たせる。
●疾風のごとくスピーディに。
●はつらつとした魅力的な雰囲気をつくる。
●素材を隅から隅まで知っておく。
●聞き手に代わって、ある程度の結論を引きだす。
●箇条書きを一本調子で読みあげない。
●次のパネルへ移動するときの前口上に磨きをかける。（後述）

再教育のあと、その営業担当者を現場に送りだし、二〇社の見込み客にプレゼンテーションさせた。しかし、成約はゼロ。私とCEOは首をひねりつつ、実際のプレゼンテーションのようすを視察した。するとなんと、相変わらず、箇条書きをただ棒読みしているではないか。要点がばらばらで、見込み客の業務と結びつける努力をしていない。躍動感のかけらもなく、エピソードの挿入もなければジョークもなしだった。

私はあらためて鍛え直し、二週間後、成長ぶりをチェックした。自分なりのカンニングペーパーをつくるなど、努力の跡はうかがえた。が、だめだった。依然、テンポが悪くてぎこちない。さて、この男の例から学べる教訓とは何か。じつは世の中にはプレゼンテーションができない人間もいる、ということだ。反対に、生まれつき意思疎通が上手でプレゼンテーションのうまい者もいる。ただそうはいっても、練習しだいで大きな違いが出る。それともうひとつの教訓として、あなたの業種がなんであれ、この種の能力は、雇う前にあらかじめテストしておいたほうがいい。

別の会社にも、プレゼンテーションがたどたどしい営業担当者がいた。準備不足で、内容をまもとに把握していない。見込み客があきれてこう言った。「箇条書きを読みあげるだけなら、私が代わろうか?」。形なしとは、まさにこのことだ。

【まちがい⑧次のパネルを予測できていない】

できるかぎり、先のパネルを予告しよう。聞き手が期待を膨らませ、固唾《かたず》をのむような雰囲気をつくりたい。たとえば「さて次のパネルが、何にもましてお知らせしたい重要ポイントです」。次の内容を熟知していれば、次のパネルへ移動するときの「前口上」を述べられるはずだ。聞き手に成り代わって、ここまでのある程度の結論をまとめる。そしてスムーズに移動。げんに、本書のいままでの章で、私はさかんに後半の予告をはさんだ。そのたび、みなさんは先が読みたくなったのではないか。

実践トレーニング

見込み客におこなう短めのプレゼンテーションをパネル三〇枚ぶん用意してみよう。一枚目には、ぜひ見たくなるような巧みなタイトルを入れる。続いて二枚めのパネルに「今回のおもな内容」と書いてほしい。いかにして売り込むかが、この二枚目に集約される。品物を無料配布して人気をとりたいわけではなく、あくまで売るのが目的だ。さて、まずは失敗例。

▼今回のおもな内容
●業界の現状
●この業界の五つの動向
●当社の製品の特徴
●当社の製品について知っていただきたいポイント

凡庸すぎて、スリルのスの字もない。しかもごていねいに、最後に売り込みをしますと予告している。ならば、こう変えよう。

▼今回のおもな内容
●業界の過去、現在、そして未来
●天国か地獄か、あなたの会社の運命を決める五つの動向
●成功のために誰もが知るべき二、三の事柄
●ありとあらゆる面でライバル会社に差をつける法

パネルの三枚目からは、業界データを網羅する。「へえ!」を連発させ、ただちに興味をつかむ。

そのあと、見込み客がぶつかりそうな問題点の指摘に入るといい。「『問題点』と呼ばず、『課題』

と呼びなさい」と指導するトレーナーもいる。なるほど、身内に対しては「課題」と呼んだほうがいいかもしれない。だが、見込み客に対するプレゼンテーションなら、「あなたがたは問題点を抱えています」とずばり指摘してかまわないだろう。深刻な響きがするぶん、聞き手は心理的に追い込まれ、解決策を求めたくなる。

当を得たプレゼンテーションであれば、問題点のいくつかに対してあなたの製品やサービスが有効であることがおのずと明らかになるだろう。たとえば病院に飾る美術作品を売り込む場合。当然、プレゼンテーションで挙げた問題点すべてが美術作品で解決するわけではない。しかしながら、問題点を数多く指摘しておくと、「何か対策しなきゃ」という気分に相手を駆り立てることができる。たいがい、すがる気持ちの一部はあなたの方向に向かう。悪い情報を知ったからには早く手を打ちたい、と思うのが人間のさがだ。

最後に注意しておくが、自分の製品やサービスをあからさまに売り込んではいけない。あくまでも、ほんの一例として挙げよう。「美術作品の購入をご検討になる際の参考」といったパネルを用意してもいい。購入基準を示し、賢い買い方をアドバイスする。しかるべき情報を与え、聞き手もその基準に納得したら、そこでさりげなく、あなたの製品が他社よりまさっていることを伝える。理路整然と誘導していくこのようなテクニックこそ、成約率を飛躍的に上げ、客の心に入り込む奥義なのだ。

まとめ

単純に製品を売り込むのでなく、有益な情報を提供すれば、はるかに多くの見込み客をものにできる。すぐれたプレゼンテーションで啓発すると、たいていの顧客は、あなたの製品がぜひともほしいと感じるだろう。もしひたすら製品を宣伝して売り込むだけだったら、相手は「とくに必要ない」と判断し、扉を閉ざしてしまいかねない。

もうひとつ。ここまで、プレゼンテーションの適切なやり方をいろいろと説明してきたが、見込み客の前では「プレゼンテーション」と呼んではいけない。「売り込み」と同義語に聞こえかねないからだ。私の会社では「オリエンテーション」と称している。相手によっては「上級幹部向け企画説明」などのネーミングがいいかもしれない。

第9章

最良の顧客を獲得するための細かな演出

理想の顧客をつかむにいたる日々の戦術と手順

第六章で学んだとおり、理想の顧客を攻め落とすには「ドリーム一〇〇」戦略を用いる。これがあなたの会社を「究極のセールスマシン」に変えるいちばんの早道だ。なにしろ理想の顧客は、ほかの客より素早く、大量に、頻繁に製品やサービスを購入してくれる。ほんのひと握りだけでも獲得できれば、収益に多大な好影響が及ぶだろう。本章では、そうした理想の顧客をつかまえるための周到なテクニックの数々を紹介したい。いままでの章で、マーケティングやプレゼンテーションの本質的な土台に関して論じてきたが、ここではとくに、理想の見込み客を本物の顧客に変えるうえで役立つ営業のきめ細かなテクニックを具体的に明らかにしていこう。

誰かが理想の顧客であると判明したり、上客が住む理想の地域を見つけたりしたとき、まずは、体系立てた執拗なまでの計画が必要になる。「興味がありません」と繰り返し断られてもあきらめない覚悟がいる。そこがカギだ。何回か「ノー」と言われるのは見越したうえで、用意周到な計画を立てる。拒絶されたからといって、容易にあきらめてはいけない。最初に送るべきマーケティングの資料は何か。次は何か。電話をかけても切られてしまったらどう対処すべきか。いかに態勢を整えて、部下たちをたび重なる拒否に耐えさせ、あきらめずに挑ませつづけるか。本章で、あなたの会社の業績を爆発的に伸ばし、創業以来のあらゆる記録を塗り替えるにはどうすればいいのか、微に入り細をうがって説明していこう。

私はいままで、「ドリーム一〇〇」のコンセプトをさまざまなかたちで教えてきた。個人的な指導、企業幹部を集めてのセミナー、世界二〇カ国以上で販売中のトレーニングプログラムなど。私のトレーニングを受けた人物に会って感想を聞いても、とくに気に入ったコンセプトは「ドリーム一〇〇」、つまり理想の顧客にターゲットを絞る戦略だと言われることが多い。そこで私は「実際やってみて、成果はどうでした?」とたずねる。すると残念ながら、必ずしも芳しい返事がかえってこない。挫折した人々の原因を探っていくと、結局のところ、「断固たる規律と決意」が欠けていたせいだとわかる。「ドリーム一〇〇」のコンセプトを頭では理解しており、業績を伸ばす素晴らしい戦略だとわかっているにもかかわらず、入念な計画を練る手間をかけていない。あるいは、せっかく計画をつくっても、すぐあきらめてしまう。

私がチャーリー・マンガーに雇われていたころ、四カ月間売上げがゼロだったことがある。まったくのゼロだ。だが、歯を食いしばって自分の方針を貫いた結果、三年連続で業績を二倍にできた。そこで、ここでは「ドリーム一〇〇」のコンセプトの具体的な展開方法を、順を追って、隅から隅まで、細大漏らさずつまびらかにしていきたい。

本書を読んでいる企業幹部や営業担当者は、一回断られたぐらいであきらめてはいけないことをもう承知しているだろう。今後はもっと強い決意で臨むはずだ。しかし世のたいがいの人間は、一、二カ月アタックし、理想の見込み客のほぼすべてから拒否された段階で、あっさり尻尾を巻いてしまう。あなたの会社の製品は、はたしてそんな程度であきらめるぐらいの重要性しかないのだろうか?

固い決意で執拗に挑みつづけ、理想の顧客をつかむために従来以上に巧妙で積極的な方策をたえず模索していけば、やがていつか客側から敬意のまなざしを向けられる。めげない粘り強さには、誰もがかぶとを脱ぐものだ。以前、私に「雇ってほしい」と二年間熱心に頼み込んできた広報担当者がいる。最終的には、才能よりも頑張りを評価して、その男の採用を決めた。辛抱強くあとを追ってこられると、懸命の努力に報いてやらなければ悪いような気にまでなってくる。この戦略によって、あなたは、ライバルを寄せつけない市場の頂点に立つことができるだろう。

「ドリーム一〇〇」への完璧な売り込み方

強い意志を持って食らいついた実例を挙げよう。製造業者向けにOEM製品を販売するメーカーが、深刻な経営難に陥って私のもとへやってきた。このOEMメーカーは、三年連続で業績が落ち、売上げ一億ドルに対して赤字六〇〇万ドルという財務状態だった。そこで私は営業スタッフに「ドリーム一〇〇」戦略を叩き込み、市場の大手製造業者に売り込みを図った。第二章でも述べたが、私の指揮のもと、この営業スタッフ五〇人は五カ月で大いなる成果を収めることができた。

まず最初、大手製造業者各社のCEOに「業界が直面する五つの大きな危険」を学びたくありませんか、と誘いをかけた。興味をそそるテーマだ。とりわけ、このOEMメーカーのように定評ある企業がおこなうレクチャーとなれば、なおさら聞きたくなるだろう。CEOへ送った勧誘の手紙には、こんなふうに記した。「ご存じのとおり、私どもの会社は製造業者の皆さまの成功いかんにかかっております。そこでこのたび市場調査を実施し、製造業界にいくつか深刻な問題点があることを突きとめました。皆さまの好業績の維持をお手伝いするため、この重大情報を無料でご提供いたします」

あなたはもう気づいているだろうが、この種のアプローチを私は頻繁に使う。業界に奉仕するという名目を掲げれば、無料でやりたがっても不思議はない。ただし前述のとおり、相手にとって価値のあるデータを集め、本気で奉仕する姿勢を示すべきだ。さて、この勧誘の手紙が効果てきめん、七パーセントもがオファーに応じてきた（ふつう、ダイレクトメールは反応率が一パーセントあれば御の字といえる）。

二週間後、無料レクチャーの誘いの手紙をもういちど送付した。こんどはルービックキューブを一個ずつ添えて、文面にこうしたためた。「ルービックキューブには、色の配置の組み合わせが四〇億通りあります。しかしさいわい、皆さまがご心配すべき問題点は五つだけです。新たな二一世紀に輝かしい製造業者として生き残るためには、この五つに対処しなければいけません。業界が直面するこうした危険に対し、パズルを解くような試行錯誤は無用です。当社の無料レクチャーにいますぐお申し込みください」

この巧みなメール戦術に続いて、営業スタッフ全員で電話攻勢をかけた。私が指導するときはたいていそうだが、毎週欠かさず一時間、テレビ会議で営業担当者と個別にロールプレイングをおこなった。どの会社もぜひ、週に一回、営業技術を磨くテレビ会議を開いてほしい。もしスタッフが一カ所にいるなら、もちろん直接集まるといい。

毎週一時間、こんなふうに進める。私が営業担当者一人ひとりに質問する。見込み客に何を言ったか、相手はどう答えたか、どう断ってきたか、どんな理由だったか。その報告を踏まえて、ロールプレイングを通じ、興味を示さない見込み客をどうすれば効果的に説得し、興味を持たせられるのかを練習する。

第二章でも触れたように、私がこの会社にかかわりはじめた当初、営業スタッフは誰ひとり、つれないCEOを説得するすべを持ち合わせていなかった。無理もないだろう。それまでは、もっぱら工場の現場責任者を相手に交渉していたのに、私が大幅な方針転換を命じ、CEOとの直接交渉に当たらせたのだ。おまけに、従来とは勝手が違う。売り込むのはOEM製品ではなく、無料のレクチャーだ（それが結果的にはOEM製品を効率よく売ることにつながるわけだが）。

初めは全員、未熟なレベルだった。しかし固い決意で毎週ロールプレイングを繰り返したかいあって、しだいに腕を上げてきた。いや正直なところ、みんな驚くほどの上達ぶりだった。私の五カ月のコンサルティング契約が終わるころ、どの営業担当者も非常に手際よくロールプレイングをこなせるようになった。

ダイレクトメールの話に戻ろう。私たちは五カ月のあいだ、二週間に一回ずつ、ちょっとした品物を添え、気の利いたダイレクトメールを理想の顧客に送りつづけた。たとえば、懐中電灯にこんなメッセージをつけた。「製造業者が直面する五つの危険に、暗中模索で臨むのは無謀すぎます」。また、方位磁石を送ったときは、「今日の業界では、多くの会社が道に迷っています。迷子の仲間入りはいけません。製造業者が直面する五つの大きな危険について、当社の最新レポートをぜひともご覧ください」。巻き尺には、「製造業界トップの水準まで身の丈を伸ばしたくありませんか？　そのためには、当社の無料レポートを通じて、製造業者が直面する五つの大きな危険を知る必要があります」。

二週間に一回すべての見込み客に粗品を送るとなったら、経費がひどく高くつくと思うかもしれない。ここで注目してほしいのは、数百社の見込み客に絞って送付したことだ。いずれも標的として申し分ない大企業だから、もし一社でも獲得できれば、あっという間にダイレクトメール二〇年分の儲けが転がり込む。

実際には、四通だけ送った時点で、ある大口の見込み客から反応があった。定例の売り込み電話をかけた営業担当者に、相手がこう言った。「ああ、ちょうどよかったよ。おたくの会社の誰かと会って話がしたい」。営業担当者はいきなりのことに面喰らって「なぜです？」と聞き返した。すると「いろいろ面白いプレゼントをくれただろう？　おたくのマーケティングは素晴らしいと思ってね」。

行ってみると、送付した粗品が机の上に並べてあった。「しょっちゅうこれで遊んでいるんだ。とくにルービックキューブに、はまってしまったよ。責任をとってもらいたいね」。いたずらっぽくにらまれた。このように、一貫したマーケティング努力をこつこつと長く続ければ、まずどんな相手でも口説き落とせる。要は、知略に富んだマーケティングによって、どんぐりの背比べから一歩抜け出すことだ。

このOEMメーカーは、三カ月のうちに、「ドリーム一〇〇」の半数と会う約束をとりつけた。「スタジアムでのセールストーク」は説得力抜群の出来映えだったから、レクチャーを受けた会社はひとつ残らず、このメーカーの製品を試すことに合意した。そして実際に試したすべての会社が、なんらかの製品購入か提携に踏みきった。

「ドリーム一〇〇」戦略だけで、六〇〇万ドルの赤字だった財政は、翌年、二〇〇〇万ドルの黒字に転じた。関係者の喜びようは言うまでもない。

きめ細かなテクニックへ向けての六つのステップ

理想の顧客を手に入れるには、六つの段階を踏むといい。

①「ドリーム一〇〇」を選ぶ。
②粗品を選ぶ。
③手紙の文面を練る。
④スケジュールを作成する。
⑤見込み客フォローをする。
⑥顧客啓発のレクチャーをする。

【ステップ①「ドリーム一〇〇」を選ぶ】

第六章で、あなた自身の理想の顧客、地域、提携先をリストアップしたはずだ。そのリストをあらためて眺めてほしい。これがあなたの「ドリーム一〇〇」リストの原点になる。何を理想とみるか、選択基準をはっきりさせよう。どんな顧客（あるいは地域）が「ドリーム一〇〇」にふさわしいか。その顧客は、必要なものを買う資金をじゅうぶん捻出できる程度に業績好調だろうか。あなたが医療関係の会社なら、大病院を狙いたい。不動産業者なら、高級住宅地をターゲットにしたいだろう。法人向けにたとえばオフィス機器を販売するなら、標的にすべき会社の選択基準（従業員数、資産価値、場所、業種など）を検討し、他社より素早く多く頻繁に購入してくれる会社はどんなところなのかを洗い出そう。このあたりの作業は、インターネットを使えば簡単だ。米国なら、たとえば www.zapdata.com にアクセス。基準を入力するだけで、たちまち特定の地域、業種、規模の会社をリストアップできる。

見込み客のデータベースを用意して、たくさんの情報を集めよう。理想の顧客について詳しく知れば知るほど、攻略の糸口がつかめる。また、営業スタッフにめいめいの顧客の情報を収集させ、データベースに蓄積していけば、たとえ担当者が辞めても、攻略に必要なネタはすべてあなたの手元に残る。本当に大口の見込み客なら、アタックを始める前に多少時間をかけて調査するといい。その企業のウェブサイト、販促資料、関連記事などをチェックする。また、相手に電話するたびに——住所が正しいか、CEOの名前のスペルが合っているかを確かめるだけの電話だとしても——新たな情報をつかむ大切な機会だと肝に銘じよう。もうひとつ、多くの営業担当者が顧客の情報収集に活用しているサイトが www.hoovers.com だ。会員登録すると、各企業や業界、市場の最新情報を得ることができる。

あなたが法人向けのビジネスをしている場合、理想的な相手企業それぞれに関して、その社内の誰が標的としてうってつけかを見定める必要がある。選ぶ基準は、「イエスの判断をくだす権限がある人間にアプローチせよ」。先ほど例に出したOEMメーカーは、私が助言する前、現場責任者にばかり売り込んでいた。けれども、現場責任者には、ノーを言う権限しかない。イエスを言いたいときは、上司の許可を仰がなくてはいけない。だから、その許可を下ろす人間のほうに、初めから照準を合わせるべきなのだ。

この点を念頭に置けば、あなたが発信すべき情報の傾向もおのずと定まってくるだろう。病院に美術作品を売る会社を例にとるなら、「スタジアムでのセールストーク」に盛り込むべき情報は、病院のCEOにとって重大な価値があるデータにすべきだ。そうすれば、おおぜいのCEOを無料レクチャーに引き込んで啓発できる。

さて、あなたの製品やサービスの採用に「イエス」を言える責任者は誰か。あなたが集めた市場データは、その人物を上手に説得する内容になっているだろうか。

【ステップ②粗品を選ぶ】

二週間に一回、ささやかな品物を贈ろう。私の体験からいって、これが「ドリーム一〇〇」の関心を引く非常に有効な手だてだ。前に書いたルービックキューブのような面白グッズを選ぶ。ルービックキューブなど、たいした値段ではないし、角砂糖をひとまわり大きくした程度で、かさばらない。いろいろなアイデアを検討してみてほしい。ただし、安価なものにとどめること。高価な贈り物だと賄賂のように思われてしまう。事実、私にさんざん儲けさせてくれたある顧客は、値の張るお礼の品をぜったいに受け取ろうとしない。クリスマスプレゼントに一〇〇〇ドルのペンを贈ったところ、すげなく送り返してきたほどだ。企業幹部の中には、高額のつけ届けをこころよく感じない者もいる。だから、安くとどめるにかぎる。粗品ならば、こちらの意図を汲んでにっこりするだけで、賄賂とは考えまい。

もう一点大事なのは、多少とも役立つ品物を選ぶことだ。取っておきたい、遊んでみたい、あるいは持ち帰って子どもに与えたい、と思えるものがいい。のちほど、品物の候補や、添付のダイレクトメールに使う文章のサンプルを紹介する。実用品だと、むこうはそれを手元に置いて、しょっちゅうあなたを思い出す。たとえば一〇〇ドル札を模したキーホルダーを贈ったところで、おそらく即ゴミ箱行きだろう。しかし、ペンライト、巻き尺、子どもが喜ぶ水鉄砲などであれば、しばらく引き出しにしまわれる可能性が高い。

その昔、私が業界展示会を開催したときのエピソード。私の会社にいつも販促用グッズ（バインダー、手提げ袋など）を売る営業担当者がやってきて、ご愛顧のお礼にと、ペン型の懐中電灯をくれた。私は、息子へのおみやげにしようと思い、上着のポケットに入れた。たまたま、一九八九年のサンフランシスコ大地震の日だった。私がオフィスに腰を下ろし、ニューヨークにいる友人と電話しているさなか、地震が発生した。視界にあるものすべてが揺れだし、右往左往する従業員たちで室内はパニックになった。だが、カリフォルニア暮らしにまだ慣れなかった私は、以前から住んでいた連中よりもかえって冷静だった。万が一の地震のときどう行動すべきか、あらかじめ公共広告に耳を傾けて知っていたからだ。部屋の耐震ドア枠に駆け寄って、叫んだ。「ここに避難しろ！」。気迫の満ちた声が響いたせいで、居合わせた二五人がいっせいにドア枠に殺到した。

そのあと、私を先頭に一列に並び、非常口を抜けて、コンクリート壁に囲まれた窓のない階段を、一三階から下りはじめた。非常ランプが点灯せず、階段ホールは漆黒の闇に包まれていた。壁を手探りし、足先で段差を確かめながら進んだ。と突然、私は、ポケットに懐中電灯があることを思い出した。引っぱりだして、スイッチを入れた。暗がりの中でみんなの顔がとたんに輝いたのを、いまでもよく覚えている。誰かが言った。「ふだんからポケットに懐中電灯を入れてるんですか？」。私はよい上司であるばかりか、よいボーイスカウトでもあり、緊急時の備えをつねに怠らなかったのだ（というのは冗談で、珍しい偶然にすぎないが）。

まあとにかく、あなたの粗品がどんな場面で役立つか知れない。もちろん私は、翌日さっそくその女性営業担当者に電話して、顛末《てんまつ》を聞かせた。以後、ノベルティのたぐいが必要なときは必ず、その担当者を通じて購入した。

競合企業がひしめくなか、ひときわ目立って、ブランド認知を高める――それがこの戦法の目的だ。たとえ見込み客がオファーに乗ってこなくても、あなたの社名が印象に残り、地位の確立に役立つ。

では、粗品のアイデアを挙げてみよう。いずれも、インターネットで購入でき、あきれるほど安い中国製の商品だ。

- ●虫眼鏡：一〇〇個で六〇ドル
- ●電卓：一二〇個で二〇〇ドル
- ●ミニ工具セット：一二〇個で一二〇ドル
- ●パドルボール：一二〇個で五〇ドル
- ●ゴム飛ばしグライダー：一〇〇〇個で七〇ドル
- ●ルービックキューブ：一二〇個で四〇ドル
- ●金属製ホイッスル：一二〇個で一〇〇ドル
- ●プラスチック製恐竜模型：一〇〇個で二六ドル

【ステップ③手紙の文面を練る】

粗品を送るときは、手紙を添える。読んでもらうには、簡潔な文面を心がけるべきだ。巧みに粗品と結びつけたフレーズを入れ、先方が気軽に「イエス」と答えられるようなオファーを出す。次にしてほしいことが明確になるように、具体的な行動を呼びかけよう。

「ドリーム一〇〇」作戦が成功するか否かは、オファーの中身にかかっている。第四章で学んだことがらを振り返ってもらいたい。短期戦術より先に、まず長期戦略あれ。短期的な視野しかないとつい、「当社は、かつて類を見ない最高の製品を販売しています」といった文章になってしまう。このアプローチでもやがては成功かもしれないが、最初のオファーはやはり、お客さまに奉仕するという姿勢にしたほうが効果が高い。

法人向けのビジネスであれば、本来の目的はアポイントをとることや、ウェブセミナーに勧誘することだろう。ただ、私はたいがい、ダイレクトメールではそのあたりを、ややあいまいにぼかす。そして、フォローの電話で目標を達する。フォローについて詳しくはステップ⑤を参照してほしい。

ストップウォッチに添える手紙は、たとえばこうなる。

> ○○様（個人名）
>
> 弊社がおこなう無料の企業幹部向けレクチャー「××（業界名）における五つの重大な状況分析」をまだ受講なさっていない方は、刻一刻とお金を失っているも同然です。
>
> この無料の××（業界名）コミュニティサービスは、弊社が市場へのいわば御恩返しとして実施させていただいているものです。調査費用にして三〇〇万ドル以上に相当する情報を盛り込み、箇条書き形式でテンポよく進行しながら、競争の激化や△△（ほかの問題点を入れる）など深刻な状況を抱える業界でいかにして業績を伸ばすか、有益なノウハウをお伝えいたします。お電話でいますぐ、無料レクチャーにお申し込みください。時計の針は進みつづけ、あなたはお金を失いつづけています。

非常に短い手紙だ。ところどころストップウォッチとうまく絡めてある。このぐらい簡潔なら、実際に読んでもらえるだろう。だが、手紙を一通送って終わりではなく、これが作戦活動の始まりであることを忘れてはいけない。強い覚悟で、ライバルがひしめく中から頭ひとつ抜け出し、存在感を顧客の意識に焼きつけよう。前記のとおり、この手紙だけではまだレクチャーの申し込みを取れないだろう。たとえて言うなら、この手紙は長距離爆撃だ。じかに攻撃をしかける前に、ある程度の下地をつくっておく。そのあと本格的な攻撃をしかける――つまり、営業担当者が電話をかける。

実践トレーニング

プレゼント用の粗品をリストアップし、それぞれにふさわしい手紙の見出しを書いてみよう。あなたではなく客側に焦点を当てた見出しにすること。例を三つ挙げておく。

［巻き尺］あなたの業績をぐんとサイズアップ

［ホイッスル］業界のコスト上昇傾向に、ついに警笛が！

［電卓］業界の陣取り合戦激化、あなたの損得を計算すると……？

もちろん、本文にはあなたのオファーを明確に記す。無料レクチャーの勧誘なら、ここまでの説明でもう要領はおわかりだろう。しかしときには、レクチャーのかたちをとりたくないかもしれない。であれば、さっそく製品やサービスの紹介に入り、その特長がどんな利益を見込み客にもたらすかを書いておく。

私は粗品作戦を、無料レクチャーの前と後、両方におこなっている。たとえば、ちょうどいま、私がかかわる某企業が、大口の見込み客を集めてレクチャーし、非常に好評を博しているのだが、中には、情報を見たあと契約に踏みきらない見込み客もいる。「まあ、半年後あたりに……」と煮えきらない態度をとったり、「参考になったよ。でも、いま契約中の業者が気に入っているから」とあからさまな拒否反応を示したりする。

このように、レクチャーしたものの売り込みを断られた場合、粗品つきのダイレクトメールで追撃に入るのだ。すでにレクチャーを見せたからには、相手の意識の中に、いわば上陸決戦の足がかりができている。ただ、いったんノーとなったあと攻め落とすには、フォローの集中砲火を浴びせなければいけない。なおも粗品と、それに絡めた手紙を送りつづける。そうすれば早晩、むこうの考えが変わりはじめる。「なあ、粗品を送りつづけてくるこの会社に、少し発注してみようじゃないか。不屈の精神を持っている連中だ。ためしてみる価値があるよ」

あるいは、別の成功パターンもあり得る。私が何度となく体験してきたように、鋼《はがね》の意志でフォローを続けるうち、先方でトラブル発生。もともと契約していた業者と何かの交渉がこじれ、「別の業者を検討しよう」となって、あなたが第一候補に挙がる。けっしてあきらめなかったからこそだ。新しい契約先が必要になったとき、真っ先にあなたに目を向ける。だからやはり、ダイレクトメールを送りつづけ、そのあとフォローの電話をかけつづけるべきだ。

【個人消費者向けの戦略】

個人消費者をターゲットにして、理想の顧客を追い求める場合、法人を標的にするケースと比較すると経費がかさむ。実効を挙げるためには、たいてい、かなりの数を相手にしなければいけないからだ。法人が相手なら、たとえば製造業者を狙うとすると、大手の数百社にアプローチすれば相当な業績改善を期待できる。しかし、あなたが宝飾店、自動車ディーラー、歯科医、指圧師、ヨット販売店といった小売り関係者なら、もっと多くの理想の顧客にアタックしないかぎり、業績の違いが現れない。私の知る例でいえば、ある不動産業者は、裕福な地域の家二二〇〇軒をすべて標的にした。シンプルな三つ折りのチラシながら、毎月、同じ二二〇〇軒に欠かさず送りつづけた。もしあなたが歯科医で、治療費よりも歯の健康を気づかう人々で待合室をいっぱいにしたいなら、同じように、理想的な地域全体を狙って集中的な努力をすべきだろう。そんな場合に送るダイレクトメールは、たとえばこうなる。

> ○○様（個人名）
>
> 同じ地域内で暮らすご縁で、今回お便りしております。当医院の使命は、この地域の上流家庭の皆様に最高のサービスをお届けすることです。したがいまして、ぜひご来院いただくため、特定のお客さまだけにスペシャルキャンペーンをご用意いたしました。歯の診断とクリー

ニングを、通常一二五ドルのところ、いっさい無料とさせていただきます。この機会に、当医院の卓越したサービスをいちどご体験ください。

ただしこれはあくまで見本。米国の一部の州では、歯科医がこのようなキャンペーンをおこなうことは禁じられている。自分の市場や業界を取り締まる法律は、みなさん各自の責任で知っておいていただきたい。

ヨット販売店を例にとろう。市場を広げ、おおぜいの顧客を集めるには、どのような策を講じるべきか。一般には、専門雑誌に広告を出し、すでにヨットに関心を持つ人々に訴えかけるのが常套手段だ。ただ私の場合、もともとはヨットを買うつもりがなかったため、専門雑誌など手に取ったことがなかった。友人に購入を勧められ、「ほう。しゃれた趣味かもしれないな」と思いはじめて、性に合うかどうか、ひとまず中古を購入。翌年、たちまち夢中になった。つまりきっかけは友人の勧めだったわけだが、私のような潜在顧客を掘り起こすには、以下のような戦略がよさそうに思う。

基本的には、本章のコンセプトを使い、潜在的な顧客全体に攻勢をかける。当然ながら、ヨットに限った話ではなく、高所得者向けの製品やサービスならなんにでも応用できるので、参考にしてほしい。まず最初、地域内の高所得者層にダイレクトメールを書き、あなたの製品やサービスに関係することがらのうち、相手にメリットがあるものをオファーする。ヨットの例なら、こうなる。

〇〇様（個人名）

　今回お便りいたしましたのは、貴方のようなゆとりある生活層の方々の多くが、ファミリーヨットの美しさ、安らぎ、楽しさに目覚めはじめていらっしゃるからです。日常を離れて気分を一新するのに、ヨットはまさしく最適です。何もかも忘れて、ご家族やご友人と絆を深め、冒険を味わう絶好の手段といえるでしょう。

　ただいま、貴方のような生活層の方々にのみ、期間限定といたしまして、無料の試乗サービス「ボート・デー」を実施中です。ぜひいちどヨット体験をおためしください。まる一日、ご家族を素晴らしいヨットの旅にお連れいたします。

「ボート・デー」のサービスが無理なら、「サンセット・クルーズ」という企画でカップルを数組まとめて案内してもいい。飲み物をふるまったあと、夕日に向けて出航。これで、有望な見込み客の心をつかむことができる。もっとも、誰にでもオファーすればいいというものではない。三万ドル、もしくは三〇万ドルのヨットを購入できそうな、裕福な家庭のみに目標を定める。そういう見込み客には、あなたが一日をつぎ込むだけの価値がある。むろん、買ってくれるとはかぎらない。だが、よい評判が驚くほど広まり、クチコミによって別の機会に別の客がやってくる。

　さらに、理想の顧客を狙う戦略は、最良の提携相手を検討する機会でもある。たとえば、ベンツのディーラーのところへ出向いて交渉し、一定の値段以上のベンツを購入した客に、あなたの「サンセット・クルーズ」の招待券を渡してもらう。

ほかに、どんな提携の手段があるだろうか。「サンセット・クルーズ」のとき、ダイヤモンド販売業者を招いて、船上で宝石即売会をおこない、売上げに応じた手数料を受け取るのもいい。あるいは、そのダイヤモンド業者の店で現金五〇〇〇ドル以上の買い物をした客に、クルージングの招待券を配布する。逆にあなたが宝石業者なら、ヨットのショールームに行って、顧客向けに宝石即売会をやらせてほしいと持ちかける。割引券の提供でもかまわない。可能性は無限にある。本書のコンセプトのいくつかを利用すれば、簡単に売上げを伸ばせるはずだ。

実践トレーニング

［最良の顧客を狙う下準備］　おおぜい相手には無理だが、理想の見込み客に限定すれば提供できるサービスを、三つ書き出してほしい。いちばんの名案を選び、これまで説明したやり方を参考にしながら、理想の見込み客に送る手紙を書こう。

［業務提携の下準備］　あなたが想定するのと同じ顧客層を相手にしている会社や店はどこか。何をオファーでき、どう協力し合えば、最良の顧客とつながりを持てるか。案を一〇個書いてみよう。

話を戻して、理想の地域をターゲットにする方法を論じてみたい。まずは、地域内の人々にオファーを送りつづけよう。すると相手は、「聞き覚えのない会社だな」から「名前だけはよく知っている」に変化する。そこで、何かスペシャルサービスを提供する。特別な存在だから、特別な扱いをするわけだ。無意味に食いものにされないように、サービスの期間を限定しておいたほうがいい。でないと、何度も何度もサービスを利用しようとする厄介者が現れる。サービスを利用済みの相手は、以後の勧誘対象リストからはずす、という対策法もある。こうして最初のコンタクトがとれたら、あとはあなた次第。すぐれた製品やサービスを用意してあれば、客をつなぎとめられるにちがいない。

【ステップ④スケジュールを作成する】

「ドリーム一〇〇」に毎月忘れずに売り込みを続けるにはどうすればいいだろうか。「毎月」とは最低ラインであり、「二週間に一回」ならますます結構。とにかく食らいついて離れないことだ。粗品をつけるのは毎回でなくてもいいが、つけたほうが確実に目を引く。粗品は月一回にとどめ、合間にニューズレターやプレスリリースを送る手もある。むこうがあなたの社名になじむほど、顧客として獲得できる見込みが高まる。

「ドリーム一〇〇」向けの努力とともに、次のようなマーケティングツールを組み合わせることが可能だ。ただし、第七章で述べたとおり、それぞれ、あなたの「スタジアムでのセールストーク」をきわだたせる道具として、見かけや内容に一貫性を持たせることを忘れずに。

- カード
- 手紙
- ノベルティグッズ（社名や商品名入りの無料提供品）
- ニューズレター
- 販促チラシ
- アンケート
- 宣伝記事、プレスリリース

実践トレーニング

見込み客に二週間おきにアタックする「ドリーム一〇〇」作戦を構想しよう。初めにどの粗品やオファーを使うか、カレンダーに記入する。次に、ちょうど二週間後に印をつけて、何を送るか書く。ニューズレターか、割引券か。あるいは、確実に手にとって読んでもらうため、ひたすら面白グッズを送りつづけるか。三カ月ないし六カ月にわたる計画を立ててほしい。

［参考メモ］販促グッズを売る業者はほとんど、一定の量以上をまとめて買いつければ割引してくれる。よって、ふたつの意味合いから、「ドリーム一〇〇」向けの粗品はまとめ買いしたほうが得だ。第一に、安く仕入れられる。第二に、自分の尻を叩く効果が生じる（目の前に品物があるからには、送るしかない）。

【ステップ⑤見込み客フォローをする】

粗品やニューズレターを送ったあと、毎回、見込み客フォローの電話をかけよう。相手が法人なら、電話番号は簡単にわかるはずだ。個人消費者だと、電話帳に載っていなかったり、着信拒否の設定をしていたりする可能性もある。したがって、個人がターゲットの場合は、オファーの手紙をこまめに送りつづけ、まちがいなくこちらを知ってもらうのが最善の策だろう。

法人が標的であれば、フォローの電話の目標は、「スタジアムでのセールストーク」を実演できるよう、直接会う約束をとりつけることだ。手順としては、いままで説明したやり方と大差ない。

ダイレクトメールを送り、必ずフォローの電話をかける。もっとも、前記のようなダイレクトメールを出したあと、先方から連絡が入り、「無料レポートを送付してほしい」と言ってくるケースも多い。たしかに、例の製造業者向けOEMメーカーの場合、手紙にはあえて「無料レポート」とだけ記し、目の前で説明をおこなうとは書かなかった。手紙に「そちらへ伺って、プレゼンテーションをおこないます」などとあけすけに書いてはいけない。一通の手紙でそこまで踏み込むのはやりすぎだ。短い文面にとどめ、どうとも解釈できるようにしておけば警戒されにくい。「無料レポート」あたりが適当だろう。むこうが電話してきたとき詳しい説明に入り、そのレポートはじつは出張レクチャーの形式をとると伝える。

事実、最初から「伺ってプレゼンテーションします」という勧誘の手紙を送ったとき、反応はゼロだった。「無料レポートをご提供します」とあいまいな書き方に変えたところ、手紙を受け取った七パーセントがレポート請求の電話をかけてきた。そうなれば、こっちのもの。生身の人間（営業担当者）が電話口で、さらに奥へと誘導できる。

具体的には、こんなふうに対応した。

「そうですか、冊子のようなものをご想像になったのですね。いえじつは、もっとはるかにご満足いただける方式をとっております。データを羅列した資料を何百ページもお送りしても、たぶん読みきれないとおっしゃるでしょう。そこでもう少し手間をかけまして、デザイン事務所に依頼し、データをフルカラーの魅力的なオリエンテーションにまとめました。貴社のオフィスで上映可能です。参考になる情報がたくさんつまっており、棒グラフ、円グラフ、写真など、豊富な画像でポイントを明快にしてあります。有意義なご体験になると思います。いままでご覧になったお客さま方からも、たいへんご好評いただいております。御社の競合各社もほとんどが、すでに体験なさったか、今後のスケジュールに入っているかです。所要時間は三八分。当方の情報プレゼンターが国内どこへでも伺います。ですからお出かけの必要はありません。ふだんのオフィスでくつろいだ姿勢でご覧になれます。

また、昼食を兼ねたレクチャー形式もお選びいただけます。ご存じですか？　最近はこの形式がとても人気です。いずれにしろ昼食をおとりになるでしょうから、同時に貴重な情報を学ぶチャンスです。費用はすべて当方が負担させていただきます。こちらとしましてはかなりの出費になりますが、お客さまのほうはいっさい無料です。なぜかと申しますと、これは私どもの広報活動の一環でして、製造業界のみなさまと結びつきを深め、あらゆる業界関係者の方々が成功なさるように情報共有を図りたいのです。みなさまとお会いして、情報を提供する中で当方もいろいろと学ばせていただきたいと存じます。ところで、お手元にカレンダーはおありですか？」

せりふの途中、「情報プレゼンター」が出かけていく、と言っている点に注目してほしい。長期戦略を念頭に置くからには、言葉のはしばしまで最大限に活用したい。営業担当者をどんな肩書きで呼ぶべきかも、戦略の成功に深くかかわる。人間誰しも、一方的に売りつけられるのは好まない。したがって、押しつけがましくない肩書きを工夫し、見込み客の意識の中で好意的なポジションを占められるように配慮しよう。営業担当者を「情報プレゼンター」と呼んで悪い理由はあるまい。客に情報を提示する立場にいることは確かなのだ。

一方、レポート請求の電話をかけてこなかった見込み客に関しては、あなたのほうがかけるしかない。昨今は、受付嬢や秘書の壁を突破するのが非常に難しい。上級幹部の手間をわずらわせないようにガードを固めている。ここで、突破のための極意を伝授しよう。

【受付嬢や秘書をパスして、どんな相手も電話口に呼び出す方法】

あなたが法人向けのビジネスをやっている場合、世界トップクラスのCEOを説き伏せて直接会うことは、どのぐらいの価値があるだろうか。理想の見込み客が目の前にすわっていると想像してほしい。その人物は、なんならすぐにでも百万ドル単位の小切手を書く力を持っている。

私はいままで、受付嬢や秘書らの壁を突破して、次に挙げるようなビッグネームと電話でじかに話すことに成功した（現在は地位を退いた人物もいるが、当時の肩書きを書いておく）。

- ●マイケル・アイズナー（ディズニーCEO）
- ●ジョージ・ジマー（メンズ・ウェアハウスCEO）
- ●デビッド・ポトラック（チャールズ・シュワブCEO）
- ●フィリップ・パーセル（モルガン・スタンレーCEO）
- ●カール・ライヒャルト（ウェルズ・ファーゴ銀行会長）
- ●アラン・ホーン（ワーナー・ブラザースCOO［最高執行責任者］）

最大のコツは、大物らしい声を出すことだ。油断すると、秘書を丸め込もうとするときに、つい正体がばれやすい。「お元気ですか?」などとあいさつしてはいけない。あなたがモノを売ろうとしている魂胆がまる見えだ。ウェルズ・ファーゴ銀行の会長を呼び出した際、私はもったいぶった声でこう言った。「やあ。チェット・ホームズだが、カールはいるかな?」。うれしくも驚いたことに、すぐにむこうからかけ直してきた。

世界に名だたる企業のCEOに電話するのは、ふつう誰だろうか。きわめて重要な人物にちがいない。だから、それらしい声の調子で秘書に(頼むのではなく)指示すれば、つないでくれる可能性がかなり高まる。

上級幹部を電話口に呼び出すもうひとつのテクニックは、秘書にできるだけ何度もボスとのあいだを行き来させることだ。そのたび、ほんの少しずつ情報を与える。わかりやすく説明しよう。

まずは、弱腰の営業担当者の例。

あなた:こんにちは。お元気ですか?
秘書:ええ、どうも。
あなた:スミスさんはいらっしゃいますか?
秘書:失礼ですが、どちらさまでしょう?
あなた:ビル・ジョンストンと申します。
秘書:どのようなご用件でしょうか?

あなた：当社の製品についてお電話しております。
秘書：ああ。では私がメッセージを承ります。

最初の問題点。会話の主導権を握っていたのはどちらだろうか。秘書だ。秘書が会話をリードするかぎり、あなたに勝ち目はない。つねにあなたが主役であるべきだ。ちなみに、大事な点を強調しておく。けっして嘘はつかないこと。虚偽の情報を与えてはいけない。真実を洗いざらい言う必要はないが、嘘は厳禁。

では、次の例と違いを比較してほしい。秘書にたびたび手間をかけさせるうち、ついにはCEOがしびれをきらし、直接つないでくれと言う。要は、我慢くらべだ。あなたが秘書にCEOとのあいだを何度往復させることができるか。

あなた：こんにちは。ビル・ジョンストンです。カールと話があるのですが。いますか？〈秘書にあなたの名前をたずねる余裕を与えていない。みずから名乗った。重要人物は自分から名乗るものだ。「お元気ですか」と挨拶するのも省いてある〉
秘書：どのようなご用件でしょうか？
あなた：ビル・ジョンストンだと伝えてもらえば結構です。〈秘書はCEOのカールに、「ビル・ジョンストンさんからお電話です」と告げる。カールが「用件は？」と聞き返すと、「言いませんでした。お知り合いのようでしたが」と答える。カールは「もっとよく聞いてくれ」と指示〉

秘書：申し訳ありません。ご用件をおっしゃっていただけないでしょうか。
あなた：ビル・ジョンストンからだと伝えてくれましたか？
秘書：ええ。思いあたらないようすでした。
あなた：おや。では、XYZカンパニーの者だと言ってください。思い出してくれるかもしれません。

くれぐれも、威厳のある声を保とう。そうすれば秘書は隙を見せる。あなたがどんな地位の人間か、まだわかっていない。営業マンらしき声色を出したら、そのとたん、むこうが上に立って権限を振りかざしはじめる。秘書を判断に迷う状態に置いておくべきだ。

秘書は、やはり知人なのだろうと考えつつ、ふたたびカールと話す。しかしあなたは、知り合いだとはひとことも言っていない。社名を伝えれば思い出してくれるかも、と言ったまでだ。できれば、事前にごくわずかな情報を書いた手紙を送っておこう。たとえ読まずに捨てられたとしても、あなたやあなたの会社、あなたの用件を相手が「記憶している可能性あり」という前提に立つのはこっちの自由だ。

やがてカールがそんな会社は知らないと答え、秘書がふたたび受話器を取る。

秘書：まことにすみませんが、ジョンストンさん、そちらの会社のお名前には心当たりがないとのことです。どんなご用件なのか教えていただけますでしょうか。

あなた：あなたは、どなたですか？〈こちらが会話の主導権をとった〉
秘書：カールの秘書です。
あなた：常勤の秘書ですか？
秘書：はい。
あなた：お名前は？
秘書：シャーリーです。

会話を交わすたび、なるべく多くの情報を収集したい。理想の顧客をつかむ第一歩を踏みだしたわけだから、主導権を握っただけで満足せず、ぬかりなく情報を集めよう。

あなた：（威厳のある声で）シャーリー、先日送った文書の件でつけ加えたいことがあるとカールに伝えてくれれば、それでじゅうぶんだ。

トップ幹部は、見知らぬ人間からの電話だろうと、出るのを恐れたりしない。しかもたいてい、部下には救いの手を差しのべたいたちだ。困っている秘書に助け船を出し、「つないでくれ。私が応対する」と言う。このあたりまで粘ると、秘書の手間をなくすためだけにＣＥＯが電話口に出ることが多い。おそらく少し苛立って、乱暴な口調だろう。それだけに、あなたが最初に口にする言葉は鋭く的確で、かつ重要そうな響きを帯びていなければいけない。

あなたの業種がなんであれ、営業マンに戻って「お元気でいらっしゃいますか?」などとあいさつするのは御法度だ。とんでもない。威厳を保ちつづけよう。それでこそ、このあと最初の二分間を効果的に生かせる(本章の啓発アプローチで例示したようなせりふを使う)。知恵を働かせ、自信を持ち(とくに重要)、ふだんの声色の五倍のインパクトを持たせよう。

【ステップ⑥顧客啓発のレクチャーをする】

このステップに関しては、第四章で長期戦略を、第八章で効果的なプレゼンテーションのやり方を詳しく説明済みだが、内容を組み立てるうえでの重要点をおさらいしておこう。

- 商品データではなく、市場データを使う。
- あなたに有利な購入基準を打ち立てる。
- 他社より明らかに優位であるという「決定的な証拠」を見つける。
- 聞き手の痛いところを突く。
- 素材を完全に消化したあと、自社の製品やサービスの宣伝を添える。

よく見かける失敗は、無料レクチャーの早い段階で自社の宣伝に入ってしまうことだ。有益な情報を教えると約束した以上、まずはその作業を終える必要がある。無料レクチャーのアプローチの特長は、実際に聞き手に有意義な選りすぐりの情報を与えながら、いつのまにかおたがいの信頼と絆を築けるという点だ。関係が深まった段階で、最後に「当社について二分間だけご説明したいのですが、よろしいでしょうか?」と言う。プレゼンテーションが首尾よくこなせていれば、誰も首を横に振らないだろう。

いままでさまざまな企業の無料レクチャーを手伝ってきた経験を踏まえて言うと、社内の態勢づくりのパターンは三つ考えられる。

①営業スタッフ全員に「情報プレゼンター」としてのトレーニングを施しておく。めいめい、顧客啓発にもとづく販売ツールを現場に持って行き、会う約束をとりつけ、個々にレクチャーする。このやり方の場合、全員が的確なレクチャーをできるように、先方で言葉につまったりしないように、じゅうぶん練習しておく必要がある。あなたが一人ひとりテストすべきだ。また、コンテストを実施して「優秀プレゼンター」を選び、数人に賞金を与えてもいいだろう。そうすれば誰もが練習に励むうえ、おたがいのレクチャーを見て参考にできる。

②営業スタッフ全体には会う約束をとるところまでやらせ、レクチャーはつねにきわめて優秀なプレゼンターだけに任せる。以前、ノルウェーの某企業でこのやり方を採用した。ひとりだけ、ほかのスタッフの三、四倍もの成約率を誇ることが判明したからだ。そこでその女性にささやかな歩合給を設定して、ほかのスタッフ全員で彼女のウェブレクチャーを売り込んだ。レクチャー後、ふたたび各自分かれて見込み客をフォローし、契約をめざした。

③もちろん、同じことをウェブレクチャーではなく、直接出向いておこなってもいい。大きな

契約が見込めて、じかに数人送り込む価値がある相手なら、選り抜きのプレゼンターを派遣する。できれば、会う約束をとった営業担当者、つまり事後にフォローして売り込みを図る担当者も、レクチャーに同席させよう。当然、まとめて一気に進めたほうが手っとり早いからだ。プレゼンターがレクチャーのしめくくりとして自社のキャンペーンその他に言及する（「いまなら製品・サービスを無料で試せます」など）。そこですかさず担当者が勧誘し、なるべくなら話をまとめる。

大切な注意点がある。どのやり方であれ、顧客が誰であれ、レクチャーは一名だけが担当すること。プレゼンターに営業担当者が同行するとしたら、データを示して顧客の関心を引きつけるのはプレゼンターの役割であり、営業担当者は盛り上げ役のアシスタントに徹する。以前、レクチャーの最中に紙にいたずら書きを始めた営業担当者がいた。当人は同一内容のレクチャーをうんざりするほど見ているので、飽きてしまったらしい。しかし、顧客はそれを見てどう感じるだろうか。私は手をのばして、その担当者のペンをへし折りたくなった。同席する営業担当者は、示される素晴らしいデータにひたすら感嘆していなければいけない。

また別のケースでは、プレゼンターと営業担当者が、見込み客の関心を引こうとふたりともしゃべりはじめ、まるでレクチャー合戦の様相を呈してしまった。聞き手側は、テニスの試合の観客よろしく、ふたりの顔を交互に眺めていたものだ。

インターネットを活用すると、さらにふたつの選択肢が生まれる。ひとつは、各担当者がウェブ経由でレクチャーをおこなう方法。もうひとつは、担当者はウェブレクチャーの勧誘だけおこない、社の誇る優秀な情報プレゼンターがレクチャーを受け持つという方法だ。米国サイトなら、www.gotomeeting.com、www.livemeeting.com、www.vlinklive.com といった会社が、ウェブ経由で画像を送信しつつ同時に電話で見込み客と話すことができるサービスを提供している。魅力的な営業ツールだ。双方とも出かける必要がないし、先方は来客を迎えずにすむので気楽にスケジュールを組みやすい。ただ反面、キャンセルも非常に手軽になってしまう。

したがって、ウェブレクチャーを利用するなら、当日まで見込み客の熱が冷めないようにフォロー態勢を充実させておかなければいけない。私の会社では、営業担当者が月曜日に交渉をまとめ、二日後にレクチャーと決まった場合、本番までにメールその他で三回の連絡をとる。

まずは直後。約束の念を押すとともに、見せる内容をあらためてふれこむ。翌日。一ページの簡単な文書を送付する。すでにレクチャーを体験したほかの企業幹部が、きわめて有益だったと絶賛する文面だ。さらにあけて当日。本当に素晴らしかったという感想を記した文書をもう一通送る。最近はさらに加えて、空欄入りのプリントを事前配布するようにした。空欄を見た顧客の脳は「ふむ。ここの答えが知りたいな」と思う。たとえば「年商一億ドル以上の企業を興した起業家に共通してみられる最大の特徴は「　　　　　　」である」。このような「じらし」の文章を二ページにわたって作成した。これを配布しはじめて以来、ウェブレクチャーの受講率が二〇パーセント上がった。

まとめ

顧客啓発にもとづく「ドリーム一〇〇」戦略は、数々の会社で実際に成功を収め、難攻不落と思われた見込み客を口説き落とし、理想の地域に住む理想の顧客を引き寄せるのに役立っている。ただ、この戦略を採用した会社に非常にありがちな失敗は、一貫性を欠いたり、早くあきらめすぎたりすることだ。

最良の顧客は、何かを一回やれば獲得できるものではない。一連の努力を通じて、ようやく手に入る。いわば売り込みのキャンペーンなのだから、ある程度長期的にしがみついて離れない姿勢が必要だ。あなたの会社が従来使ってきた方式を併用してもいいが、少なくとも、「ドリーム一〇〇」戦略を新たに加え、組織全体に確実に行きわたらせてほしい。つまり、ほかにさまざまなマーケティング努力をおこなうとしても、そのかたわら、一貫して継続的に理想の顧客を追い求める。

また、射程圏内に入ったら、相手を特別扱いするのを忘れないようにしよう。「究極のセールスマシン」を構築するためには、機械にひけをとらない緻密さを極めながら、理想の顧客を狙って、果敢にアタックしつづけなければいけない。

第10章

売り込みのテクニック
技を磨けばもっと売れる

たいがいの会社が、売り込みの過程を個々の営業担当者に任せすぎだ。「究極のセールスマシン」を実現するためには、社内全体が一丸となって動かなければいけない。みんなで知恵を絞り、販売業務のあらゆる側面について統一ルールをつくる必要がある。

本章では、ワークショップ形式のトレーニングを通じて、完璧な売り込みプロセスを周知徹底させ、業界競争を勝ち抜いて王者になるための方法を解説したい。優秀な営業担当者なら自力でさまざまな点を改善していけるだろうが、社として統一基準を定めてあれば、全員が最低限どこまでやっているかを上司のあなたが把握できる。基準を決めてトレーニングしないと、それぞれの担当者の心理状態、技能、態度、習熟度によって、顧客とのやりとりに大きな差が出てしまう。営業電話のようすをたまたま立ち聞きしたら、あまりにひどくて愕然《がくぜん》、などというはめになりかねない。

営業の業務とは、長年の研究により明確に定義された体系的な知識、つまり一種の科学なのだ。

本章では、効果の高い営業の進め方を概説したい。在籍したどの会社でも営業成績トップを誇っただけに、私は、営業の科学を解明することにとりわけ力を入れてきた。といっても、営業の科学とは抽象的な理論ではない。資本主義の最前線で厳しい経験を積み重ねた結果だ。ナンバーワン営業マンとして、また数多くの会社の業績を押し上げた立役者として、私が培った経験則をこれから明らかにしていく。そもそも、もし営業というものの本質を理解せず、明確な定義をつかんでいなければ、改善の糸口など見つかるはずがない。

ではこの先、七つのステップに分けて説明しよう。営業担当者めいめいがこの七つをすべて習得し、見込み客の購入決定に影響を与えなければいけない。どんな会社も、まず標準手順やルールを定め、続いて、営業スタッフ全員がそれに従うようにトレーニングをおこなっていくべきだ。前にも述べたとおり、私の会社では随時、抜き打ちテストをやって、誰もが営業の過程をくまなく把握しているかどうか確かめる。営業スタッフはひとり残らず、たとえばこんな具体的な問いに答えられる必要がある。「あらゆる見込み客と絆を深めるための五つのステップとは何か」「あらゆる見込み客にたずねるべき六つの質問とは何か。また、質問の意図は何か」

たとえあなたが歯科医で、歯の矯正に二〇〇〇ドルかけるよう患者を説得する立場だとしても、あるいは、社内の購買担当を務め、仕入れ値を負けてくれるよう交渉する役まわりでも、はたまた、激昂《げっこう》する客をなだめなければいけない顧客サービス担当者だとしても、見込み客に製品やサービスを購入させるべく現場や電話で奮闘中の営業担当者であっても、本章の七つのステップが必ず役立ち、どんな場面でも結果を大きく改善するだろう。

習熟の段階

トレーニングの行きとどいた集団に属した経験がある人間なら、自信みなぎる雰囲気をよく知っているにちがいない。優秀な営業チームをつくる秘訣は、核となるトレーニングを繰り返し、基本技能を磨きつづけることだ（営業にかぎらず、どんなチームづくりにもあてはまる鉄則だろう）。

学習の最も初歩の段階は「記憶」だ。営業の七つのステップを覚えるのは簡単だし、覚えたからといって実行できるとはかぎらないが、やはりまず、記憶することが第一歩になる。これに対し、学習の最終段階は「統合」あるいは「潜在意識への浸透」。すなわち、非常に深く身について、もはや自分の行動様式の一部に溶け込む、という段階だ。そんな段階まで達するには、大量の訓練と実践を繰り返すしかない。

あなたの営業スタッフを最上級レベルまで引き上げるためには、七つのステップを意識しつつ、統一ルールをつくり、記憶させ、トレーニングをおこない、全員にすべての技能を習熟させなくてはいけない。

【営業のステップ①心の絆を結ぶ】

チャーリー・マンガーのもとで雑誌広告を売っていたころ、私たちの雑誌はわずか一年で市場一五位から一位にのぼりつめた。すると、ニッチ市場で成功した私たちを見て、業界最大手の出版社（規模としては私たちの会社の四倍）が、直接のライバル雑誌の創刊に踏みきった。

その出版社はさっそく私たちの広告主に接触し、こちらがとうてい対抗不能な破格のオファーを出した。たとえば、「二ページの広告を買ってくれたら、さらに二ページを無料サービスします」といった具合だ。どの広告主も私に強い信頼を寄せていたので、多くが「あの新雑誌をどう思う?」と意見を求めてきた。もし私がすぐさま攻撃の姿勢を示したら、たぶん信頼を失っていただろう。実際のところは、軽い調子でこう答えた。「そうですねえ。私としては、はたして成功するかどうか、静かに見守りたいと思います。あの雑誌が無事成功して実力を証明したら、皆さんも広告を載せてはいかがでしょうか。ただ、まだ駆けだしの段階であえて試験的に広告を出稿して、わざわざ成功の手助けをするのは、私は感心しません」

結果として、新雑誌は、広告主を獲得できずに苦しんだ。また私は、その雑誌に広告を載せた会社があると、飛行機でそのもとへ急行し、担当者を昼食に誘った。あれこれと雑談しながらそのライバル誌の話題に持っていき、少しばかり熱弁をふるった。

ここで注目してほしいのは、私の顧客がすべて、私の友人でもあったということだ。競合誌に広告を出すのは、友人関係のルールに反する。しかも、その件については過去に私と話し合い(話し合うように私が仕向けたのだが)、新雑誌が成功するかどうかひとまず静観しようと決めたのだから。そんなわけで、広告主がこぞって静観したため、その雑誌は追い詰められ、あえなく六カ月で廃刊となった。

このように、顧客と友人関係を築いてあれば、他社の営業担当者に奪われる可能性はきわめて低い。したがって、人間関係の構築も営業活動の一部なのだと教える必要がある。なのに、多くの会社は、そのあたりを個々の担当者にゆだねてしまっている。私の会社では、担当者と顧客が親しくなる機会——パーティ、イベント、クルージングなどを積極的に設けている。会社によってはそういった催しは実現しにくいかもしれないが、いずれにせよ、顧客との連帯感や友情を深めるほど、市場で生き残れる力が強くなる。

私自身、ほとんどの顧客が友人だ。おたがい家に招いて夕食をとることも多い。中には、ときどき泊まったり、いっしょにヨットに乗ったり、深夜まで話し込んだりする間柄の友達もいる。そういう仲は簡単には引き裂けるものではない。もっとも、私の性格のせいもあるのだろう。仕事だけの関係では寂しい気がして、できれば友人でありたいと思うし、友人であるからにはとことん尽くしたい。だからこまめに親睦の機会を探す。しかし、そういう性格の営業担当者ばかりではないだろうから、会社側が段どりを用意するなどして、顧客との良好な関係を築き、のびのびと楽しんでもらいたい。

とりあえず、いま親しい顧客とどのくらい深い関係にあるか考えてみてほしい。あなたが法人向けビジネスにたずさわっている場合、以下の問いを考えてみよう。その顧客には子どもが何人いるか知っているだろうか？　それぞれの年齢と名前は？　おたがい自宅に招いたことはあるか？　その相手の趣味は何か？　その相手がさらに成功するにはどんな要素が大切か？　相手の人生における目標とは？　どこの出身か？　どんな経歴か？　このような情報を把握していてこそ、心の絆を結ぶことができる。もしあなたが個人消費者向けのビジネスをやっているなら、たとえ規模は小さくても、なんらかの機会をつくって絆を深められないか考えておくべきだ。相手が「上客」であればなおさらだろう。

レストラン、書店、スーパーマーケット、コピーセンター……どんな種類の商売だろうと原則は同じ。「顧客との絆を深める」という過程を無視してはならない。その目標に向けて、従業員全員がトレーニングを積むべきだ。上司であるあなたは、ロールプレイングをおこない、顧客との関係につねに注意を向けさせる。そうすれば、やがてスタッフ誰もが、「人々の心をつかみ、さまざまな場面で親睦を深めることが、自分の仕事の一部分なのだ」と納得するだろう。

初対面の客がいれば、まっすぐに目を見て、親愛の情を明確に表現すべきだ。愛想よくあいさつしよう。あなたが小売業者なら、「きょうは、売場のほうをもうご覧になりましたか?」とたずねる。大手チェーンのホーム・デポは、教育が行きとどいている好例だ。客が売場をたずねると、「五番の通路です」などとそっけなく言うのではなく、売場まで先導する。店内のはるか遠くであっても、いやな顔をしない。あなたの会社でも、受付係から、顧客サービス担当者、そしてもちろん営業担当者まで、あらゆる従業員が、顧客との絆を強めることが業務の必須項目のひとつであると認識していなければいけない。

客と良好な強い心の絆を保っていると、成約率もはるかに高くなる。エンカルタ百科事典の定義によれば、「心の絆」とは「相互の好意、信頼、相手の心配事への理解や共感にもとづく、人間同士の感情的な結びつき、もしくは友好関係」をさす。では実際、相互の好意と信頼と共感を持てるようにするためにはどうすればいいのか。

信頼を築くには、たとえば、見込み客に「この担当者はプロフェッショナルだな」と感じさせればいい。第四章で学んだように、一方的な押し売りは友好関係を破壊するが（売りつけられるのを喜ぶ人間はいない)、有益な情報提供はおたがいの結びつきを強化する。だから、私がコンサルタントを務める会社では必ず、見込み客にとって有意義なデータが詰まったレクチャーを準備する。たとえ営業担当者本人がレクチャー全体を実演するのではなくても、内容を把握しておき、適切なタイミングでオファーすれば、購買客から信頼を勝ち得るだろう。

したがって、友好的な関係を築く手段のひとつは、営業担当者に、他社のどんなスタッフをも上まわる知識を持たせることだ。知識が豊富なら、見込み客への影響力が大きくなる。

ごく単純な例を挙げよう。私は先日、出張の道すがら読むのに面白そうな本がないかと探していた。するとたまたま、書店員がもの知りで読書経験も豊富だった。この店員の勧めなら信用できそうだと思い、私は言われるがままに三冊購入した。

規模は違えど、法人向けのビジネスでも同様だ。「スタジアムでのセールストーク」を用意して、レクチャーに誘い、「ビジネスオーナーの皆様の成功を後押しするためのコミュニティ啓発」を見込み客に提供すれば、企業としての責任を十二分に果たすかたちとなって、市場をほしいままにできるだろう。

顧客に情報を提供し、成功を手助けすれば、信頼と尊敬を得られるのだ。従来の客も新規の客も、あなたからの連絡をこころよく受け入れてくれる。そればかりか、むこうから電話がかかってきて、ビジネス上の決断の助言を頼まれるほどになる。

さて、それ以外で、心の絆を築く手段をいくつか挙げておこう。

①上手に質問を投げかける

親密な関係を築くため、営業スタッフが見込み客に必ずたずねるべき質問を用意しておく。そういった質問を通じて、絆をつくり、共通の関心事を見つけられるように、あらかじめトレーニングする。できるだけ素早く、その客個人の世界を知り、中に入り込む。仕事関連の個人的な質問から始めるといい。

「このお仕事を始めてどのぐらいですか？」「そうでしたか。いかがです、お仕事の調子は？」「どんなきっかけで始められたんですか？　以前は何をなさっていたんです？」。このような質問により、つながりを深められるだろう。なにしろ、誰であれ、いちばん話題の対象にしたい人物は自分自身なのだ。もっと踏み込むとしたら、こう質問しよう。「気晴らしにはどんなことが好きですか？」「創造力を磨くために何かしていることは？」「ご趣味はなんでしょう？」。当然、むこうの返事のあとのフォローもある程度考えておく。

個人向けのビジネス、たとえばレストランや小売店の場合なら、「この店／レストラン／会社はよくご利用ですか？」とたずねるといい。第四章で学んだ長期戦略的な売り込みのきっかけもつかめるし、続いてだんだん個人的な質問に移り、「この付近のご出身ですか？」などと話を膨らませることができる。他愛のない質問だが、「一介の販売員」からもう少し温かみのある存在に昇格できるだろう。

②ユーモアを持つ

笑いを共有しよう。私の担当の株式ブローカーはいつも電話で「今週のベストジョーク」を教えてくれる。たしかにどれも面白い。いまやインターネットを使えば、ジョークを見つけて転送するのは簡単だ。ただし、ささやかな冗談まで残らず送るのは迷惑千万。私の顧客は、私が送るからにはよほどの傑作ジョークだと知っている。だから毎回読んで、返事をくれる。広告を売っていたころ、私は時間を割いて何百というジョークに目を通し、本当に笑えるものを探した。これぞというひとつを選び、そのジョークをまじえた私信を手書きして、大口の顧客三〇から五〇人に送った。手書きのせいで、相手はたぶん、自分だけに送ってきたと思っただろう。繰り返すが、この手は使いすぎると逆効果だ。が、親しい間柄をつくる方策のひとつといえるだろう。

③同情する

会社勤めには悲哀がつきもの。仕事や私生活で不満を抱えている顧客には、優しく耳を傾けよう。絆がいっそう早く深まる。

④親身になる

「こんなに私のことを知りたがる人間は初めてだ」と相手が思うぐらい、大きな関心を寄せる。関心を持たれたければ、関心を持て。興味をそそりたければ、そそられろ。

⑤共通項を見つける

私は以前、ある顧客と絆を深めるのにひどく苦労した。ところが、ふとしたきっかけで、同じ音楽バンドが好きだとわかり、状況が一変した。同じアルバムを聞いて育ったことが判明するや、魔法の鍵で扉が開いて、現在にいたるまで親しい関係が続いている。あなたも何か共通の土台を見つけるといい。つながりを探そう。

⑥ミラーリング

相手のしぐさや声のトーンをそっくりに真似ると、同種の人間だという潜在的な意識が働き、打ち解け合うことができる。たとえば、相手が前に乗り出したら、あなたも乗りだす。首を傾けたら、同じように傾ける。

実践トレーニング

営業スタッフを集めてワークショップを開き、人間関係の技能を磨こう。顧客や見込み客との絆を強めるアイデアを、三つずつ出し合う。当たり前すぎるアイデアも出るだろう。しかし、たいがいの会社の場合、人間関係の改善をテーマにワークショップを開くのは初めてだろうから、これを第一歩として、親睦を図る努力をあらゆる場面で標準化していくといい。また、意見を出し合ってみると、優秀なスタッフはほかの者がやっていないことを実践しているのがよくわかる。的確で深い質問をして、とりわけ、客との共通項がないかを熱心に探している。

このテーマに関しては、定期的にトレーニングを繰り返し、スタッフを教育しよう。各自の顧客がいまの仕事をどのくらいの期間やっているのか、子どもは何人いるかなどをたずね、担当者の知識の度合いを調べる。会社によっては、この種の情報を顧客データベースにすべて記録して、新人スタッフもすぐにあらゆる情報を覚えられるようにしている。また、顧客の情報にいちばん詳しいのは誰かというコンテストをおこなっている会社もある。

結局のところ、心の絆があれば他社との競争にも強くなり、好意的なクチコミが広がって、成約率が高まり、顧客から頼りにされるようになる。人間関係の強化を定期的に図るべきだ。

【営業のステップ②購入者のニーズを絞り込む】

ニーズを絞り込むとは、つまり、その客が製品やサービスに何を求めているのか、どんな要素に購入意欲を覚えるのかを知ることだ。まずは、いままでの購入基準をきめ細かく知る必要がある。「究極のセールスマシン」を構築するカギは、その購入基準をいったん白紙に戻して、あなたの製品やサービスが筆頭候補になるように変えることなのだが、しかし何はともあれ、現時点までの購入基準を完璧に把握しなければいけない。すべての見込み客に対し、知りたいポイントを六ないし一〇個の質問にまとめよう。その質問を営業全員に教え込み、すべての質問を覚え込ませる。

たとえば、私が広告を販売していたころは、以下の質問を義務づけていた。

①現在、あなたの顧客はあなたをどう思っているだろうか。
②あなたが新規顧客を獲得するために使っている、最も効果的だと感じる方法は何か。
③一回あたりの平均的な売上げ金額はいくらか（これにより、費用対効果比の目安を計算できる。もし相手の製品が四〇〇ドルで、広告費が四〇〇〇ドルなら、一〇個販売できれば元がとれるわけだ）。
④現在、あなたのビジネスで大きな問題点を三つ挙げるとしたら何か（相手の痛みを知り、解決の手伝いをする）。
⑤いまの会社で働き始めてどのくらいになるか。
⑥どんなきっかけでこの仕事を始めたのか。
⑦あなたの会社の目標は何か。
⑧あなた自身の目標は何か。
⑨私たちが提供しているような製品やサービスを購入するうえで、選択の決め手は何か。

最後の質問はきわめて単刀直入なので、会話の中にうまく織り込む方法を見つけたい。たとえば、あなたが広告業なら「広告媒体を選ぶとき、どんな要素を決め手にしていますか?」とたずねることになる。加えて、相手の公私にわたる目標やニーズを把握できれば、あなたの製品やサービスがその達成にどう役立つかを教えられるだろう。私の部下の営業スタッフには、こうした質問を徹底的に教え込んで、抜き打ちテストで定着度を試し、ロールプレイングで個々の力を試して、毎回つかむべき事柄を理解させている。

顧客のニーズを完璧にのみ込めるように、営業担当者がつねに投げかけるべき質問をひとつずつ練りあげていこう。たとえば、私は長年スーツを何着となく買ってきたが、店員から「ご職業は?」「現在ほかにどんな洋服をお持ちですか?」といった点を聞かれたためしがない。そういう情報をたずねておけば、客とのつながりが深まり、事情がいろいろわかって、結局は客がスーツをたくさん買う方向へ傾くはずではないか。私がコンサルタントとして大手紳士服チェーンを指導した際は、そのあたりを重点的に扱った。また、各店内に「成功する服装」なるプレゼンテーション資料のバインダーを常備させ、仕事で成功する服装とはどんなものかを客に説明させた。さらに、客が持っているほかの服を把握させ、不足を補い、どんな場面にもふさわしい服装が揃うように配慮させた。

放っておくと、たいていの会社はこういった側面に力を注がない。しかしそんな社内でも、トップクラスの業績を上げる従業員は違い、めいめい、顧客との絆を深めるテクニックをあれこれと工夫しているものだ。上司たるあなたの仕事は、さまざまなテクニックを体系化し、統一ルールとしてまとめ、トレーニングを施し、どの営業担当者も見込み客と深い絆を結べるように機械並みに緻密な業務体制を敷くことだ。ジェイ・エイブラハムの言葉を借りるなら、「自分たちの製品・サービスが顧客にとって有益で価値があると信じるのならば、ありとあらゆる方法で奉仕していく道義的な責任がある」。私もそう思う。だから実践している。私が企業のコンサルティングをする際は、全力を挙げてこの心得をあらゆる角度から徹底させる。

私が知るかぎり、営業の最善の策は、見込み客にひととおりいろいろな質問をしながら、やがて本人に自発的に製品やサービスを買い求めさせることだ。

たとえば、私の会社のラジオ広告を聞いて誰かから問い合わせがあると、こんなふうに会話する。

担当者：今回のお問い合わせのきっかけは、スポット広告のどのあたりでしたか？

客：理想の顧客を残らず獲得するというアイデアに、興味を引かれました。

担当者：どんな顧客が理想でしょうか？

客：そりゃまあ……マイクロソフトあたりが理想的ですね。

担当者：理想の顧客をつかめたら、どのくらいの売上げにつながるでしょう？

客：一〇〇万ドルかな。

担当者：あなたの会社にとって、そんな顧客は何社ほど存在しますか？

客：一〇〇社ぐらいでしょう。

担当者：すると、当社のプログラムが効果を発揮した場合、一億ドル相当が見込めるわけですね。

客：うまくいけば、そうなります。

担当者：一九九ドルの投資で、うまくいくかどうか確かめられます。しかも、実際にご覧になって、納得なさってからのお支払いで結構です。いかがでしょう。願ったりかなったりではありませんか?

客:そうですねえ……。

もちろん、さらに交渉成立まで持ち込まなくてはいけないが、この先の展開は簡単にまとめるとしよう。次のような周到な質問を投げかけ、客側に自発的に申し込みを決断させるのだ。

●理想の顧客をつかめていない現状で、どれだけのコストを損していますか? あなたは、従来の限界を打ち破れるなら新しいことを学びたいと思うタイプでしょうか? 限界を打ち破るとはつまり、目標達成の能力を急速にパワーアップする方法を見いだすことです。さてもういちど伺いますが、あなたは限界を打ち破る方法を学びたいと思う人間ですか?

●そういった方法が身につき、それが儲けにつながるとしたらどうでしょう? 納得できるのではありませんか?

●(いよいよ最終段階)。では、当社のウェブセミナーに参加できる日時を検討してみましょう。お手元にカレンダーはありますか?

実践トレーニング

まず、一連の質問を通じて見込み客を導いていく方法を考えてみよう。あなたの製品やサービスが、客側の視点から見てだんだん魅力的に感じられるような質問はなんだろうか。その質問の答えを使って、見込み客のニーズをさらに絞り込んでいくにはどうすればいいか。

続いて、ワークショップを開いて、営業担当者が見込み客にたずねるべき質問を六ないし一〇個練りあげよう。客のニーズを推し量り、その購入基準を明らかにする質問だ。できあがったら、ロールプレイングや抜き打ちテストを通じて営業スタッフをトレーニングし、用意した質問を各自の意識の奥に植えつけ、つねに実践するよう徹底を図る。

【営業のステップ③価値を確立する】

顧客の購入基準を見きわめたら、こんどは自社の製品やサービスに価値を付与しなければいけない。すでに心の絆は築いてある。多岐にわたる質問も終えた。いよいよこうたずねる番だ。「ところで当社について、どの程度ご存じですか?」。一分か二分、ちょっとした売り込みのスピーチをして、みずからの価値を高め、市場における評判を伝える。

さらに効果を増すためには、すでに学んだとおり、「スタジアムでのセールストーク」の内容をレクチャーする。例によって、自分の製品やサービスではなく相手を主役にすえよう。

前にもふれたが、私はかつて、ザ・シュー・カンパニーというカナダの有名小売り靴チェーンのコンサルタントを務めた。CEOのアレン・シンプソンは、なかなかのやり手だ。タウン・シューズという高級靴のラインナップを販売している。靴小売業界では最も従業員の教育が行き届いた会社といえる。前に書いたとおり、足、ファッション、靴類について徹底的にデータを集めたほか、「第一印象効果」なるものを研究して、売り込みの資料に盛り込んだ。この研究によると、誰かが部屋に入ってきたとき、人間はその外見だけを手がかりに、教育レベル、所得階層など、一一種類の仮定をおこなうという。服装に加えて、そう、靴が印象を大きく左右する。靴店の販売員がこんな興味深い情報を示すことができれば、客側はその店にも販売員にも一目置くだろう。

また、どんなふうにして顧客に情報を与えるかが、情報そのものと同じぐらい重要だ。言い方まで含めてトレーニングしておく必要がある。紳士服店なら、こんなせりふを使う。

> 当社は、ビジネスで成功する服装について、調査会社に特別に研究させました。その結果、スーツを着る方々の九〇パーセントが、完璧な着こなし術や、服装が他人に与える印象について、正しくはご存じなかったのです。そこで、このデータをご説明しましょう。

靴店の販売員なら、たとえばこうなる。

> 世間には、靴の製法など重要ではないと思っていらっしゃる方が多いようです。ところが、安価な靴と良質な靴では、製造時に二三種類の点で違いがあるのです。こちらをご覧ください。ご説明します（と、資料バインダーを取りだし、ページをめくりながら話しはじめる）。

法人向けのビジネスであれば、すでに新聞社の例や病院向けの美術作品会社の例で示したとおり、最初はふつう、レクチャーを口実にして、会うきっかけをつくるといいだろう。見込み客にとって役立つ内容であれば、勧誘は難しくない。「弊社とお取引なさるかどうかは別にして、こちらのデータをぜひご覧ください。市場における成功の秘訣が詰まっております」

実践トレーニング
ワークショップ形式で、みずからの価値を高める方法を話し合おう。自社の製品やサービスに大きな価値を付与する要素は何か。顧客に市場データを教えるうえで、どんな方法、どんな場面、どんな言い方が適切か。「究極のセールスマシン」に変身するためには、売り込みの過程をひとつずつもれなく定義していく必要がある。この実践トレーニングを通じて、見込み客に市場データを教える方法を明確に完成させよう。

【営業のステップ④購買意欲を刺激する】

さて次は、あなたの製品やサービスをいますぐ購入したい気持ちにさせる番だ。そんな意欲を刺激するには、いろいろな手法がある。話が重複するものの、たとえば次の二つ。

①一連の質問を投げかけ、答えさせるうちに、相手の視点から必要性を浮き彫りにする。
②いますぐ行動を起こさなければと思わせる、とっておきのデータを示す。

重要なのは、現状に不満を抱くほど、対策を講じなければいけない気になるということだ。だから、問題点と解決策を合わせて提示して、購入意欲をあおる。相手が思いいたっていない問題点まで積極的に指摘する。あなたのレクチャーと市場データが、この役割をじゅうぶんに果たすだろう。

データを通じて市場競争の厳しさを突きつけ、場合によっては倒産率の高さをクローズアップする。このあたりを指し示すデータを見つけておこう。

現状に満足していれば、変革に踏み切る意欲が湧かない。したがって、見込み客には危機感を抱かせよう。また、いままで気づかなかった利点に目覚めると、いっそう早く解決策の導入にとりかかるものだ。人間は生来、問題点に目をつぶり、対策を打とうとしたがらない。しかしあなたが問題点をあばき、あなたの製品・サービスを利用して輝かしい未来が開けていくようすをまざまざと描写すれば、聞き手の購入意欲がしだいに頭をもたげてくる。くれぐれも、あなたの製品の性能ではなく、相手の会社の未来予想図を語って聞かせよう。利点が主役、機能は脇役。どんな製品・サービスなのかよりも、なぜ必要なのかを述べる。

実践トレーニング

ワークショップを開いて、営業スタッフ全員に質問する。「担当の見込み客に購買意欲を起こさせる誘因はなんでしょうか。そこを突かれると痛い、と思うであろう点をいくつか挙げてください」。うち四つを選んで板書する。続いて、その四つのウィークポイントに対し、あなたの製品やサービスが直接どう役に立つのかを書き出す。終わったら、あらためてチェックしてほしい。いま書いたのは本当に、相手にとっての利点なのか。自分たちの都合を押し売りしていないか。あなたの製品が高速だろうと省エネだろうと、客側には重要ではない。その相手の立場になぜ有意義なのかを説明しなければいけない。日々の状況や業務に、どのような改善をもたらすのか。

【営業のステップ⑤障害を乗り越える】

さて、契約交渉が頓挫してしまうおもな原因は何だろうか。妨げとなる元凶を排除するためには、どんな対抗手段が考えられるのか。いちばん厄介なのは、「破談の原因を特定できない」というケースだ。本来なら、見込み客のニーズをくっきりと浮き彫りにし、売り込みの早い段階で障害を取り除いておかなければいけない。にもかかわらず、契約成立が間近になって、目に見えない壁にぶつかってしまうことも多々ある。当然ながら、ざっくばらんに相手にたずねてかまわない。

「なぜ決断をためらっているんですか?」

優秀な営業担当者であれば、売り込みを始める前に、あらかじめ用意した質問をいくつかぶつけて、相手の購入基準を隅々まで把握しておくべきだ。きちんと把握すればするほど、障害にぶつかる恐れは小さくなる。あらためてワークショップの機会を持ち、「製品やサービスの購買意欲をどうやって高めているか」という大きな問題に立ち返ってみるといいだろう。

前記のとおり、契約成立の最も理想的なかたちとは、あなたが与えた情報をもとにして、顧客がみずから考え、「この製品・サービスを購入するのがいちばん理にかなっている」と結論を出すパターンだ。第四章で説明したように、あなたの有意義なレクチャーによって、相手の購入基準を白紙に戻し、自発的に購入を決断させる。あなたが最後の後押しをしてもいい。いくつか質問を重ねて、いま思いきらないとどれだけ時間やコストを損してしまうかを理解させるのだ。私の部下の営業担当者は、こんなふうにたずねる。

●あなたのマーケティング上の最も大きな問題点は何ですか？
●その問題点を永遠に解消できるとしたら、金額にしてどのくらいの価値がありますか？
●問題点を解消しなかったら、どれだけのコストがかかりますか？

見込み客がこういった点を検討して、「ここの製品・サービスを導入すれば、苦労から永久に解放される」と気づいたなら、契約はおのずと成立する。

しかし、売り込みの初期段階で適切な質問をひととおりしてあってもなお、成約の直前になって新たな障害が浮上する可能性もある。ただ、「険しい道は達成への道」と肝に銘じておけば、むしろ歓迎してもいい状況だ。

たとえば、相手がこう難色を示したとする。「購入したいのはやまやまですが、いますぐには予算が許しません」。あなたはまず「なるほど」と同意しなければいけない。異論には必ず同意しよう。すると相手の防御が緩む。「まあたしかに、事情はお察しします。（意味ありげに間を置く）。

ひとつ伺いたいのですが、購入をためらっていらっしゃる理由は、金銭上の問題だけでしょうか?」。ほかにも障害があれば、ここで明らかになるだろう。ほかになければ、「ええ。予算さえ許すなら、購入したいですね」と答えるはずだ。

これを「問題点の切り出し」と呼ぶ。おもなトレーニングプログラムが必ず教える営業上の重要なポイントなのだが、この作業を怠る営業担当者があまりに多い。あらゆる営業トレーニングの本質的な部分は、この本で何度も強調している大事な教訓に集約されると思う。すなわち、「戦略の一つひとつを、『断固たる規律と決意』にもとづいて実践しなければならない」。組織全体を完全に統合し、全員の思考や行動を調和させていくためには、これしか方法がないのだ。

したがって、見込み客が難色を示したときは、抱える問題点を切り出してやれば、契約の成立へ大きく一歩近づく。成約までこぎつけられるか、あとはあなたにかかっている。「では、金銭上の問題をどうにか解決する方法が見つかったら、購入を決断なさいますか?」とたずねよう。返事がイエスなら、もう成功したも同然だ。この製品やサービスを購入しなかった場合、長期的にみてははるかに高いコストがかかる事実を知らしめて、購買意欲をさらに高めるか、あるいは、資金調達に関してなんらかの工夫を加えるかすればいい。

【営業のステップ⑥販売契約を結ぶ】

理にかなった購入基準をつくり、双方が契約に歩み寄れれば、すでに目標は達成できているのだが、あいにく、最終的な決断をくだすのが苦手な人間も多い。業績向上のために私をコンサルタントに雇うべきか決めあぐねて、二年間も悩んだ顧客を知っている。最後に私は言った。「もうこれ以上の情報はいらないはずです。じゅうぶんおわかりになったでしょう。あとはただ決断をくだすだけです。簡単です。いまがその瞬間なのですから」。じつに強引だが、こうでも言わないと、まだ迷いつづけて延々と時間を無駄にしただろう。彼はうなずいた。「はい。わかっています。あなたが必要です」。そしてようやく私を雇った。

同じく優柔不断な見込み客はほかにもいた。とにかく、決断という行為ができないのだ。そこで私は問答を繰り返して、背中を押すことにした。

私：私の助けがあれば、あなたの会社はもっと上の次元に進めると思いませんか？

客：思います。

私：私のサービスに支払う対価よりもはるかに多くのお金が入ってくる。その点には本当に納得いきましたか？

客：ええ、はるかに多額の見返りがあるのは理解しています。

私：私が明らかにしたあなたの問題点は、長期的にいえばずっと大きなコストにつながりますね？

客：はい。

私：私をコンサルタントにした場合、おもにどんな効果が生じて、あなたにどれだけの価値がもたらされると思いますか？

こんな調子で一〇回ほどやりとりを続けた末、その客はやっと肚《はら》を決めた。「わかりました。お願いします」

あなたも、見込み客の最終決断を手伝う必要に迫られるかもしれない。多少のプレッシャーを与えるのはやむをえない。あなたの力が相手に利益をもたらすと本気で信じているのなら、もう結論はとっくに出ている。

ほかに、何回も試して効果を実証済みのやり方として、「事実上、こちらで決定をくだしてしまう」という手もある。すでに商談が成立済みという前提に立って、「では、商品はどちらへお送りしましょうか?」などと会話を進める。

この方法を初めて目のあたりにしたのは、私がまだ一九歳の青二才だったころだ。家具店で働き始めた初日、手練《てだ》れの販売責任者が「ちょっと見ててごらん」と私に言って、注文書をはさんだクリップボードを取り上げ、リクライニングチェアを物色中のお年寄り夫婦に近寄った。二、三種類のチェアを試させ、ひとつが気に入ったようすなのを見てとると、すかさず「お住まいはどちらですか?」とたずねた。返事を聞くや、「その地域でしたら、火曜か木曜に配達できます。どちらがご都合よろしいでしょう?」。夫婦が顔を見合わせ、木曜日がいいと答えた。すると注文用紙にペン先を当て、「お名前のスペルを教えていただけますか」。夫婦がスペルを言い、販売完了。

私には忘れがたい経験だ。こちらで決めてしまうテクニックにも目を見張ったが、そもそも販売担当者が客にどれだけ大きな影響を与えるか、身をもって知ることができた。買うかどうかだけでなく、いつ買うかまで左右できるのだ。

のちに私が不動産の営業マンをやっていたときの話。同僚の女性がなかなか契約を取れないため、上司の命を受け、私が同行してようすを見ることになった。案内する見込み客は、初めての新居を探す若いカップルだった。七軒目の候補物件にたどり着いたとき、ふたりは目を輝かせた。完璧なリビングルームだ、車庫も素晴らしい、庭も広い、などともっともな感想を並べはじめた。もしふたりが私の顧客なら、気軽な口調でこう告げたと思う。「では、この家を予約というかたちにしておきましょう。でないと、決める寸前にほかのお客様にさらわれてしまうケースがしょっちゅうあるんです。とりあえず売約済みとして、ほかのお客様にはご遠慮いただくようにしましょう」

この種の若いカップルは、物件が気に入っても、いったん保留する傾向にある。「頭金を出してくれるのは父親なので、父親に見せてからでないとご返事できないんです」。そういう場合はこう答える。「わかりました。では、その条件をつけたうえで売約済みとしましょう。万が一あとでお父様が気に入らなければ、キャンセルしていただいてかまいません。いかがですか?」。契約成立。

しかし、そのカップルは私の顧客ではないので、はたで見守っていた。ふたりとも乗り気だから、契約書に記入するのは時間の問題だろう。と思っていると、突然、女性販売員が言った。「まあ、急ぐのもなんですよね。マイホームの購入は、人生の大きな決断ですから。ゆっくり時間をかけて決めてください」

私は耳を疑い、おもむろに顔を上げて、女性販売員を睨《ね》めつけた。その口を両手でふさいで、こう叫びたかった。「彼女は熱に浮かされているんです。無視してください。さあ、そちらの契約書にご記入をどうぞ」。なにしろ、契約を取りつけるのに失敗したどころか、契約寸前の相手に思いとどまるよう説得してしまったのだ。

そこで、大事な教訓。これは「自我の弱さ」が原因だ（第五章参照）。この女性販売員は内心、売買をおこなうこと、契約を結ぶこと、あるいはプレッシャーをかけることなど、何かを怖がっていた。断られたらどうしよう、と弱気だった。営業担当者が思うように結果を出せない原因の多くは、自我の弱さと、拒絶されることへの恐怖感にある。

こういった欠点を抱えるすべての人々に、かつて私が教わった言葉を贈りたい。先ほど紹介した家具店の販売責任者、ジョン・Jの言葉だ。

「いいかい、あの老夫婦は、ここに来る前から長いあいだリクライニングチェアを探していた。たとえば四カ月。見てまわった家具屋も一〇軒を下らないだろう。わかるかい？　自分の役目がわかっていない気の弱い営業担当者たちのせいだ。きみの仕事は、あのふたりを不幸から救うことなんだよ。四カ月悩みつづけて、とうとう買う決断ができたら、どんなにうれしいか想像してごらん。新しいチェアが家に届くのが待ち遠しくてたまらないだろう。でも本当なら、もっとずっと早く手に入れられたはずなんだ。不良品でもつかまされないかぎり、購入時に後悔する人なんていやしない。むしろ、買うときがいちばん楽しい。だからきみは、お客さんが購入の決断をくだせるように、手伝ってあげなきゃいけない。お客さんはそのあたりが苦手でね。決めかねてしまう。でももし、お客さんがこちらの製品やサービスを買えばまちがいなく得をする、と強く信じているのなら、お客さんの迷いを断ち切って、人生を後押ししてあげることが、きみの道義的な責任なんだ」

素晴らしいスピーチだと思う。いまも耳奥に残っている。製品やサービスに自信がないなら、もちろん、売る必要はない。しかし、販売するものがぜったいに相手の役に立つのであれば、ありとあらゆる方法で相手を促し、購入を決断させるべきだ。

そのほかに、購入意欲を高めて早く買わせるやり方として、「リスク・リバーサル」がある（この手法はジェイ・エイブラハムから教わった）。すなわち、買い手側のリスクをそっくり売り手側が引き受けることによって、購入の意思決定を促進する。全額返金を保証したり、無料の製品やサービスを追加提供したりするわけだ。相手がすぐに購入に踏みきりたくなるような何かをつけ加えられないか、リスク・リバーサルを通じて相手の懸念をすべて吹き飛ばすことはできないか、と検討してみるといい。

たとえば私の会社では、総合トレーニングプログラムを販売する際、数千ドル相当のおまけをつける。いわばこういう意味合いだ。「このトレーニングプログラムがあなたに必ず役立つと自負しております。二〇〇〇ドルのボーナス製品も進呈しますので、さっそく使ってみてください。万が一、『投資額の一〇〇〇倍以上の見返りが得られそうだ』と実感できない場合は、ご返品いただければ全額をお返しいたします。さらに、お手数をおかけしたお詫びとして、二〇〇〇ドルのボーナス製品はそのまま差し上げます」

このようなキャンペーンを始めたところ、売上げが二倍に増えた。むろん、すぐ返品してボーナス製品だけをせしめようとする輩が一〇パーセントほど現れるが、それでも、残り九〇パーセントはこのキャンペーンのおかげで購入してくれた計算になる。完全返金保証だけでも、購入時の壁を取り除く効果がじゅぶんあるものの、おまけをプレゼントすると、さらにかなり効果が高まる。

実践トレーニング

成約数を増やすためにできる工夫を八つ書き出してみよう。何かサービスを追加して、客側にいますぐ買いたい気持ちを起こさせることはできないか。リスク・リバーサルを導入してはどうか。無料でおまけをつけて、購買意欲をあおることはできないか。見込み客にとって価値が高く、あなたが無料で手に入れられる製品やサービスは、何かないだろうか。

そのあと、スタッフとワークショップを開いて、ロールプレイングを繰り返し、障害を乗り越えて契約にこぎつけるテクニックを定着させる。営業の技能を磨くには、ロールプレイングにまさるものはない。いやがる従業員もいるが、私はかまわずに進める。私のもとで働く以上、ロールプレイングは避けて通れない。最初は優しい指導を心がけるものの、営業スタッフひとりずつ、全員とロールプレイングをおこなう。

その昔、工業技術系のスタッフを特訓して、非常に専門的な新製品の販売に慣れさせなければいけなかったことがある。当初は、私の掲げるやり方がひとりとして得意ではなく、ロールプレイングもみんないやがっていた。しかし六カ月間、ひとりずつ、全員が見ている前でロールプレイングを繰り返させた。六カ月が過ぎるころには、例外なく、製品販売のあらゆる段階をまともにこなせるようになった。初めのうちは全員が私を忌み嫌っていたにもかかわらず、驚くほどの成長ぶりだった。

【営業のステップ⑦フォローする】

販売後のアフターサービスについては、次章をまるまる割いて説明したい。

まとめ

以上の七つのステップは、営業の技能と手順の核をなすものだ。バスケットボールの監督ならば、どの選手にもレイアップシュートやブロックの練習をつねに課すにちがいない。同様に、営業部門の監督者は、どんな売り込みの場面でも七つのステップをあらゆる角度から実践できるように、たゆまぬトレーニングでスタッフを鍛えなければいけない。会社によっては、この七つのステップをやりやすくするため、ツールを整え、規定を決めるなどして、能率化を図っている。統一ルールを数多く定めるほど、全員がむらなく高い能力を示す。スタッフを達人の域に到達させたければ、たえまなく練習と反復を重ねる以外にない。

第11章

アフターフォローと関係強化のテクニック

――顧客を永久に確保し、利益を激増させる方法

各社の業績向上の取り組みを眺めると、前章で説明した営業のステップのうち最初の六つに努力のほとんどを費やして、新規顧客を獲得しようとばかり苦心惨憺《さんたん》している。売り込みがいちど成功した時点で、その顧客に関しては任務完了、という気分になるらしい。しかし、かかる費用をよく考えてみよう。新規顧客の開拓は、既存の顧客にリピート購入してもらう場合にくらべ、コストが六倍かかる。「究極のセールスマシン」をめざすのであれば、既存の顧客をいかにして徹底的にアフターフォローしていくべきか、社内できめ細かくルール化しておく必要がある。

今日いちばん苦労するのは、最初に客の気を引く段階だ。なにせ世の中いたるところに、いろいろな形態の広告が氾濫している。数が増えるにつれて、見る側の記憶に残りにくくなり、広告一つひとつの実効が落ちてしまう。これを「クラッター効果」と呼ぶ。たとえいったん関心を引くことに成功しても、なるべく速く繰り返してこちらの存在をアピールしなければ、たちまち印象が薄れて、消費者はあなたを忘れてしまう。売買がめでたく成立した時点では、あなたの存在は相手の意

識の高い位置にあるだろうが、目の前から去ったとたん、記憶の彼方へ消えてしまうのだ。したがって、相手にいつも真っ先に思い出してもらうため、スタッフにしたたかなアフターフォローを義務づけなければいけない。

アフターフォローは、営業のステップのしめくくりだ。きわめて重要だから、本章をすべて捧げて説明していこう。あなたの会社が現在やっているアフターフォローのやり方をあらためて見直し、顧客との関係を強化するための統一ルールを整えてほしい。また、このあとの説明を踏まえ、いままで以上に先進的かつ創造的な標準手順を編みだして実践し、既存の顧客との絆をまったく新たな次元にまで発展させて、はるかに大きな利益につなげていってもらいたい。

私がチャーリー・マンガーのもとで働きはじめたころの話。部下にひとり、きわめて優秀な営業担当者がいた。見込み客と会う約束をとりつけるのがうまく、成約率も素晴らしかった。ただ反面、顧客との結びつきを保つ努力が苦手だった。ひとたび売り込みに成功すると、次の標的探しに移ってしまう。私は、各担当者が顧客ともっと末永い関係を築けるように、「三つのP」を活用しながら、会社全体の方針を定める作業に入った。業界展示会のパーティや表彰式（第七章参照）など大がかりなイベントを企画して、ふれあいの機会を増やすとともに、営業担当者と一対一のトレーニングやロールプレイングをおこない、見込み客や既存顧客の日々の生活に自然に溶け込むにはどうすればいいのかを特訓した（前章参照）。

このときは法人向けのビジネスだったので、それぞれの顧客が多額の収益につながっていた。だから、折々に大規模なお楽しみイベントを開いても、じゅうぶんに投資の元がとれた。しかし、個人向けのビジネスであれば、もっとコストのかからない方法で顧客と絆を深める必要があるだろう。たとえば、レストラン、サウナ、美容室、洋服店などを経営しているのなら、スタッフが従うべき手順を定め、顧客を手厚くケアして関係を密にするべきだ。

【絆を深めるための具体例】

小気味よい顧客サービスの実例を挙げよう。だいぶ前になるが、ある業界展示会が開かれたとき、私はクライアントをおおぜい引き連れて、当時たいへんな話題を呼んでいた高級レストラン「スパゴ」へ行った。クライアントはみなはるばる米国各地の街――ネブラスカ州リンカーン、ニューヨーク州パインブッシュ、同州アルバニー、ペンシルバニア州ピッツバーグ、フロリダ州マイアミなど――から集まってきていて、ビバリーヒルズのそんな大評判の店で食事をする機会など、ふつうならまずなかったにちがいない。総勢一八人ともなると、一カ月前に予約を入れなければならなかった。

私たちから三メートルも離れていないテーブルで、有名映画スターが三人で食事をとっていて、私のクライアントはすっかり興奮した。自宅に帰ってから鼻高々で家族に話したにちがいない。私としても、大事な広告主と関係を深めることができた。食事の途中、突然、数人のウェイターといっしょにウォルフガング・パック（セレブシェフとして有名な同店オーナー）がやってきて、オードブルの無料サンプルを出してくれた。ウォルフガングは私に名前で呼びかけ、歓迎の言葉を口にした。さも知り合いであるかのようなふるまいのおかげで、私は非常に特別待遇された気分になれた（実際は初対面だったのだが、しかし、たしかにスパゴへ一八人も連れていく上客はめったにいないだろう）。

と同時に、かのウォルフガングが私に握手を求めてあいさつする光景を見て、クライアントたちはいたく感心した。二〇年近く経ったいまでも、このエピソードは私の心に残っている。最高級のレストランでは、オーナーや支配人がじきじきにテーブルで挨拶し、最高のサービスが行きとどいているかどうか気を配るものなのだ。

もっとも、この種の行為は、あらかじめ手はずを決めてあるからこそ可能なのだ。ふと思いついて実践できるようなことではない。さて、あなたの会社のアフターフォローはどうか。顧客を幸せな気分にするために、標準ルールを決めてあるだろうか。あるとしたら、いくつのルールを定めているか。

熱はすぐ冷める

熱意は人から人へ伝わりやすい。見込み客と直接会っているあいだは、あなたの熱意が相手に感染する。ところが、あなたが場を去ったとたん、相手の気持ちは冷めはじめるのだ。したがって、あなた自身に関しても契約に関しても、先方の熱が冷めるのを阻止しなければいけない。

いま売り込み中の製品やサービスにかぎった話ではない。売り込みに無事成功したあとも、好印象を保って次のチャンスにつなげられるように、カードや手紙を送りつづけるべきだ。また、営業の「六つのステップ」でじゅうぶんに絆をつくれなかった場合は、アフターフォローがますます重要になる。広告を三回出してまるっきり効果がなかった会社のエピソードを思い出してほしい。私が失敗にめげず、懸命のアフターフォローに努めたおかげで、信頼を勝ちとり、さらにコストのかかる広告を出させることができた。そしてとうとう逆転の大金星をあげたのだ。

忘れないでほしい。客の信頼と敬意を勝ちとることが、営業業務の大きな部分を占めている。あなたが帰ったあと、なんの連絡もしなければ、見込み客の心から刻一刻とあなたへの敬意が薄れていく。去る者は日々に疎し。

▼営業業務における成功の公式
信頼＋敬意＝影響力＝状況をコントロールできる可能性＝ウィン・ウィンの機会があるたびに市場シェア上昇

顧客が購入を決めた大きな理由はあなたにあるのだから、メールなどのアフターフォローを通じて、おたがいの結びつきを確認しつづけなければいけない（文例はあとで示す）。と同時に、製品やサービスに対してもほとぼりが冷めてもらっては困る。本書でここまで学んだテクニックを使い、「スタジアムでのセールストーク」で用意した大量の有益な情報を継続的に示せば、相手はなぜあなたの製品を購入したのか忘れないだろう。また、簡潔なパンフレットその他の置きみやげも役立つ。

あなたが繰り返して働きかけるほど、むこうは購入時の動機を忘れにくくなる。したがって、その相手が敏感な反応を示すポイントや、最初に購買意欲を生んだ問題点を、手紙の文面や電話での会話に織り込めば、熱が冷めにくくなる。逆にいえば、顔合わせや電話の際にそういった勘所をつかんでおかないと、のちのち頭を抱えるはめになる。

前章で学んだとおり、成功している会社は、顧客の購入基準をあらゆる角度から把握している。理解が深いほど、顧客を手助けできる可能性が高まり、市場シェアも伸ばせる。あなたの目標は、顧客の長くつらい一日のなかで、数少ない「明るい救い」となることだ。あなたからの電話や手紙やメールを心待ちにしてもらえるように、刺激的な材料や楽しい話題を提供しつづけなければいけない。顧客の生活の一部分に溶け込んで、つねに意識の上位に置いてもらう。そのためには、大量に、丹念に、相手が喜ぶようなアフターフォローをおこなうべきだ。

フォローには、グリーティングカード、私信、ゲーム、ジョーク、プレゼントなども交えよう。面白く楽しい関係を築いてもらいたい。一般消費者向けのビジネスを手がけているのなら、定期的に客と接触を図る社内体制を整えて、関係の維持に努める必要がある。たとえばＶＩＰカードを発行し、「お急ぎサービス」などの特典を提供する。あるいは、個人宛に招待状を出して「お得意さま限定特売会」に招いたり、次回の定期訪問の日時を知らせたりする。インターネットを利用すれば、こういったフォローは安価または無料でおこなえる。また、ここでもやはり、顧客啓発にもとづくマーケティングが有効だ。どんな業種であれ、客側が知ってよかったと思えるような貴重な最新情報が何か見つかるだろう。

さらに、どの会社も、インターネットの活用に本腰を入れ、メールアドレスのデータベースをつくるなどして、顧客との関係強化に努めなければいけない。なるべく多くの人々を、なるべく頻繁に、ありとあらゆる方策であなたの会社のホームページへいざなう。

現実的な改善案の例。この原稿を書いている時点で、ディズニー、ワーナー・ブラザース、ユニバーサル・スタジオの公式ホームページを眺めてみたところ、いずれも、宣伝用のメールマガジンの申込方法がすぐにはわからなかった。もし私が大手映画会社の経営者だったら、ホームページに来てくれた映画ファンと親しい関係を築くことを最大の目標に掲げ、メールアドレスを収集するための機能をいちばん際だたせるだろう。映画ファンに直接メールを送ることができれば、投資の分散リスクを防げるうえ、新作映画を効果的に宣伝でき、ブランドイメージをますます強く植えつけられる。「メールアドレスを登録するだけで、あこがれの映画スターとディナーを楽しめるチャンス！」といった、双方が得をするオファーを出す。ファンがメールアドレスを記入したくなるような企画はいくらでも考えられるはずだ。

第七章で学んだとおり、ウェブサイトを「コミュニティ」とみなし、人々が喜んで集う場にしよう。たとえば、新作映画の公開予定を数カ月先まで掲載しておく。話題を盛り上げて、興行成績を左右する最初の週末に映画ファンが劇場へつめかけるように仕向ければ、非常に大きな可能性につながるだろう。インターネット経由なら、何をやってもタダ同然。媒体のコストがかからない。

どんなビジネスであれ、インターネットを活用すれば、顧客との関係をいっそう深められる。ただし繰り返すが、いちばん肝心なのは、すでにつかんだ客へのアフターフォローを絶やさないこと。とりわけ、購入しなかった相手へのフォローが重要になる。

効果的なアフターフォロー体制を準備する

アフターフォローは、最初の六つの営業ステップに負けず劣らず大切だ。各ステップの途中で、フォローの進め方の検討に入ろう。

それぞれのステップで把握しておきたい点や、考慮しておくべき事柄は、以下のとおり。

●**ステップ①心の絆を結ぶ**　顔合わせの最中、むこうは仕事上の目標としてどんな点を挙げたか？　目標を達成するうえで、どう手を貸せばいいか？　個人的な情報、共通の興味、面白いエピソードなど、あとでふたたびふれて、心の絆を確認させることができる要素はないか？

●**ステップ②購入者のニーズを絞り込む**　相手のニーズや目的を理解しているか？　最も切迫した問題点は何か？　その解決に向けて、どんな支援ができるか？

●**ステップ③価値を確立する**　相手は何を重視しているか？　あなたの製品やサービスの価値を高め、先方にとって魅力的にするためには、どんな特典や追加がふさわしいか？

●**ステップ④購買意欲を刺激する**　どんな部分を突けば、買いたい気持ちをあおれるか？　あなたから製品を購入したそもそもの理由を思い出させて、継続的な購入につなげるには、どんな問題点を想起させればいいだろう？　人間は本来、放っておくと、トラブルから目をそむけ、解決を図ろうとしないことを忘れてはいけない。

●**ステップ⑤障害を乗り越える**　購入をしぶる理由は何か？　障害を取り除くにはどうすれば

いいか？

●ステップ⑥販売契約を結ぶ　どんなきっかけで購入を最終決断したか？

ステップ①から⑥を効果的に進めつつ、途中でたくさんの情報を集めていれば、アフターフォローが功を奏しやすくなる。

私が広告代理店を営んでいたころ、顧客だったある雑誌編集部の成功を後押しするため、競合誌の営業担当者を招いて売り込みをやらせ、ライバルたちの現状を把握することにした。各誌の売り込みはこうだった。

●競合A社　自社の雑誌を宣伝しつづけた。
●競合B社　自社の雑誌を宣伝しつづけた。
●競合C社　自社の雑誌を宣伝しつづけた。
●競合D社　自社の雑誌を宣伝しつづけた。

驚くべき結果だ。信じがたいことに、誰ひとり、私に一回も質問を投げかけてこなかった。下手な売り込みのお手本といえるだろう。

自分たちが提供する製品やサービスを一方的にしゃべるだけで終わってしまったら、アフターフォローでいったい何に力を注ぐつもりだろうか。あとで出すお礼の手紙には「お会いいただきありがとうございました。ところで、わが社の製品がいかにすぐれているか、おわかりいただけたでしょうか?」とでも書くしかあるまい。相手の業務内容、問題点、購入基準などを把握しないかぎり、質の高いアフターフォローは不可能だ。客の立場からみれば、何もわかっていない営業担当者からフォローの手紙が届いても、まったく見ず知らずの会社から来たダイレクトメールとたいして差を感じない。

言うまでもなく、私は部下たちにそんな姿勢を許さなかった。適切な手順を教え込み、ロールプレイングを繰り返し、抜き打ちテストをおこなって、顧客の意思決定の基準を細かく掌握させ、先方の担当者に関しても公私にわたる情報を集めさせた。おかげで、アフターフォローの段階にいたるまでに、山ほどのデータを蓄積できた。

効果的なアフターフォローの一〇段階

【フォローのステップ①最初のフォローの手紙を送る】

法人向けのビジネスなら、顧客と会ったあと一、二時間以内に手紙を送ろう。私が現役の営業マンだったころは、帰りの車の中から秘書に電話をかけて口述し、ファックスを送らせたものだ。あなたも真似るといい。辞去して一時間も経たないうちに、まだあなたがオフィスに戻っていないはずのタイミングで、早くもフォローのファックスが届いたら、相手は感心するにちがいない。文章の構成は次のとおり。

①まず、会っているあいだに入手した個人的な情報にふれる　［例］「娘さんのエピソードにはたいへん興味を覚えました。じつはうちの家族でも似たようなことがありましたので、次回お会いしたときにお話しします」

②賛辞を入れる　［例］「社の成功のためにどう手を打つべきか、本当に深く考えていらっしゃるご様子に心を打たれました。これほど幹部が熱心な会社はとても恵まれていると思います」

③相手の痛いところを突き、こちらの製品やサービスの利点をあらためて知らせる　［例］「いま直面なさっている問題点を考えますと、当社のマシンを六台導入なさるのが最良の解決策だと思います。コストを抑えて生産性を上げられるうえ、なにより重要なことに、おおぜいの従業員のストレスを軽減できます。できるかぎり迅速に対処できるよう、こちらも担当の者に指示を出しておきます」

④個人的な情報でしめくくる　［例］「繰り返しになりますが、本当にお会いできて幸いでした。生産性の面では、ほかの点につきましてもまだいくつか提案がございます。きっと前向きにご検討いただけると思います」

一方、フォローの手紙の悪い例はこうなる。

> お時間ありがとうございました。ご多忙のところ、まことに申し訳ありませんでした。しかしながら、わが社の製品は非常にすぐれております。なにしろ私どもは、優秀さによって成長

を遂げてきた会社なのです。本当に優秀です。ぜひ御社とお取引いたしたく、私としましても全力を尽くす所存です。

わが社の製品をご購入になれば、後悔なさるはずなどありません。なお、ほかの点につきましてもまだいくつかお売りしたいものがございますので、のちほどお電話いたします。

もちろん、この例はなかば冗談だが、しかし営業スタッフが書く手紙は、つまるところ、これとそっくりの趣旨であることが多い。いきなりビジネスライクな話題から入り、しかも卑屈な態度をとる。前にも述べたが、時間をとらせたことを詫びる必要はまったくない。あなたの時間も同じく貴重であり、あなたに会って貴重な意見や解決策を聞くことができた見込み客はむしろ運がいいのだ。しかしだからといって、この手紙のようにあなた自身や製品・サービスにばかり焦点をあててはいけない。

そこが第二の問題点だ。この手紙は製品販売を話題の中心にすえており、顧客を重視していない。見込み客を前に、自分たちの優秀さを滔々《とうとう》と述べるのは簡単だが、相手の購入の動機をつかまないかぎり、売り込みはしょせん不可能。あくまで相手を軸にしつつ、あなたの製品・サービスがどう役立つのかに光をあてなくてはいけない。

第三に、この文面には、あなたに親しみを抱かせるような要素が含まれていない。もっと打ち解けて、個人的な話題にもふれよう。アフターフォローの手紙には、少なからぬ温かみがこもっているべきだ。いっしょに笑った冗談なり、むこうが漏らした肯定的な感想なりを、あらためて書いて、相手に思い出させる。

　私は以前、なんと昼食時間のさなかに、ゼロックスの上級副社長を電話口に呼び出すことに成功した。一時間も話し込んでしまい、途中、上司が何度も部屋に入ってきて、私をにらみつけた。あまりにも気さくな声の調子で人生について談笑していたから、私用電話だと思ったらしい。上司は苛立ちをつのらせ、私が手ぶりで「あっちへ行っていてください」と追い払ったせいで、ますます腹を立てた。電話を切るとすぐさま、その上司から呼び出しを食らった。「おい、誰と電話していたんだ？　一時間も話しつづけてたじゃないか！」。私は胸をはって答えた。「ゼロックス社の上級副社長です」。すると「一時間も電話でしゃべりつづけられるはずがない！」と上司は激昂した。言われて、たしかに驚いた。むしろ先方が電話を切りたがらなかったのだ。ずいぶん深い絆を築けたものだと、つくづく実感した。

　さっそく、その上級副社長にフォローの手紙を書いた。聞いたばかりの個人的な情報も盛り込んだ。と、先ほどの上司が手紙をつかみとり、「こんな個人的な話題に踏み込むのはもってのほかだ」と言って、みずから書き直しはじめた。出来上がった文面は、前に紹介した「悪い例」ほぼそのままだった。彼が帰った後、私は元の手紙をこっそり相手にファックスした。

　この上司とは、しょっちゅう意見が衝突した。だがやがて、それも終わった。その会社始まって以来の大型契約が、ゼロックスから入ったせいだ。同様の大きな契約をその後も次々とものにする私を見て、その上司もさすがに口出しをしなくなった。もっとも、不思議なことに、そこに在籍中、「きみはなぜそんなにたくさん大口の広告主を獲得できるんだ？」と聞いてきた同僚は誰ひとりいなかった。もし、第三章で説明したようなワークショップを社内で定期的におこなっていれば、私のやり方が詳しくわかって、全員が参考にできただろう。やり手の従業員は、本来、みんなと情報を共有したくてたまらないのだ。まちがいなく私はそうだった。

法人向けのビジネスと違い、一般消費者が相手だと、事情は少し異なるだろう。ただやはり、個々の相手を意識したアフターフォローの手紙を出すべきだ。電子メールなら、ごく簡単に送れる。ほんの数日前、私はスーツを二着購入した。販売員はあまり質問を口にしなかったものの、私が講演会をやっていると知り、名刺がほしいと言ってきた。夜、家に帰ると、驚いたことにその販売員からメールが届いていた。あいにく「悪い例」の文面とほぼ同一だったが、それでも私は感心した。

この場合、はたして店の方針だったのか個人の思いつきだったのかわからないが、小売業でも、アフターフォローを制度化しておくことはできる。スーツ店のように客と一対一で話せるのなら、すでに述べたやり方をそのまま応用できるだろう。販売員は本来、私にもっと質問をぶつけるべきだった。そして、聞いた返事をフォローの手紙の中心にすえて、出だしは私的な話題から入る。たとえば、私がどんな講演会をやっているか質問してあれば、「講演会で扱っていらっしゃるテーマにとても興味を覚えました。ビジネスオーナーに有益な情報を伝えるという役割は、きっとやりがいのあるお仕事でしょう」といった具合に冒頭部分を埋められる。続いて「今回お買い求めになったスーツなら、壇上で映えることまちがいなしです」とつけ加えて、自分たちの商品の価値を高める。

スーツ店なら、メンバーカード制度をつくるといいかもしれない。さらに、客がほかにどんな洋服を持っているか把握したり、成功のための服装のアドバイスをしたりする。そうすれば、以後のメンバー向けメールに、その客に役立つデータや最新のファッション情報を盛り込める。このようなやり方は、量販店以外なら、どんな業種の小売店にも応用できるだろう。カーディーラーなら、運転や安全に関するミニアドバイス、車の調子を保つためのメインテナンス知識などを送信して、顧客との親密な関係を築く。宝飾店であれば、宝石をきれいに保つ方法、年月とともに価値が上がる宝石の種類、最新の流行事情、服と宝石の組み合わせ術など、購入者に有意義なアドバイスを送る。

高級百貨店の化粧品売場に店舗を置いているなら、販売員が客にメイクをほどこす際、直接会話を交わし、関係を深められるはずだ。ただ、皆さんの経験に照らしてみて、実際のところはどうだろうか。たとえばノードストローム百貨店あたりでメイクをやってもらったあと、フォローの手紙を受け取った経験があるだろうか。メイク術のアドバイスが送られてきたことは？　今後いつもそのブランドを使いたくなるような、心の絆を結ぼうという意気込みを感じただろうか。

あなたがヨットを販売しているとすれば、操縦のコツ、安全上のアドバイス、お勧めスポットなどを顧客に伝えれば、価値ある情報として歓迎されるだろう。どのような業種にも、手際のいいアフターフォローによって顧客との関係をはるかに強化する方法が、何かしら必ず存在する。

ウォルマートのような大手小売りチェーンでも、改善の余地があるはずだ。商品をただ販売するだけでなく、売場のニュース、商品に関するデータ、注意の呼びかけ、お買い得品の情報など、一般消費者に役立つプラスアルファを与えることができる。この原稿を執筆している時点では、ちょうど、ウォルマートが有機食品の大がかりな販売キャンペーンをおこなっている。ならば、有機食品についてデータをメール送信してはどうか。興味深い研究データがいろいろあるはずで、消費者にきっと喜ばれるだろう。また、売り場のレジ係全員に指示して、顧客のメールアドレスを集めさせてもいい。「ただいま、ここにメールアドレスをご記入いただくと、ウォルマート全店で使える五ドルのクーポン券をメールでお送りいたします」。利用客に直接メールで連絡できるようになるなら、まちがいなく五ドル以上の価値がある。しかも客は、せっかくクーポン券をもらったから有効期限内に使おうと、また店舗にやってきて、さほど買うつもりではなかった品物まで買い込むかもしれない。

チラシ、ダイレクトメール、テレビ、ラジオといった従来の媒体の代わりに、インターネットを通じて利用客とコミュニケーションがとれれば、どれだけのコスト節約につながるか考えてほしい。一億個のメールアドレスが集まったら、どんなに大きな威力があるか。ただし、一方的な宣伝メールを送るのではなく、読んでもらえるような内容――つまり、顧客に価値ある情報を発信しよう。そのうえで、お得なセールの案内をつけ加えるぶんにはかまわない。

ウォルマートは、よそより安い価格の実現にとりわけ力を注いでいるのだから、「この特売品をみなさまにお届けするため、ソニーとどうやって交渉したか」をテーマにしてはどうだろう。まるで報道記事のような文章を通じて、ウォルマートが消費者のためにどれだけ骨を折って低価格を実現しているか、具体的に訴えることができる。そして結びに、取りあげた商品の特価セール情報を入れておく。
どんな相手に何を売るにしろ、従来よりははるかに気の利いたアフターフォローを工夫する余地が必ずあるはずだ。とくに、インターネット時代に入ったいま、非常に多くの会社が大切なチャンスをみすみす逃してしまっている。

実践トレーニング

あなたの製品やサービスに関して、お手本となるアフターフォローの手紙をつくってみよう。量販店であれば、ワークショップを開いて、顧客が読んでくれるメールのアイデアを検討し合う。顧客啓発にもとづくマーケティングを利用し、いかに有益な情報を提供できるか考えるといい。法人向けのビジネスであれば、前に挙げた作成フォーマットを参考に、最初のフォローのメールを作成する。一対一で接客するビジネス（たとえばスーツや宝石の販売）なら、アフターフォローの手順を定めて、販売員に教え込む。

このあと説明するステップは、おもに一対一の販売交渉を想定して、顧客と長期的な関係を築くやり方を説いている。が、大半の記述は、おおぜいをまとめて相手にしたビジネスにも応用できるはずだ。

【フォローのステップ②最初のアフターフォローの電話をかける】

手紙やファックスで最初のフォローをしたすぐあと、こんどは電話でフォローすべきだ。何か価値のあるオファーをする。あなたの会社に直接は利益が入らない内容でもかまわない。目的は顧客との関係強化だから、この電話の段階では何も販売しなくていい。とりわけ法人向けのビジネスでは、この種のフォローの電話が重要だ。たとえばこう告げる。「どうも、こんにちは。そちらの問題点についてさらに深く考えてみた結果、どうやら名案が浮かんだような気がします」。個人消費者向けのビジネスなら、次回のアポイントの確認や、さらなる情報提供のほか、特別イベントに友人ご招待、といったサービスをオファーする。

法人対象のビジネスの場合、相手と会って好感触を得たあとは、「価値ある情報をもたらしてくれる同志」という立場を確立できるように努める。私がどの会社でもトップ営業マンになれた秘訣は、顧客にひたすら奉仕し、もはや先方のスタッフの一員といっていいほどまで溶け込んだことだ。相手のために新しい人材を見つけ、効果的な広告をデザインし、展示会の活用法を教え、役立ちそうなほかの会社とのパイプ役を果たした。顧客は何かにつけて「じゃあこの件は、チェットに電話して意見を聞いてみよう」と言っていた。顧客の心を完全につかんでいたから、競合他社に横取りされたためしがない。

さて一方、相手と会って交渉したものの感触がよくなかった場合は、懸命のアフターフォローが唯一の頼みの綱となる。個人消費者向けの場合、フォローの電話では、顧客啓発のデータを何か提供するといいだろう。寝具を販売しているのなら、快適な眠りのための耳寄り情報を五つ教える。家具を販売しているなら、インテリアのアドバイス。客が個人となると、電話でのフォローは必ずしも必要ないかもしれないが、ただ、プロフェッショナルとしての地位を継続的に確立しておけば、「この分野なら、あの人に意見を聞こう」となって、顧客の意思決定の一部分に溶け込める。すると、むしろ顧客側から電話がかかってきて、おたくでどんなスーツを買えばいいか、今度のディナーパーティにそちらの仕出しサービスを頼むとしたらお勧め料理は何か、などとアドバイスを求めてくる。また、クチコミによる紹介も増える。私自身はスーツ店の販売員と親しい関係を築けた経験がないのだが、そのような技に長けた販売員もいて、となると顧客から別の顧客に「あの人に聞くといいよ」としょっちゅう推薦がある。「プロフェッショナル」はたんなる「販売員」にくらべて三倍のクチコミを得られる。

実践トレーニング

客が購入したあと、二番目のアフターフォローのやり方はどう定めておくべきだろうか。電話なら、どんなせりふを使うべきか。いくつかアイデアを書き出そう。顧客にとって有益な何かを提供できないか。

【フォローのステップ③面白おかしいエピソードや個人的な興味を共有する】

第一〇章で学んだとおり、営業の過程全体を通じて顧客との絆を築いていけば、次の機会にもふたたび同様のアプローチを使うことができる。そこで述べたように、相手が興味を持ちそうな面白おかしい漫画や記事を定期的に送ろう。たんなるお楽しみでかまわない。結びつきを深め、相手の意識の中で真っ先に思い出してもらえる存在になることが目的だ。毎月、何かしら面白いものを送るといい。

実践トレーニング
客が購入してくれたあと、あるいは見込み客と初めて顔合わせをしたあと、三番目のアフターフォローのやり方はどう規定しておくべきか。とびきりの顧客を想定して考えてみてほしい。何かメール送信するとしたら、相手が喜ぶのはどんなものか？　それに添える文面にどう書けば、こちらの存在を印象づけられるか。

【フォローのステップ④パーティを開き、食事をともにし、絆をさらに深める】

ビジネスの相手が法人でも個人でも、パーティは絆を深める最良の手段だ。パーティの開き方の詳細は、第七章に戻って確認してほしい。

食事をともにするのも、効果が高い。絆を深める効果の高さはこうなる。

- 朝食　効果あり
- 昼食　効果あり
- 夕食　効果絶大

要は、相手の生活の中に割って入ることだ。ただし押しつけがましいのは禁物。いまの立場でどんな招待がふさわしいかを判断しなくてはいけない。たとえば何かプラスアルファを提供する。「業界に関して調査したところ、いくつか興味深い事実が判明しました。朝食か昼食をご一緒できれば、そのついでにデータをお教えいたします」

実践トレーニング

客が購入してくれたあと、四番目のアフターフォローのやり方はどのように定めておくべきか。食事をともなうのなら、どんなふうに招待すべきか？　電話で使うせりふを書いてみよう。個人消費者向けのビジネスなら、ほかに追加で提供できる情報はないか。たとえば会計士や経理プランナーであれば、四半期ごとに顧客と朝食をともにし、すぐれた戦略や資産の増やし方についてアドバイスするといい。あなたの場合、顧客にとって価値のあるものを提供できるとしたらなんだろうか。

【フォローのステップ⑤さらにファックス、メール、手紙、カードを送る】

相手に真っ先に思い出してもらえる存在になったら、その立場を失わないように努力すべきだ。たえまないアフターフォローをおこなえば、顧客を競合会社に奪われる心配がなくなる。いっしょに食事をしたり、こちらの主催するパーティその他のイベントに参加してくれたりしたあと、すぐに新たなフォローの手紙を送ろう。以下にサンプルを示す。

昼食をご一緒できて楽しかったです。ほかの顧客の人たちも、あなたのようなユーモアセンスの持ち主だといいのですが。
ダイレクトメールに関する提案にはとても興味をそそられましたので、さらなる調査を依頼しておきました。結果がわかりしだい、お知らせします。それまでのあいだ、アンチョビの食べ過ぎにはご用心。

ケビンより

簡潔に、しかし中身の濃い文章にまとめよう。個人的な情報と賛辞を入れ、次の展開を予告する。右記の手紙でいえば、追加調査をおこなって結果を知らせる、というくだりだ。この部分で、また食事をともにして情報を教えるつもりだというスタンスを明確にしている。

実践トレーニング
客が購入してくれたあと、五番目のアフターフォローのやり方は、どう定めておくべきか。食事、パーティ、イベントなどの事後に送る完璧な手紙を書いてみよう。

【フォローのステップ⑥家族も参加できる楽しい催しを企画する】
法人向けのビジネスを手がけていて、じゅうぶんに大口の顧客がいれば、クルージング、テニス、熱気球、スキューバダイビングなどの楽しいイベントに誘うといい。私はどれも実践した。記憶に残る体験であるほど、気の利いた企画であるほど、顧客は参加したがるし、クチコミで他人に評判を伝えてくれる可能性も高くなる。あなたは顧客の生活の一部に溶け込もうとしているのだ。

以前、ハワイで大きな業界イベントがあったとき、私は双胴型ヨットを借りて、三〇人ほどの顧客をクルージングに誘い、飲み物や食べ物をふるまった。絆を深めるのに大きな効果があった。営業スタッフを五人同行させ、ミニチュアの椰子の木がぶら下がった大胆なデザインのボール紙製サングラスを買った。顧客めいめいにそのサングラスをかけさせて写真を撮り、あとで展示会場で配ってまわった。

別の業界展示会のときは、夜、おもちゃの紙幣を使ってギャンブル大会を開いた。紙幣にそれぞれ違う顧客の写真を入れた。みんな面白がり、模造紙幣を持ち帰って家族に見せた。

顧客を引き連れて演劇を鑑賞する、ピクニックに行くなどの案もいい。個人向けのビジネスなら、おおぜいを集めてパーティを開いたり、スポーツの試合、ショー、コンサートなどのチケットを大量購入したりする手がある。とにかく目標は、顧客の生活の一部になることだ。いっしょにできる楽しいことを探そう。あなた自身そういった娯楽がもともと好きな性格だとしても、また、部下がいてもいなくても、いちど統一ルールをきちんとまとめておくべきだ。

実践トレーニング

六番目のアフターフォローのやり方はどうすべきだろうか。顧客やその家族といっしょに楽しめる催しを一〇個リストアップしてみよう。さらに、その催しに誘う手紙の文面、電話のせりふを作成しよう。

【フォローのステップ⑦相手先の業績向上に貢献する】

あなたは、人脈ネットワークのかなめになれるだろうか。優秀な会社は、顧客の成功を助ける方法をつねに模索するものだ。たとえば、二つの顧客を橋渡しして、新しい提携を結ばせられないか。私が広告を販売していたころは、有望な新進企業を見つけるたび、はるかに大きな企業と引き合わせるように心がけた。たいがい、めでたく業務提携を結ぶにいたって、おたがいの利益につながった。だから私の顧客は、私からの電話にどんなときも必ず出てくれた。私からどういった新しい魅力的な提案があるかわからないので、いつも大歓迎。私の電話を心待ちにしてくれたのだ。あなたも、顧客にとって頼みの綱になってほしい。

はたして、顧客の成功を後押しするアイデアとして何を提供できるだろうか。顧客を助けることが最優先事項なのだと心得よう。助ける過程で、さらに製品やサービスを販売できる。

実践トレーニング

七番目のアフターフォローのやり方はどうすべきだろうか。非常に大事な顧客について考えてほしい。相手の業績を上げる手助けをするには、どんなことが可能か。複数の顧客を結びつけて、誰もが得をするかたちにできないか。

【フォローのステップ⑧さらにファックス、メール、手紙、カードを送る】

絆を永久的にするには、顧客に頻繁に連絡をとる必要がある。フォローの連絡やジョークを送りつづけよう。親しい仲になれば、ごく自然に継続できるはずだ。

実践トレーニング
八番目のフォローのやり方はどうすべきか。相手の業務改善に貢献したあと、また別の手紙を書いてみよう。

【フォローのステップ⑨業績向上にさらに貢献する】

顧客の成功の一助となるために、ほかに何ができるだろうか。たとえば、こちらに呼んでセミナーを開く、または相手先へ出向いてセミナーを開く。顧客が悩んでいる点や業績アップに役立つ点について、トレーニングプログラムを提供する。新しい人材の発掘を手伝ったり、市場の重要な動向について警告したりする。

私がコンサルティングする某レストランチェーンは、地元のビジネスオーナーを集めて昼食を無料サービスしている。歓談の場を提供しつつ、自分たちも店の近辺の会社と交流を深められるわけだ。ほかにも、営業、マーケティング、経営などの業務トレーニングが有効だと感じた場合、さまざまなトレーニング会社が、インターネット経由であなたの付加価値を高めるコンテンツを提供している（もちろん、わが社もそのひとつだ）。

このステップ⑨にいたるころには、あなたは顧客にとってすっかり貴重な存在となり、相談相手としても信用されているはずだ。そんな地位を確保できれば、顧客の囲い込みにとてつもなく大きな効果がある。盟友のあなたを裏切るわけにいかないから、顧客はよそのライバル会社と取引できくなる。つまり、愛着や信頼感が得られれば、市場競争力がきわめて安定し、顧客の心の内側まで入り込める。新規顧客に多大なコストがかかる昨今、こうして強固な絆を結ぶことにはかけがえのない価値がある。

実践トレーニング

九番目のフォローのやり方はどう定めるべきだろうか。顧客に提供できるセミナーやトレーニングコースを列挙してみよう。あなたを「価値ある存在」「信頼できる相談相手」というイメージに固定するには、どうすればいいか。

【フォローのステップ⑩究極のアフターフォロー――自宅に招待し合う】

あなたの自宅に招いたり、相手の自宅に招かれたりすれば、最高レベルのフォローになる。事実、社のトップクラスの営業担当者たちは、こんなふうに証言する。

「大事な顧客は全員、自宅に招いて夕食をともにします」

「私の結婚式に来てくれた客は、半分が顧客でした」

「将来の夢、趣味、さらにはお子さんの趣味まで、大切なクライアントのことならなんだって知っていますよ」

実践トレーニング

一〇番目のフォローのやり方はどう定めておくべきか。顧客をどうすれば自宅に招けるだろうか。相手が思わず来たくなるようなきっかけを自宅に用意できないか。付近の画廊と交渉して、作品をあなたの自宅に飾らせ、ミニ美術展を開くのはどうか。近辺のレストランとかけ合って、パーティ用のごちそうをケータリングサービスしてもらえないか。だいじな顧客を招くのにふさわしい内容を考えつつ、手紙の文面や電話のせりふをつくってみよう。

まとめ

顧客との絆がすべてのカギだ。究極の目標は、大口の顧客をかたっぱしからあなたの親友にすること。生活の一部に溶け込んで、相手のビジネスの成功の一端を担おう。取引先の業績向上を助けることが、あなたの個人的な使命なのだと心得てほしい。

つまるところ、アフターフォローが運命の分かれ目になる。フォローを怠る者は、二流に甘んじる。系統立てて素晴らしいフォローをすれば、ライバルの手がとうてい届かない高い次元に立つことができ、顧客を奪われる心配も消える。

第12章

システム、稼働！

目標を設定し、効果を見きわめ、計画を推進する

「究極のセールスマシン」をめざすいよいよ最終段階として、この第一二章では、目標を設定し、効果を見きわめつつ、第一一章までで学んだもろもろの能力を大きく羽ばたかせることにしよう。定期的に目標を書き出す作業も大切だが、それだけにとどまらず、目標がごく近い将来ひとりでに実現するように、無駄なく的を絞るすべを身につけてほしい。本章の記述に従えば、あなたのビジネスを改善できるばかりか、あなた自身も人間としてより健康で幸福な毎日を送れるはずだ。

いままで学んだとおり、何かを習得するには、四〇〇〇の新しい試みに手を出すよりも、厳選した必須トレーニングを四〇〇〇回繰り返すほうがはるかに効果が高い。ビジネススキルを磨きたいなら、本書の各章に書いてある内容をひたすら反復するにかぎる。反復するたびに、自分の能力が向上し、業績も上向いていくのを実感できるだろう。すぐに全部の技能に習熟できるわけではないにしろ、たえまなく目標を設定すれば、短期間にめきめきと腕を上げられる。本章の後半では、大きなプロジェクト、とくに「ドリーム一〇〇」戦略に関して、進行状況をきめ細かく把握する方法

を説明したい。

さて、本書で学んだ業務手順、さまざまなテクニック、ワークショップなどの武器に加えて、もうひとつ、非常に高度なコンピュータを持てるとしたら、と想像してみてほしい。そのコンピュータにはきわめて優秀なプログラムが組み込まれていて、あなたが眠っているあいだにさえ、新たな可能性を模索し、あなたの成功を自動的に生みだす。一日二四時間休みなく、あなたの置かれた状況に目を光らせて、人生のあらゆる側面がさらに順調になるように気を配ってくれる。……うれしい話ではないか?

じつは、あなたの脳の中には、まさしくそんなコンピュータが組み込まれている。その名は「RAS(Reticular Activating System:網様体賦活系《もうようたいふかつけい》)」。ただあいにく、大部分の人間は、知らず知らずのうちにこのコンピュータの設定をまちがえている。素晴らしい夢を実現するための設定をせず、逆に、自分がほしくないものをたくさん見つけるようにモード設定してしまっているのだ。

本章ではまず、RASとは何か、そのパワーを生かして公私にわたり成功を積み重ねるにはどうすればいいかを説明したい。続いて、目標の定め方や、効果の度合いの評価方法を具体的に挙げ、急成長の軌道に乗るコツを伝授する。最後に、ある企業が「究極のセールスマシン」に着々と近づいていくようすを例にとりながら、「断固たる規律と決意を通じて、本書の各所で学んだ点をマスターし、実践していくことが、すべてのカギになる」と再認識しよう。

思考が現実を生む

ＲＡＳは、脳内にある驚異のコンピュータなのだが、ふつうの人間はその存在を意識していない。私たちの頭の中では、日々、無数の考えが生まれては消えていく。そういった考えの一つひとつが、じつは人体の全細胞に影響を及ぼしているのをご存知だろうか。人体の細胞は、周囲の環境にきわめて敏感であり、その環境を形づくる非常に大きな要因が、あなたの思考なのだ。

一説によると、食べ物や飲み物を口にするとき、たまたま腹を立てていたり、恐怖を感じていたり、苛立ったりしていると、まるで食べ物や飲み物に毒を入れているも同然だという（詳しくは、二〇〇四年のドキュメンタリー映画『What the Bleep Do We Know !?』を参考にしてほしい［日本未公開。書籍版は『超次元の成功法則――宇宙の叡智と意識エネルギーを手に入れる』ビジネス社］）。しかし反対に、人生のプラス面、つまり、人生で起こってほしい前向きな出来事にだけ思考を集中させると、潜在意識の働きにより、あらゆる事象にめざましい改善をもたらすことができる。

たとえば、きょう頭に浮かんだあれやこれやを思い出してほしい。全体として、どんな傾向の内容だっただろうか。ほとんどの人間は、悩みや自己批判が思考の大半を占めているものだ。うまくいかない事柄についてばかり考える傾向にある。ほかの人々とのあいだでも、不幸や悲しみや不満を共有することによって心の絆を結ぶ場合が多い。

実際、身のまわりの人間の声に耳を傾けてみるといい。「ほんとに、いやになっちゃう」「最近すごく体調が悪くてねえ」「こんなの、俺にはできっこないよ」などなど、ぼやきだらけで驚くだろう。ＲＡＳは、当人が「現実」として受けとめたものを潜在意識に渡す働きをする。もしあなたが

「こんなことはできない」とＲＡＳに伝えたら、どうなるか。そう、きっとできずに終わる。潜在意識は、思考に判断を加えたりしない。「まあ、本気で言ってるんじゃないよな。これからはもっと頑張ろう」といった具合に修正してくれるわけではないのだ。現実であってもなくても、あなたが認識したとおりの内容を「事実」ととらえる。だから、あなたが「できない」と思えば、それが事実となり、おそらく実際にできない。

心配ごとも同じだ。あなたがある問題点についてさかんに心配すると、潜在意識は「この問題点はとても重大である」と把握する。が、解決策を見つける手伝いはしてくれない。もし解決策を見つけたいなら、思考のあり方を変えるべきだ。問題点の心配ではなく、解決策の探求のほうに意識を集中する。私は現実に、この発想転換を使って、打開不可能と思えた難局を何十回となく切り抜けてきた。

それどころか、子育てにもこの手法を応用した。二人いる子どものどちらかが「そんなの無理だよ」「僕、それは苦手だなあ」などと口をとがらせたとき、「そういうのをなんと呼ぶんだったかな？」とたずねる。子どもはしぶしぶ「〝失敗支援〟だっけ……」と小さな声で答える。

息子がテニスを習っていたころのこと。ある日、「あのサーブのコツがつかめない」と愚痴を言った。しかし私の顔をちらり見るや、ハッとしたようすで、「でも、毎日だんだんうまくなってる」と言い直した。ときには不満を口にしたものの、二人の子どもはともに、「人生で起こってほしくないこと」ではなく「起こってほしいこと」にＲＡＳを集中させれば、やがて素晴らしい結果が訪れるのだ、と納得しはじめた。

「できるふりをしていれば、そのうちできる」とよく言われる。なぜそんな不思議なことになるのだろうか。あなたがもう目標をクリアしたかのように態度を調整する（できるふりをする）と、潜在意識がだまされて、その高い水準を現実としてつくりだすからだ。繰り返し言い聞かせると、潜在意識はそれを信じ込み、だんだん現実を引き起こしてくれる。求めている成功をすでに掌中に収めたようにふるまえば、潜在意識が作用して、あなたの人生に飛躍をもたらすのだ。

私たちが人生を操縦するためにできることといえば、気持ちの持ちようを変えるぐらいしかない。しかし、それだけでじゅうぶん大きな効果がある。配偶者、子ども、天気、同僚、景気などはコントロールできない。より深く理解しようと努めることはできても、コントロールは不可能だ。コントロールできるのは、自分自身に対する認識と気持ちの持ちようだけ。だが、認識と気持ちの持ちようさえ操れば、人生やビジネスの目標や夢を手に入れられる。

RASのしくみ

たとえば、空港ビルを歩きながらゲートを探しているとしよう。便が出るまでまだ二時間あるので、急ぐ必要はない。電話がかかってくるといった予定もとくにない。ゲートを探しつつ、ただ歩いているだけ。周囲ではさまざまな出来事が起こっている。雑多な会話が飛び交い、アナウンスが流れ、走りまわって親に叱られている子どももいる。とりわけ興味がないから、言葉の具体的な内容までは耳に入らない。だが突然、「ジョー・スミスさん、お電話です」と、どこからか声が聞こえて、あなたは「あっ、呼ばれている」と気がつく。

これがＲＡＳだ。興味のない事物はふるいにかけて排除し、興味がある事柄だけに注意を促す。大量のアナウンスや雑音があふれる混み合った空港内では、あなたのＲＡＳは何もかも排除する。もし、空港やレストランにいて、どうでもいい情報まですべて意識の中に流れ込んできたら、どうだろうか。向かい合った相手との会話さえ成立しないいし、何かに考えを集中することもままならないだろう。

別の例。あなたは、ある新車を買おうと決意した。すると、いままで気づかなかったのに、急にその車種をあちこちで見かけるようになる。特定の車が興味の対象になったため、あなたのＲＡＳが毎日、たまたま目にする膨大な数の自動車から、その車種をピックアップしているのだ。

さらなる例。私の映画脚本は、さいわい、おおぜいの女優や歌姫に興味を持ってもらえた。中には名前すら聞き覚えがなかった女性もいたが、いったん名前を意識しはじめると、にわかに馴染みが出てきた。主演候補のリアン・ライムスが私の脚本を読んだと知らされたあと、突然、雑誌でもテレビでも彼女の姿がやたらと目につくようになった。もし彼女が私の脚本に関心を示してくれなかったら、ヒット曲を一つか二つ知っている程度で終わっていただろう。ところが、いちど私のレーダーに引っかかって、「この人物に興味あり」とＲＡＳに伝わったとたん、さかんに姿をとらえるようになったわけだ。

ＲＡＳは非常にすぐれたコンピュータで、どんな種類の関心事でも絞り込みができる。車、趣味、目標、成功、限界、失敗など、なんであろうと、ＲＡＳは、あなたが気をとられている対象に注意を向ける。だから、失敗やトラブルや不安について考えつづけていると、ＲＡＳはそれがあなたの最大のテーマだととらえ、さらにたくさん選んで継続的に意識の中へ運び込む。氾濫する情報を懸命にかき分けて、思考と一致する現実のほうへあなたを導いていく。

たとえば、「仕事が何もかもうまくいかない」と考えながら、とぼとぼ街を歩いているとしよう。ふと顔を上げると、「閉店しました」という貼り紙が目に入り、「やっぱり、どこも景気が悪いんだな」と思う。すぐ隣で、ビルの大がかりな拡張工事がおこなわれ、新しい店が続々と入居予定になっていても、まったく気づきもしない。あなたの思考の方向性とは異なる情報なので、RASが排除しているのだ。このように、RASはじつに働き者のコンピュータなのだが、たいがいの人間が意識的には活用していない。

RASのパワーを有効利用する

業績不振の会社のコンサルティングをおこなううえで最も効果が高いのは、解決策に意識を集中させ、状況の好転に向けて目標を設定することだ。意識の向いている方向が、会社が向かっている結果をあらわす。だから、スタッフ全員に最低週一時間、解決策の模索や業務の改善に取り組ませ、RASの方向性を修正してやると、ほどなく解決策がおのずと現れて、業績が上向きはじめる。したがって、RASのパワーを高めるには、主体的なワークショップを開き、「問題点」ではなく「問題点の解決」を全員に強く意識させるといい。

糸をワイヤーロープに変える

ＲＡＳはあなたの生活ですでにフル稼働し、思考に合わせて現実をつくりだす努力をしている。あなたが心でつぶやく言葉はすべて、潜在意識の中で糸をつむぐ。つぶやくたびに、糸が太くなる。だんだん丈夫な糸になり、やがて針金に、ついにはワイヤーロープとなって、あなたの現実を強い力で支える。

人間は皆、自分の限界を勝手に思い込むようにできているらしい。「名前がどうしても覚えられなくて」「私、不器用なんです」「料理は苦手」「ダンスなんて無理」「すぐに散らかしてしまうたちでして」などと、ぼやいてばかりいる。最初に口に出した段階では、ほんの細い糸にすぎないが、自分自身や他人に向かって何百回、何千回と言っているうちに、根っからの特性として定着してしまう。つまり、「名前を忘れる」「階段で転ぶ」「ダンスのパートナーの足につまずく」「調理中のおかずを焦がす」「ものを散らかす」といったプログラム済みのことがらが、ふたたび現実になるように、わざわざ自分で潜在意識に仕向けているのだ。しかし、「名前をすらすら覚えられる」「料理も踊りも大の得意」「整理整頓がばっちり」と信じ込めば、そういう現実がやがてすんなり訪れる。明るい未来に確信を持っているのなら、あなたの潜在意識はいまこの瞬間にも、成功の現実をつくりつつあることになる。

加速するコツ

初めのうちは、成功に意識を向けつづけるのが難しいかもしれない。そこで、意識改革に役立つ近道を教えよう。意識というものは、あまり忙しくないときのほうが情報を受け入れやすい。受け入れ態勢がいちばん整っているのは、寝る直前と、起きた直後。そういう最適な時間帯に、あなたの望む前向きな結果を強く意識して、ＲＡＳに教え込んでやるといい。自分が成功する姿、困難を克服する姿をイメージとして思い浮かべるのだ。大事な会議に臨む直前なら、思いどおりにことが運ぶさまを想像する。すると、その視覚的なイメージが意識下に根づいて、実際に会議に出席したとき、同じ状態になるように後押ししてくれる。

「将来的な事柄」ではなく「現在の状態」として脳に伝えよう。つまり「きょうはすてきな一日になるだろう」よりも「きょうはすてきな一日だ」と言い聞かせたほうがいい。要するに「自己暗示」だ。目標や願望をすでにかなっているかのように扱うと、脳が現実に追いつこうと急ぐので、達成にいたるスピードが速まる。「億万長者になるぞ」と思った場合、脳は「ふうん。なるんだな」と受け取る。が、いますぐ何か始動するわけではない。「私は億万長者だ」と考えると、脳は「うわっ、急いで現実に合わせなきゃ」となる。

寝るまぎわに「あした、時間どおりに起きなくては」と思いながら眠りに入り、翌朝、目覚まし時計が鳴る直前に目が覚めた、という経験はないだろうか。脳はどうして時刻がわかったのだろう？　考えてみてほしい。脳は一秒間に何十億回も計算する能力を持つが、加えて、起きるべき正確な時間を教えてくれる時計も持っているわけだ。一方、「あしたは寝坊しないほうがいいな」と思っていて、結局は寝過ごしてしまった経験もあるのではないだろうか。言葉づかいの違いに注意してほしい。「時間どおりに起きなくては」と思うと、脳は「時間どおりに起こせ」という指令だと受け取る。ところが「寝坊しないほうがいい」だと、「寝坊してもよい」と受け取ってしまう。

このように、潜在意識に対しては、言葉の使い方が重要だ。断定的な言い方をする必要がある。RASに、あなたが望むとおりの未来図をすでに現実であるかのように伝え、前向きな思考に集中させよう。

電球や撮影機など数々の発明をした、かのトーマス・エジソンも、「眠る前には必ず潜在意識に願いごとをせよ」と述べている。実際、眠りにつく際に潜在意識に何か課題を提示しておくと、目覚めたときに解決策が浮かんでいる、ということもあり得る。ナポレオン・ヒルの言葉を借りるなら、潜在意識に向かって解決法や答えを「要求」すべきなのだ。

潜在意識を活用する方法のひとつは、自分の声を録音して、毎晩寝る前に聞き、潜在意識にポジティブな信念を与えること。私は一二年間、自分の声の録音を就寝前に欠かさず聞いた。潜在意識に直接語りかけるかたちで吹き込み、意識がいちばん受け入れ態勢にあるときに再生した。結果、私の収入は三年間連続で二倍に増えた。

実践トレーニング

自分の声でRAS向けの録音をしよう。使う機器は、カセットテープ、デジタルレコーダーなど、なんでもかまわない。最初に、お気に入りのリラックス用BGMを流す。続いて、なんらかのリラックス法を自分自身に指示する。たとえば、目を閉じたあと、穏やかな湖畔など静かな場所にいる、あるいは、日だまりの中でハンモックに揺られているなどと、具体的に想像しやすいように語りかける。リラックスして、ゆっくりと呼吸している、と言い聞かせよう。

数字を一〇から一までカウントダウンして、「ひとつ数えるごとに、ますますリラックスしていきます」と言うのもいい。こうすると、脳の活動が弱まり、安らかな眠りにつく態勢が整う。次に、自分自身や人生について、ポジティブな情報を列挙していく。自分はどんな人間で、何をやりたいか。前向きな願望をすでに現実であるかのように語って、潜在意識を始動させよう。誰にもあてはまるポジティブな言葉の例を挙げておく。

- 私は成功を引き寄せている。
- 成功がすんなりやってくる。
- あらゆる方向から、豊かさと幸せが流れ込んでくる。
- 成功するのは簡単だ。
- 私はポジティブな考え方しかしない。
- 私は健康そのものだ。

営業の前向きな自己暗示

うちの会社が毎週開いている営業会議では、営業スタッフ全員、私のあとについてさまざまな肯定的なせりふを復唱する。とくによく練習するのが「私は朝、初めての相手に営業電話をかけるのが大好きだ」。私自身が営業マンだったころ、この言葉を紙に書いて、目の前の壁に貼った。そして「とても楽しい」という気持ちを込めて、大きな声で読みあげた。あなたが営業スタッフやその統括者であれば、この言葉は、何にもまさる前向きな自己暗示だ。たいていの営業担当者にとっては、知らない相手に営業電話をかけるのがいちばんつらい。しかし、私は違う。私は午前中、初めての相手に電話するのが大好きだ。たぶん、自己暗示を長年繰り返したせいだろう。

みなさんも、自分にふさわしい自己暗示を一〇個録音してほしい。肯定的な内容を、現在形で語ること。録音可能時間いっぱいまで何度も繰り返し言う。私が、汗水たらして働く日々から脱することができたのは、この自己暗示トレーニングによるところが大きい。録音が完成したら、毎晩、眠りに落ちる直前に聞こう。ちなみに、妻の要望により、私はヘッドフォンをつけて聞いている。

RASを生かした目標設定

目標があれば、意識を集中しやすく、脳に働きかけて成功を引き寄せることができる。大多数の人間は、旅行の計画には熱心なのに、人生の計画にはあまり時間を割かない。しかし、人生やビジネスのいろいろな面にまんべんなく目標を設定すれば、RASを意識的に活用して大きな成果をあげられる。目標を書き出した瞬間から、潜在意識が成功に照準を合わせ、ただちにその現実をつくりはじめるのだ。だから、目標を書き出すという行為だけでも、人生の方向性が定まるのを実感できる。書いた目標をどこか目につく場所に貼りだしておくと、さらに効果が高まる。毎朝毎晩、声に出して読みあげれば、ますます有効だ。

私の場合、生涯の目標を二七項目書いて、洗面所の戸棚の内側に貼ってある。歯磨き粉を取るため扉を開けるたび、いやおうなしにリストが目に入る。ある日、リストのうち五項目をまとめてひとつの行動で達成できることに気づいた。毎日リストを眺めていなかったら、そんなふうに点と点を結びつけられなかったと思う。潜在意識が、目標をなるべく簡単に実現する方法をつねに探してくれていたわけだ。

目標設定の効果を最大限にするためには、長期的な目標のほかに、段階的な短期目標を定めるといい。「達成が難しそうだが、いつかきっと達成できるはず」という種類の事柄は、いくつかの段階に分けて目標を決めておこう。そうすれば、成功に意識を集中しやすくなる。あまりに遠大な目標ばかりでいっこうに達成できないと、失敗に意識が向いてしまう。

目標作成ワークショップ

では、以下を書き出してもらいたい。

●人生の目標、五つ
●年間の目標、五つ
●今後五年間の年収の希望額
●自分の人生を改善するために毎月できること、三つ
●自分の会社や部署を改善するために毎月できること、三つ
●自分の能力を改善するために毎月できること、三つ

それぞれのリストを、毎日必ず目にする適切な場所に貼っておく。すでに現実であるかのような書き方にしよう。「私は毎日五件、売り込みに成功する」「私の会社は毎年××パーセント成長する」など。

さらに、次の点を考えながら目標を追加して、成功に意識を集中しよう。

●自分の仕事から手に入れたいものを三つ挙げるとしたら何か（書く際は、「手に入れたいこと」ではなく「すでに手に入れてある」という書き方にすること）。
●部下たちの効率を上げるため、いっしょに毎月できることを三つ挙げるとしたら何か。
●自分自身をより幸せに、健康にするため、できることを三つ挙げるとしたら何か。どのくらいの頻度で、いつやるか。

成果の見きわめ：生産性を高めるカギ

目標を短期間で達成するもうひとつの方法として、ことあるごとに成果を見定める、という手がある。成果をこまめに評価すれば、望ましい結果が得られていない場合にすかさず簡単に修正できる。

あなたが重視すると、まわりの人々も重視しはじめる。したがって、私が各社のコンサルティングを務めるときは、さまざまな評価システムを導入して、業務の進行を注意深く見守る。あなたも、新たに定めた業務手順の成果を把握したいなら、次に紹介するような表を真似て作成するとい

月/日	1/21	1/22	1/23	1/24	合計
電話本数	41	27	77	69	214
電話相手					
CEO・社長	8	4	9	5	26
CFO	3	1	3	3	10
経理部長	1	0		2	3
人事部長	10	5	10	4	29
成果					
留守録に吹き込み	24	19	43	32	118
レクチャーの予約				4	4
手応えあり・折返し電話あり	7	6	10	12	35
拒否・手応えなし	5	2	6	5	18
秘書どまり	3	3	3	3	12
積極的					
最近、業者を変更	2	1	3	2	8
保険のレクチャー	4	4			
子会社	4	3	7	3	17

い。上の表は、ある営業担当者の業務報告レポートだ。企業向けに、従業員対象の福利厚生や保険をセット販売している。

まず、レポートを部分的に少しずつ説明し、最後に、すべてを一枚にまとめた状態を示すことにする。

上の表の最初の行は、この営業担当者（週四日出勤）がそれぞれの日に何本の電話をかけたかを示している。会社全体に適用する保険プランを販売しているだけに、電話の相手は必然的に、CEO、CFO、経理部長、人事部長となる。表を見ると、最初の日に八人、週全体では二六人のCEOと電話で話した。また、CFO一〇人、経理部長三人、人事部長二九人に売り込んだ。

表の中ほどの行を見てほしい。こうして合計二一四本の電話をかけた結果、レクチャーの予約を四つとりつけたのがわかる。少ない数字に思えるかもしれないが、この表で扱っているのは「ドリーム一〇〇」戦略なので、四社いずれも大企業。したがって、非常に実りある一週間だったといえる。

新規獲得情報					
直通電話番号	22	14	19	13	68
メールアドレス	11	4	18	5	38
直通ファックス番号	8	3			11
CEO メールアドレス	19	8	32	24	83
CFO メールアドレス	7	4	9	6	26
経理部長メールアドレス	3	1	2	3	9
人事部長メールアドレス	15	14	25	19	73
保険の対面説明		1		4	5
二回めの対面説明					
三回めの対面説明					
要約					
更新日	6	2	8	7	23
業者との関係	9	5	10	9	33

注目してほしいのは、三五人がかなり興味を示して、わざわざ折り返し電話をかけてきている点だ。その反面、一方的に電話を切ったり、つれない返事で断ったりした相手が一八人いた。秘書の段階から先へ進めなかったケースも一二回あった。「積極的」の行を設けたのは、何を売り込んでもおおいに関心を示してくれる相手がときどきいるからだ。この週はそういったタイプを一人も見つけられなかったが、もし見つけられれば運がいい。「最近、業者を変更」も大事な情報だ。数カ月前に電話していれば、契約を結べたかもしれない。

担当者が営業電話をする場合、会う約束をとりつけるだけが目的ではない。業務報告レポートの続きを見てみよう（上表）。

誰かと電話で話す機会に恵まれたら、自社が今後何かにつけて売り込みがやりやすくなるように、少しでも多く重要なデータをつかみたい。この営業担当者は、会話の途中でいろいろな質問を投げかけて、直通電話番号、メールアドレス、直通ファックス番号などを手に入れた。おかげで、理想の顧客に関するデータベースに情報を追加できる。

見込み客フォロー					
メール（予約確認）	2			4	6
ファックス（予約確認）					
ファックス（手応えなし）					
ファックス（折返し電話）			2	1	3
ファックス（受信拒否）					
ファックス（推薦状）					
ファックス（権限委譲）					
メール（宣伝）	3	3	2	1	9
ファックス（宣伝）	2	1		1	4

最初の表で見たとおり、この担当者はアポイントを四件しかとれなかった。しかし、断られたり、秘書に阻まれたりしたときも、すぐには引き下がらず、何か情報を得ようと努力している。

さて、レポートの次なる部分は、見込み客フォローに関するデータだ（上表）。電話のたびに必ず、何かしらフォローの行動をとらなければいけない。私の会社では、一方的に電話を切った相手へ送るファックスの文面までも、事前に用意してある。ライバルがひしめく中で頭ひとつ抜け出すためには、たとえ電話を切られて終わったとしても、「ほんのわずかながら、連絡のきっかけができた」と前向きに考えるべきだ。すぐさまフォローのファックスを送れば、その細い糸を少し太くできる。

だから、こんなファックスをただちに送る。「ただいま、電話をお切りになられましたが、私どもの用件の重大性をご理解いただければ、受話器を置きたいお気持ちにはならなかったことでしょう。ぜひ知っていただきたい情報があるのです（と予告して、あなたのレクチャーでどんな貴重な情報を知ることができるかを述べる）。じつは、会社でかかるコストで二番目に大きな割合を占めるのが、従業員の福利厚生費です。そこで私どもが、そのコストを節約する方法を九つ、無料でお教えいたします。必ずや貴重な情報になるでしょう。この絶好の機会をお届けするため、後日あらためてご連絡させていただきます」。

あなた自身を振り返ってほしい。一方的に電話を切ったあと、こんなファックスをもらった経験があるだろうか。ほかの会社がやらないことをやれば、おおぜいの売り込みの中できわだった存在になれる。たとえ電話を切られても、へこたれず連絡を続けると、いずれ相手は脱帽し、敬意すら抱く。逆に、いちど拒否されただけで引き下がるようでは、相手が感心するわけがない。

メールではなくファックスを使う理由

メールはあまりにもあっけなく削除できる。ファックスなら、手にとって眺め、捨てるかどうかを判断することになる。短いファックスであれば、ひととおり読んでもらえるだろう。したがって、文面は簡潔に、かつ力強くしよう。

うちの会社は、「忙しいからかけ直してくれ」と体《てい》よく断られた場合についても、フォローのファックスの文面を用意してある。

> 先ほど電話でお話しした際、後日の再連絡をご希望でしたので、金曜の三時にあらためてお電話させていただきます。そのときに、最高の医療保障を従業員に提供しつつ保険のコストを節約できる、五つの重大な方法をお伝えしたいと思います。

なにしろいちばん苦労するのは、最初に相手の注意を引くことだ。したがって、無事いったん注意を引いたら、相手が万が一にもあなたを忘れないように、手際よく見込み客フォローに努めなければいけない。見込み客のデータベースに、フォローに関する記入欄をつくっておこう。さて、先ほどの表に戻って、ほかの行に関して説明を加えておきたい。

●**ファックス（予約確認）** せっかく見込み客と会う約束をとりつけたものの、後日、相手の気持ちが冷めてしまい、キャンセルされたり、すっぽかされたりした経験はないだろうか。そんなはめに陥らないためには、相手の関心を持続させるべく万全の体制を整えておくべきだ。まず、約束の確認のファックスを送る。レクチャーで扱う情報がいかに素晴らしいか、興味をそそる文言を書き連ねておく。次に、翌日、ファックス（この段階まで来ていればメールでも可）を通じて、レクチャーを過去に体験したほかの顧客による推薦文を送る。また、前述のとおり、穴埋め式のプリントを事前配布するのも有効な手だてだ。内容を要約したプリントがよくできていれば、相手側は、空欄の答えを知りたくてたまらなくなるだろう。

●**ファックス（推薦状）** ほかの顧客が書いた推薦の手紙をファックスすることをさす。同じレクチャーを過去に受けた顧客が「素晴らしい情報を得られました」と絶賛する内容だ。

●**ファックス（権限委譲）** ＣＥＯを電話口に呼び出したのだが、そういう件ならCFOや人事幹部と交渉してくれ、と言われてしまったケースをさす。その場合、ＣＥＯにこんなファックスを送る。「会社のコストの最大原因である福利厚生に関して、五つの節約術をお伝えすることができ、たいへんうれしく思います。この件はキンバリー・バードさんと交渉してほしいとのお話しでしたので、バードさんに直接連絡することにいたします」

なぜこんなファックスを送るのか。ＣＥＯへの売り込みが、途中までとはいえそれなりに首尾よくできていれば、ＣＥＯはキンバリーにこのファックスを渡し、ついでにこうつけ加えるかもしれない。「キンバリー、なかなか面白そうな話だったぞ」。となると、キンバリーはあなたからの電話に関心を払ってくれる。

●**ファックス（宣伝）**　これは、ごくふつうの「レクチャーへのお誘い」だ。あなたが相手幹部におこないたい顧客啓発レクチャーを売り込む。

先ほどの営業担当者の業務成績表は、効果の測定ツールであると同時に管理ツールでもある。最初の部分（かけた電話の本数）と比較した場合、この担当者は見込み客フォローをじゅうぶんにおこなっていないのがわかる。だからこの表を受け取った私は、報告表のデータにもとづいて当人の能力を再トレーニングし、向上させることができた。たいていの会社には、このような報告書を手早くまとめられる営業管理ソフトがあるだろう。ただ、そのような専門ソフトウェアを持たない小さな会社でも、こうして一枚の表にまとめれば、まったく支障なく一週間の業務状況を把握できる。各担当者は、五分もあれば、毎日記録をつけられるはずだ。

さて、表全体をまとめておくと、次ページのようになる。

営業成果一覧表

月/日	1/21	1/22	1/23	1/24	合計
電話本数	41	27	77	69	214
電話相手					
CEO・社長	8	4	9	5	26
CFO	3	1	3	3	10
経理部長	1	0		2	3
人事部長	10	5	10	4	29
成果					
留守録に吹き込み	24	19	43	32	118
レクチャーの予約				4	4
手応えあり・折返し電話あり	7	6	10	12	35
拒否・手応えなし	5	2	6	5	18
秘書どまり	3	3	3	3	12
積極的					
最近、業者を変更	2	1	3	2	8
保険のレクチャー				4	4
子会社	4	3	7	3	17
新規獲得情報					
直通電話番号	22	14	19	13	68
メールアドレス	11	4	18	5	38
直通ファックス番号	8	3			11
CEO メールアドレス	19	8	32	24	83
CFO メールアドレス	7	4	9	6	26
経理部長メールアドレス	3	1	2	3	9
人事部長メールアドレス	15	14	25	19	73
保険の対面説明		1		4	5
二回めの対面説明					
三回めの対面説明					
要約					
更新日	6	2	8	7	23
業者との関係	9	5	10	9	33
見込み客フォロー					
メール（予約確認）	2			4	6
ファックス（予約確認）					
ファックス（手応えなし）					
ファックス（折返し電話）			2	1	3
ファックス（受信拒否）					
ファックス（推薦状）					
ファックス（権限委譲）					
メール（宣伝）	3	3	2	1	9
ファックス（宣伝）	2	1		1	4

競争原理を生かす

営業をはじめとする各業務の成果を見定めて改善していくには、ほかに、従業員同士を競わせるという方法がある。私がコンサルタントを務める、ある額縁販売業者を例にとろう。調べたところ、この会社では、ナンバーワンの営業担当者がほかのスタッフの二、三倍もの実績をあげていることが判明した。そこで、そのナンバーワンの一日の販売数に一を足して、「この数字に到達したら、ボーナス支給」と、はっぱをかけた。ほかの面に支障を与えずに目標数をクリアできた者には、その日の働きに対してボーナスを与える。たちまち、全員の営業成績が上向いた。

このやり方は、なんにでも応用できる。ナンバーワンの成績を誇る人物を特定し、その手法を分析する。続いて、それをできるかぎり標準手順化したあと、ボーナスを設定し、おたがいの業績を競わせる。

自動車王ヘンリー・フォードも、似たような戦術を使った。が、なんと、ボーナスなしで生産効率を上げたという。ナポレオン・ヒルの『思考は現実化する』によれば、フォードはある夜、工場へ行って、床の中央にペンキで大きく「6」と描いた。「どういう意味ですか?」とたずねる夜間シフトの従業員に、「日中シフトの連中がきょう生産した車の台数だよ」と答えた。翌朝、フォードが出社してみると、夜間シフトの従業員たちは七台を生産してあった。そこで床の「6」を「7」に書き換えた。日中シフトの従業員に数字の意味をたずねられると、こんどは「ゆうべのシフトの連中が生産した台数だよ」。こうして日中シフトと夜間シフトに競争させるだけで、工場の生産性を大幅に上げることができた。

私も、コンサルティングしている会社のひとつで、同じ方式を採用した。営業部の室内に、二時間ごとに、各自がかけた営業電話の本数を掲示したのだ。新しい数字が貼りだされるたびに、スタッフ全員が顔を上げ、自分は何番か、誰に勝って誰に負けているかを確認する。自然と競争意識が高まるうえ、単純にいって楽しい。こうやってただ数字を掲示しただけで、一週間後、スタッフ全体がかけた営業電話の合計本数は三倍になった。この会社はさらに、専用のソフトウェアを用意し、数回キーを叩くだけで現時点の順位がわかるようにした。

いずれにしろ、業績を具体的に測定しないと、あなたの組織は持てる力をフルに発揮しないまま、低めの生産性にとどまって、目標をはるかに下まわってしまう。だから、成果を一覧できる業務報告レポートをつくり、競争意識を目覚めさせて、スタッフの士気を鼓舞するべきだ。そうすれば、あなたの会社や部署に見違えるような変化が現れるだろう。

八気筒エンジンをフル稼働する

すでに学んだとおり、成功の秘訣は、四〇〇〇個の課題に取り組むことではなく、たった一二個の基本技能を習得することだ。本書ではここまで章ごとに分けて一二の基本技能を説明してきた。断固たる決意でこれらの技能に磨きをかけ、体系化していけば、あなたは必ず市場のトップに立てる。適切な段階を踏み、固い決意を貫きさえすれば、克服できない困難など存在しないのだ。それを実証する例を、総まとめとして挙げておこう。本書に示されている一二の心得を実践しただけで、突破不可能と思えた壁を乗り越えることができた。このエピソードはすでに何度か部分的に取りあげたが、学んだことをすべて組み合わせればどれほど素晴らしい成果が得られるかをじつによく表していると思う。

私が大富豪のチャーリー・マンガーから最初にまかされた任務は、「カリフォルニア・ロイヤー」という雑誌の広告主を募ることだった。この雑誌は、弁護士向けの専門誌としては、当時、州内で発行部数が第一位。とはいうものの、国内全体で競合四五誌と広告市場シェアを比較すると、わずか二パーセントしか獲得できておらず、一五位に甘んじていた。全米規模で広く販売している四つの雑誌が圧倒的なシェアを占め、ほかは大きく水をあけられている状態だった。

全米に目を向けている大口の広告主を、こちらへ引き寄せるにはどうすればいいか。大きな難題が二つあった。

第一の問題点。私たちの雑誌は垂直市場向けだった。つまり、読者は弁護士のみ。ところが、私の「ドリーム一〇〇」リストの中核を占めるゼロックスのような大企業は、水平市場をターゲットにする戦略をとっていた。たとえば「ビジネスウィーク」のような、全米のあらゆる分野のビジネスマンを対象にした雑誌に広告を出す。読者の中には、弁護士や医師、歯科医から、動物園の飼育係にいたるまで、幅広い層が含まれている。なのになぜ、いまさら垂直市場向けの雑誌に広告費をつぎ込まなくてはいけないのか?

第二の問題点は、私たちの雑誌がカリフォルニア州の地域誌であること。垂直市場向けで、しかも特定の地域でしか販売されない雑誌となると、大企業は食指を動かさない。もちろん中には、予算のごく一部分を垂直市場（医師、弁護士、建築家など）に割りあてている大企業もあるが、どの専門分野に関しても全米五〇州をカバーするものが一、二誌は存在するだけに、州単位の雑誌にまで手を伸ばそうとはまずしない。戦略的な観点からいえば、私たちにはとても勝ち目がなかった。

それどころか、かなりの数の大企業は、「垂直市場には広告を出す価値なし」とすでに結論を出していた。弁護士市場には出稿しないと決定済みの広告主は、当然、「カリフォルニア・ロイヤー」に興味を示さない。どんなに提案を工夫しても徒労だ。「カリフォルニア州の弁護士向け雑誌としては、いちばん発行部数が多いんです」と何度強調したところで、広告を得られる可能性があるだろうか。いや、まったくない。

そこで私は、戦略的なポジションを確立すべく全精力を傾けた。すなわち、本書でみなさんも学んだ一二の基本技能を残らず使って、次のようにして競合各社を出し抜いた。

まず、雑誌社であることを前面に出さずに、「法曹市場での成功法」と題するレクチャーに各社を勧誘した。要は「スタジアムでのセールストーク」だ。資料集めの段階で、驚くべき情報をつかんであった。国勢調査局によれば、弁護士という職業は、生みだすデータが最も多いという。つまり、日々、ほかのどんな職業よりも大量のデータを発信している。この事実と、高収入、高利益の商売である点を考え合わせると、弁護士はＩＴ企業にとって格好の標的といえるのだ。そんなわけで、レクチャーの前半では、私たちの雑誌の売り込みはまったくせず、「ＩＴ企業は法曹市場をターゲットにすべし」と訴えた。

しかし、ここまで納得させることができたとしても――法曹界はたしかに魅力を秘めた垂直市場だと大企業の興味を引けたとしても――地域が限定される私たちの雑誌では、広告の効果が高いとはいえない。カリフォルニア州のみで広告を出す必然性は何かあるだろうか?

一計を案じて、正当化するほかない。相手側の購入基準を設定し直す必要がある。そこで私は、カリフォルニア州を「アメリカをリードする州」と位置づけてデータをまとめることにした。当時、ほかの平均的な州には弁護士が一万八〇〇〇人程度だったのに対し、カリフォルニア州には一四万三〇〇〇人もいた(今日では二〇万人を超えている)。はなはだしい差だ。カリフォルニア州は、法曹界の最新の動向が現れやすいといえる。実際、他州に先駆けて新しい種類の法律が施行されることが多い。また、米国の大企業の約三分の一が、カリフォルニア州に顧問弁護士を置いている。こういったデータを次々に提示して、「法曹市場で成功したいなら、まずカリフォルニア州で強固な立場を築くべきだ。全米に広く投資する前に、まず最先端のこの州ひとつでためすといい」と主張した。

段階を追ってまとめると、こうなる。

●ステップ①最もよい戦略的な位置づけは何か、を考える。私たちの場合、ほかよりも価値ある市場に属しているのだという立場を取った。
●ステップ②次に、その特定市場のトップにいるという長所を強調。「この市場に割って入りたいなら、われわれの雑誌に広告を出すのが最も効果的である」と訴えた。
●ステップ③以上の情報を「顧客啓発レクチャー」に盛り込み、どの広告主に対しても、このレクチャーを売り込みの第一歩とした。

●ステップ④「ドリーム一〇〇」戦略を実行。大口の理想的な顧客に対し、精力的に頻繁に繰り返しアプローチして、短期間のうちに私たちの存在を印象づけた。

●ステップ⑤営業スタッフを特訓。レクチャーの予行演習をしつこいほどおこなった。それでもまだ、戦略がのみ込めない担当者もいて、「おいおい、広告を取りたいだけなのに、なぜこんな遠まわりをしなきゃいけないんだ？」と疑問を抱いていた。そこで、そういう短期的な視野しか持てない者を、顧客との顔合わせに同行させ、市場データを動機づけに使うと驚異的な成果が出ることを実際に目の前で見せた。するとたちまち納得した。

●ステップ⑥日々、時間管理を徹底。スタッフにＴｏＤｏリストの提出を義務づけた。

●ステップ⑦あらゆる売り込みに使うべき「七つのステップ」をスタッフにきめ細かく指導。抜き打ちテストをおこない、各ステップに関するワークショップを開き、担当の顧客や任務についてみんなの前でひとりずつ特訓した。

●ステップ⑧アフターフォローの標準手順を入念に練りあげ、顧客との貴重な関係を築き、深める機会を増やしていった。

●ステップ⑨業界展示会でいちばん注目を浴びるように努力した。あらゆる場で目玉となり、最高のパーティを開いた。やがて、みずから展示会を主催して、業界の広告主を残らず集め、弁護士向けビジネスの秘訣をレクチャーした。また、業界の上級幹部を表彰する賞をつくり、フォーマルな服装で集まる授賞式をおこなって、もちろん、式の進行の隅々まですべて私たちがコントロールした。

●ステップ⑩ほかにもさまざまな追加サービスを提供し、顧客と非常に強固な絆を築いた。マーケティング幹部がほかの広告主のもとへ転職するのを、無料で手伝った。各社がおこなう業界展示会の日程を入れたカレンダーを市場全体に配布した。また、さまざまな会社の広告のデザインを代行した。
●ステップ⑪あらゆる分野の業績に関して、目標を設定。
●ステップ⑫あらゆる業務段階を評価し、把握して、定期的にスタッフ同士を競わせ、営業成績が優秀な者にはボーナスを出した。

以上のエピソードは一五年前の話だが、典型的な成功例として、現在でも見習うに値する。いまとなってはこの雑誌社内に私の足跡は残っていないだろうし、私が始めたやり方が続いているかどうかも定かでない。ただ、困難な状況に直面したとき何ができるか、というよいお手本になると思う。このときの私は、のびのびと思うがままに戦略を打ちだすことを許されており、おかげで画期的な成果を収められた。

当時の私たちは、まさしく「究極のセールスマシン」だった。ひとつ手を打つごとに、販売実績、管理面、戦略面、頭脳面のすべてでライバル会社を上まわった。一年もしないうちに、売上高が倍増。翌年さらに倍増、三年めもまたさらに倍増した。結果、第六章でも触れたとおり、ついにはチャーリー・マンガーがこんな言葉を漏らした。「数字をごまかしているんじゃあるまいな？　三年たてつづけに売上げを倍にした従業員なんて、過去に聞いたためしがないぞ」

私は大笑いした。「ズルなんかしていません。ただたんに、マーケティングでも販売でも、あらゆるライバルの上を行ったまでです」

なにより、さしてつらい思いなどしなかった。最大の秘訣は、「断固たる規律と決意」だ。あなたも、「究極のセールスマシン」を手に入れたいなら、本書の一二の章に書かれた一二の技能にひたすら力を注いでほしい。ほかには何もいらない。

約束しよう。この本をあなたの営業、マーケティング、経営のバイブルにして、繰り返し研究すれば、市場を牛耳るために必要なものはすべて身につく。あとは、ぜったいに挫《くじ》けない気骨さえあればいい。

この度はお買上げいただき
誠に有り難うございます。
本書のご感想をお寄せください。
お待ちしております。

info@umitotsuki.co.jp

刊行物の最新情報などは
以下で随時お知らせしています
ツイッター
@umitotsuki
フェイスブック
www.facebook.com/umitotsuki
インスタグラム
@umitotsukisha

究極《きゅうきょく》のセールスマシン

2010年4月16日　初版第1刷発行
2021年9月5日　第3刷発行

著者　チェット・ホームズ
訳者　中山《なかやま》 宥《ゆう》
編集　角田史朗
印刷　萩原印刷株式会社
発行所　有限会社海と月社

〒180-0003
東京都武蔵野市吉祥寺南町2-25-14-105
電話0422-26-9031　FAX0422-26-9032
http://www.umitotsuki.co.jp

ISBN978-4-903212-16-6